e-learning-Teleform@ción

Si está interesado en recibir información sobre libros empresariales, envíe su tarjeta de visita a:

Gestión 2000
Departamento de promoción
Comte Borrell, 241
08029 Barcelona
Tel. 93 410 67 67
Fax 93 410 96 45
e-mail: info@gestion2000.com

Y la recibirá sin compromiso alguno por su parte.

e-learning-Teleform@ción

Diseño, desarrollo y evaluación de la formación a través de INTERNET

C. Marcelo (Coordinador)

D. Puente - M. A. Ballesteros - A. Palazón

 **GESTIÓN 2000**

© Ediciones Gestión 2000, S. A., Barcelona, 2002
Diseño cubierta: *Jordi Xicart*
ISBN: 84-8088-697-8
Depósito legal: B - 12.580 - 2002
Fotocomposición: Zero pre impresión, S. L.
Impresión: Talleres Gráficos Vigor, S.A. Sant Feliu de Llobregat (Barcelona)
Impreso en España - *Printed in Spain*

Índice

1

Formación, empleo y nuevas tecnologías

C. Marcelo

Cuando de pequeños aprendíamos a montar en bicicleta, y ahora de mayores enseñamos a nuestros hijos a manejarla, siempre se insistía en la necesidad de no dejar de pedalear para no caerse. El movimiento permite mantener el equilibrio y seguir hacia delante. Pararse es sinónimo de caída segura.

Viene a la mente este recuerdo al empezar la redacción de este primer capítulo en el que se pretende trazar unas pinceladas, necesariamente incompletas, acerca de las relaciones que observamos hoy día entre la formación, el empleo y las nuevas tecnologías. Nuestra ocupación preferente es la de trabajadores del conocimiento, y seguramente por ello somos más sensibles a los cambios que se nos vienen anunciando. Los vemos en nosotros mismos, los observamos en nuestro contexto más próximo, y los prevemos irremediables para la supervivencia de muchas economías locales y regionales.

Existe actualmente un discurso, plenamente legitimado, que destaca el papel de la economía en la definición de los problemas de las personas y las sociedades. Una economía que evoluciona, cambia sus patrones, sus identidades y que se hace más difusa y global. Una economía que permite que, como si de un efecto mariposa se tratase, una crisis económica en los países asiáticos produzca una recesión en Chile. Una economía que destaca de manera creciente la importancia de la Gestión del Conocimiento en las empresas, pero que se permite jubilar anticipadamente a trabajadores experimentados con más de cincuenta años, o contratar a trabajadores procedentes de empresas de trabajo temporal.

El discurso sobre la nueva economía nos habla de un horizonte laboral diferente al que actualmente conocemos. Castell afirma que *en general, la forma tradicional de trabajo, basada en un empleo de tiempo completo, tareas ocu-*

pacionales bien definidas y un modelo de carrera profesional a lo largo del ciclo vital, se está erosionando de manera lenta pero segura (1997:297). Y parece que la palabra *flexibilidad* resume la nueva manera de entender el contrato social. Flexibilidad de tiempos, de espacios, de conocimientos, de tareas, de relaciones, de trabajo, etcétera. Flexibilidad entendida como un valor que el trabajador debe poseer para poder seguir sobreviviendo. Flexibilidad para acomodarse a nuevas situaciones y contextos laborales, para desplazarse sólo o con su familia a otro país o continente; flexibilidad para aprender nuevas habilidades en el lugar donde se encuentre, en el trabajo, en casa o en un hotel; flexibilidad para coordinarse con trabajadores de otras partes del mundo que participan en el proceso de producción dentro de su propia empresa...

Las empresas de la nueva economía tienden a una producción flexible y adaptada a la demanda, personalizando los productos en función de las necesidades del cliente. Esa producción flexible, que intenta superar a la producción en serie propia de la era industrial, tiene unas repercusiones importantes en los procesos laborales y en la concepción del puesto de trabajo. La fragmentación de la producción está llevando a que el proceso de creación de un producto pueda realizarse en lugares muy distantes. Piezas de decoración que se diseñan en España y que se fabrican en China. Componentes informáticos que se fabrican en Taiwán y se integran en Irlanda.

Una de las repercusiones de este fenómeno es el aumento creciente de los denominados *teletrabajadores*. Son profesionales cuyo puesto de trabajo es itinerante. Su oficina puede ser su casa, un telecentro o simplemente un ordenador portátil conectado a internet desde el que se envían datos a la oficina central. Padilla comenta en relación con el teletrabajo, que *es una fórmula organizativa compleja (permite organizar a los empleados de forma que se rompe el binomio espacio-tiempo u oficina tradicional-horario de trabajo, permitiendo el que éstos puedan realizar sus funciones de manera más flexible), que viene a cambiar estructuras establecidas desde hace décadas, no por arbitrariedad de sus defensores sino por razones económicas (reducción de costes y aumento de la productividad) y organizativas (fundamentalmente adaptabilidad y flexibilidad), que conviene conocer, ya que permite que la empresa pueda obtener una ventaja competitiva sostenible basada en competencias y capacidades* (Padilla, 1998, XIII).

El teletrabajo es una respuesta de las empresas, pero también de los trabajadores individuales (autoempleados) para aprovechar las oportunidades que las nuevas tecnologías ofrecen en provecho de una mayor rentabilidad y competitividad. Oportunidades que se generan en la medida en que los trabajadores (por cuenta propia o ajena) están conectados y aprovechan las ventajas de Internet. Oportunidades que pueden hacer que más personas puedan incorporarse al trabajo independientemente de sus condiciones físicas, como es el caso de los minusválidos (Fernández Villalta, 1998). Oportunidades que pueden hacer que los trabajadores puedan combinar trabajo y ocio, como es el caso del proyecto Costa Inteligente que se desarrolló en Isla Antilla, donde los ayuntamientos de Isla Cristina y Lepe (Huelva) han desarrollado un proyecto para crear una oferta turística que supere la tradicional estacionalidad.

El teletrabajo, en sus distintas formas, incide en una creciente disgregación e individualizacion de los procesos y de los propios trabajadores. Ello no quiere decir necesariamente aislamiento, ya que a la vez que aumenta la especialización, se generaliza lo que se ha llamado «toyotismo», o forma de organización empresarial que achata la tradicional estructura piramidal de las organizaciones empresariales, tendiendo hacia una estructura más horizontal en la que el trabajo en equipo, la coordinación y colaboración priman como formas de asegurar la calidad de los procesos de producción.

La incorporación de las nuevas tecnologías está produciendo también un efecto de intensificación en las condiciones de trabajo. El trabajador que dispone de un ordenador portátil conectado a Internet no tiene excusa para retrasar envíos o responder a correos electrónicos de su empresa. El escritor Javier Marías lo narraba de manera magistral en su artículo titulado *Me ha salido un karoshi: Se nos ha hecho creer que el perfeccionamiento ilimitado de las máquinas, el incremento sin freno de su celeridad, no podían sino reportarnos ventajas y facilitar nuestras tareas. Hoy sabe cualquiera que esa «facilitación» equivale en realidad a trabajar infinitamente más, y todo el rato con la lengua fuera, sin resuello. Ya no hay tiempo entre la emisión y la recepción de un mensaje, una solicitud, un encargo o una pregunta, hay casi simultaneidad. Y esa inmediatez acucia, hace sentir que lo requerido es urgentísimo y no puede esperar, y precisa una respuesta o satisfacción rauda... Y aunque uno haga y haga, parece invariablemente como si no hubiera hecho nada, todo se reproduce y regresa al instante. Y la facilidad abre la puerta a lo superfluo e inútil* (El País, El Semanal, 25 abril, 1999).

Esto que hemos enunciado tiene repercusiones en lo que se ha venido entendiendo como el «desempeño del puesto de trabajo». La hiperespecialización y rutinización del trabajo ha dado paso a una necesaria multifuncionalidad de tareas a realizar por los trabajadores. Por ello es frecuente el desplazamiento de funciones y tareas dependiendo de las necesidades así como de las innovaciones introducidas en el proceso de producción o venta. Todo ello repercute en que los trabajadores vean continuamente incrementadas y diversificadas las tareas que deben realizar, lo que lleva a tener que aprender continuamente nuevas habilidades y conocimientos. Esto tendrá una repercusión muy importante en la formación continua, como veremos más adelante.

Las innovaciones tanto en los procesos gestión, de producción, de control de calidad, como de ventas y comercialización generan nuevos conocimientos y habilidades que los trabajadores deben incorporar continuamente. El mercado de trabajo es cambiante y, a la vez que elimina ocupaciones obsoletas, abre nuevas vías de desarrollo y crecimiento. El informe *Oferta y demanda de empleo cualificado en la nueva economía* muestra que las empresas de informática y telecomunicaciones son las que más empleo generan en España: el 14,09% de las ofertas de trabajo proceden del sector informático, mientras que el 9,84% del de las telecomunicaciones, lo que supone un 23,93% de los empleos (*El País*, 13 de agosto, 2000).

Pero no sólo las ocupaciones relacionadas con las nuevas tecnologías son las que ofrecen nuevos espacios laborales. Se están produciendo en nuestra sociedad cambios que conducen necesariamente a la aparición de nuevas ocupaciones, o lo que se ha venido en llamar *nuevos yacimientos de empleo,* definidos como *aquellas actividades destinadas a satisfacer nuevas necesidades sociales que actualmente se configuran como mercados incompletos, que sean intensivas en el empleo y que tengan un ámbito de producción/prestación definido en el territorio* (Jiménez, Barreiro y Sánchez, cit. Por García Fraile, 2000, p. 284). El Informe encargado por el Ministerio de Trabajo y Asuntos Sociales, y elaborado por Cachón (1998), destaca los siguientes factores en la aparición de estos yacimientos de empleo:

- La inversión de las pirámides de población, consecuencia del alargamiento de la esperanza de vida y de la caída de natalidad.
- La extensión de los sistemas educativos, lo que determina nuevas demandas educativas y formativas en el sistema escolar y en el de formación permanente.
- La importante incorporación de la mujer al mercado de trabajo y la transformación de las estructuras familiares.
- El desarrollo de las nuevas tecnologías de la información y la comunicación.
- Los cambios en las pautas de consumo y del uso del tiempo social, de ocio y cultura.

Estos factores están creando posibles espacios en los que es posible desarrollar iniciativas de empleo. Se han agrupado en los siguientes:

1. *Servicios de la vida cotidiana*: servicios a domicilio, atención a la infancia, nuevas tecnologías de la información y la comunicación, ayuda a los jóvenes con dificultades.
2. *Servicios de mejora de la calidad de vida*: mejora de alojamientos, seguridad, transportes colectivos locales, revalorización de espacios urbanos, comercio de proximidad, gestión de la energía.
3. *Servicios de ocio:* turismo, audiovisual, valorización del patrimonio cultural, desarrollo cultural local, deporte.
4. *Servicios medioambientales:* gestión de residuos, gestión del agua, protección y mantenimiento de zonas rurales, reglamentación y control de la polución y las instalaciones correspondientes.

Estos yacimientos de empleo no representan por sí solos sino oportunidades, opciones que pueden fructificar si se dispone de apoyos, iniciativa y conocimiento. También están influidos por factores sociales y culturales que pueden favorecerlos o dificultarlos. Y uno de los factores determinantes es poder disponer de personas con conocimientos y formación para hacer realidad las demandas de la sociedad. Por ejemplo, en relación con las nuevas tecnologías de la información, se viene insistiendo en la necesidad de disponer de personas cualificadas para desempeñar ocupaciones relacionadas con ordenadores. Se ha sabido la oferta que Alemania ha hecho para que especialistas hindúes se desplacen a Alemania a trabajar en ocupaciones relacionadas con las nuevas tecnologías. Igualmente se está hablando de la necesidad de «reconvertir» a licenciados en física, química, matemáticas y otras especialidades hacia estudios informáticos.

Formación para aprovechar las oportunidades

Las situaciones que anteriormente hemos descrito nos muestran un panorama ya vislumbrado cuando la Unión Europea encargó en 1996 el informe titulado *Teaching and Learning. Towards the Learning Society.* Lo que se ponía de manifiesto en aquel informe era que los cambios que se estaban produciendo generaban unas necesidades de formación y unas actitudes en los ciudadanos que debían atenderse para poder aprovechar con toda su amplitud las oportunidades que la sociedad informacional iba a generar. Y se apuntaba hacia el peligro de exclusión social que una falta de respuesta adecuada podría producir, afirmando que *Existe el riesgo de una grieta en la sociedad entre aquellos que pueden interpretar, aquellos que sólo pueden usar, y aquellos que quedan fuera de la sociedad y dependen de ella para sobrevivir: en otras palabras, entre los que conocen y los que no conocen* (9).

Tanto por las condiciones de trabajo como por las oportunidades de empleo que anteriormente hemos comentado, se percibe la necesidad de contar con una ciudadanía que posea una formación de base lo suficientemente fundamentada como para que pueda darse esa flexibilidad y adaptación a la que nos hemos referido. Y esta formación de base es la que debe proporcionar el sistema educativo obligatorio. Una formación que, frente a la temprana especialización que algunos plantean, debe atender a aspectos de formación general. A este respecto, el informe de la propia Comisión Europea hablaba de que la escuela debería desarrollar un conocimiento base que permita a las personas dar significado a las cosas, comprender y hacer juicios, desarrollar la capacidad de analizar cómo funcionan las cosas: observación, sentido común, curiosidad, interés por el mundo físico y social, inventar. Aprender a cooperar debe ser también una habilidad a adquirir en la escuela puesto que las modernas empresas están organizándose en círculos de calidad, que introducen la planificación entre trabajadores, destacando su autonomía. Un conocimiento que permita a los ciudadanos dominar los idiomas que le faciliten una mayor movilidad laboral y también cultural.

Adalberto Ferrández insistió a lo largo de sus trabajos en la importancia de entender la formación de base como el sustrato imprescindible para cualquier propuesta formativa con opciones de éxito. Él hablaba de que *tendría que ser una educación con moldes de «álgebra conceptual», es decir, creadora de estructuras flexibles, mentalmente hablando, a la vez que polivalente: estructuras abiertas que puedan ser modificadas rápidamente, de acuerdo a los datos que surgen de su intorno y entorno* (1988:174). La formación de base debe aspirar a permanecer en un mundo donde todo cambia, a dotar a las personas de autonomía personal, capacidad de comunicación, conocimiento de los procesos de resolución de problemas, manejo de información, etcétera (González Soto, 2000).

Plantear la formación de base como un caleidoscopio más que como un binocular, conduce a asumir que su función no es más que permitir que las personas —siguiendo la imagen utilizada al comienzo de este capítulo— puedan continuar pedaleando aunque cambie el terreno o la forma de la bicicleta. Y es que una de las consecuencias de la sociedad informacional en la que nos adentramos es la **caducidad de los conocimientos**. Lo que aprendemos en un momento de nuestra vida tiene una utilidad relativa en función de los avances del conocimiento producido por la investigación.

Como consecuencia de ello, poco a poco nos vamos dando cuenta de que la división clásica entre el mundo del estudio y el mundo del trabajo está dejando de tener sentido. La idea de que existe un tiempo para la formación (básica, inicial) en la que adquirimos el bagaje de conocimientos que vamos a necesitar para toda nuestra vida profesional no se mantiene hoy en día. La formación inicial es una formación básica que nos permite empezar a desenvolvernos en el mercado laboral. Pero el mercado laboral es todo menos estable. Muchas profesiones u ocupaciones surgirán en los próximos años que aún hoy en día no sospechamos de su existencia. Por otra parte, el incremento exponencial de los conocimiento hace que lo que aprendemos en la formación inicial tenga una fecha de caducidad fijada. Como decía Delors en su informe: *Es que ya no basta con que cada individuo acumule al comienzo de su vida una reserva de conocimientos a la que podrá recurrir después sin límites. Sobre todo, debe estar en condiciones de aprovechar y utilizar durante toda la vida cada oportunidad que se le presente de actualizar, profundizar y enriquecer ese primer saber y de adaptarse a un mundo en permanente cambio* (1996).

La necesidad de aprender a lo largo de toda la vida se ha convertido en un lema cotidiano. Zabalza (2000) hablaba de que hemos convertido *la agradable experiencia de aprender algo nuevo cada día en un inexcusable principio de supervivencia* (165). Y en nuestro contexto, las estructuras y procesos que facilitan ese aprendizaje toman el nombre de **formación.** En otro tiempo, uno se formaba para toda una vida, hoy día nos pasamos la vida formándonos. Y la formación se nos aparece como el dispositivo que empleamos para adaptar la formación de base que hemos adquirido (educación secundaria, universitaria, profesional, etcétera) a nuestras necesidades o a las de la empresa en la que trabajemos.

El discurso de la formación ha tenido en la última década en España un impulso innegable. A partir del **I Programa Nacional de Formación Profesional** se sentaron las bases de la estructura de la formación profesional en España. Se inició la elaboración del Catálogo de Títulos y del Repertorio de Certificados de Profesionalidad, para lo que se tomaron como referencia las necesidades de cualificación detectadas en el sistema productivo[1]. En dicho programa se establecían las diferentes modalidades de Formación Profesional (Inicial, Ocupacional y Continua). Nos vamos a centrar en las dos últimas por ser de más interés en relación con la temática de este capítulo.

---

1. La totalidad de Certificados de Profesionalidad, así como la Legislación básica sobre Formación Profesional puede encontrarse en nuestro servidor: *http://prometeo. us.es/recursos.*

En relación con la **Formación Profesional Ocupacional**, se afirma que *Su objetivo general, como política activa de empleo, se dirige prioritariamente a potenciar la inserción y reinserción profesional de la población demandante de empleo, mediante la cualificación, recualificación o puesta al día de sus competencias profesionales, que podrá acreditarse mediante las certificaciones correspondientes. Por lo mismo, debe adecuarse a la oferta de empleo, actual o previsible a corto plazo, sin perjuicio de que las cualificaciones que ofrezca tengan horizonte de futuro. La oferta formativa ocupacional se instrumentará en función de las características de la población desempleada, distinguiendo, en principio, la dirigida a jóvenes en búsqueda de su inserción, la dirigida a personas adultas que necesitan reinsertarse, incluidas las mujeres, y finalmente, la orientada a colectivos específicos con especiales dificultades para la inserción o reinserción. La característica específica de la oferta formativa ocupacional debe ser su capacidad de respuesta inmediata a la oferta de empleo que requiere continua evolución y formación de tal oferta en la economía globalizada* (Nuevo Programa de Formación Profesional, 1998).

La Formación Profesional Ocupacional, como se indica, va dirigida a la inserción laboral, por lo que la especialización de sus contenidos y su adaptación a las necesidades del mercado laboral la caracterizan como una formación para el empleo. Se necesita que los contenidos de las ofertas formativas respondan a necesidades y a nuevos yacimientos de empleo, tal como vimos anteriormente.

Junto a la Formación Profesional Ocupacional, aparece la denominada **Formación Profesional Continua**. Se define como «*el conjunto de acciones formativas que se llevan a cabo por las empresas, los trabajadores o sus respectivas organizaciones, dirigidas tanto a la mejora de las competencias y cualificaciones como a la recualificación de los trabajadores ocupados, que permitan compatibilizar la mayor competitividad de las empresas con la promoción social, profesional y personal de los trabajadores.(...) El carácter de la empresa como organización cualificante y de aprendizaje permanente que informa al Subsistema de Formación Continua debe propiciar su apoyo a los procesos y acciones de transferencia tecnológica de las grandes a las pequeñas empresas, especialmente de su entorno funcional y/o geográfico y a la colaboración con los centros formativos* (Nuevo Programa de Formación Profesional, 1998).

La formación, tanto ocupacional como continua, ha tenido un enorme auge en los países desarrollados. Y es así porque la formación de las personas, la calidad de su formación de base, la capacidad de adaptación y las respuestas a las innovaciones constituyen hoy día una de las ventajas competitivas de las empresas. Decía Castell en una conferencia que hoy día los polos empresariales son móviles y que las empresas de la nueva economía se instalan allí donde hay ideas, donde se produce conocimiento e innovación. Por eso el dinamismo de algunos Parques Tecnológicos está atrayendo a empresas que en otros tiempos hubieran optado por instalarse en grandes núcleos urbanos. Empresas que se nutren de recursos humanos con una formación base —generalmente universitaria— de calidad excelente. Pero aun así, sigue siendo característico de España el hecho de que el 70% de los demandantes de empleo posean una formación de base inadecuada, lo que les impide insertarse adecuadamente en el sistema productivo.

La formación, como vemos, es una necesidad de las personas y de las empresas. No hay opción de mantenerse al margen de la evolución de los saberes, salvo en el caso de ocupaciones artesanales donde la tradición pesa más que la innovación. Y aun en ese caso, los medios tecnológicos resultan ya imprescindibles en la gestión y comercialización de los productos. El dicho que *el buen paño en el arca se vende* ha pasado ya a la historia.

Pero la formación no sólo es una necesidad. También se ha ido configurando en un mercado creciente de intercambio de bienes y servicios (Cachón, 1998). Por dar un dato, el mercado de la educación y la formación en Estados Unidos, con 7.720 millones de dólares, es el segundo sector en importancia en la economía USA, sólo superada por la industria sanitaria (Urdan y Weggen, 2000). A este mercado están confluyendo, como hemos visto, nuevas demandas, pero también se está innovando de manera acelerada para dar respuestas a dichas necesidades.

La formación, como sistema de servicios, ha venido adaptándose mal que bien a los vertiginosos cambios producidos en la sociedad. No se está respondiendo adecuadamente a la necesidad de flexibilidad tanto de los contenidos de formación como de estrategias formativas. Las innovaciones en formación son lentas y tienen que avanzar superando creencias y tradiciones bien instaladas en la mente de las personas. Para empezar, la creencia de que formarse tiene que ver con ser formado por especialistas, en contextos formales y estructurados y con contenidos comunes para diferentes individuos.

Y también la creencia en que la formación debe ir dirigida al desempeño del puesto de trabajo, frente a la tendencia actual a pensar en competencia y cualificación (Sabán, 2000; Rial, 2000). Las competencias no se refieren sólo al desempeño de habilidades y «saber hacer». Tienen un componente más amplio que abarca conocimiento, comprensión, habilidad y actitud. Vargas Zúñiga (1999) ha hecho una selección de conceptos de competencia que reproducimos:

- *Capacidad productiva de un individuo que se define y mide en términos de un desempeño, no solamente en términos de conocimientos, habilidades, destrezas y actitudes, las cuales son necesarias pero no suficientes.*
- *Habilidad multifacética para desempeñar una función productiva de acuerdo con una norma reconocida.*
- *Un conjunto identificable y evaluable de conocimientos, actitudes, valores y habilidades relacionados entre sí que permiten desempeños satisfactorios en situaciones reales de trabajo, según estándares utilizados en el área ocupacional.*

La formación, para que cumpla su función formativa de desarrollo personal, cultural, social y de inserción laboral, debe modificar su estructura, sus contenidos y sus medios. Anteriormente, nos referíamos a algunas limitaciones que caracterizan a la formación actualmente. Las nuevas situaciones que se están creando muestran la necesidad de entender la formación desde escenarios más amplios en cuanto a contenidos y procedimientos que los que hasta ahora conocemos. Y las nuevas tecnologías, como pretendemos abordar a lo largo de los siguientes capítulos, vienen a ofrecer una nueva plataforma para acercar la formación a las personas.

2

Conceptos en torno
a la teleformación

C. Marcelo

2.1. LA TELEFORMACIÓN: UNA VERSIÓN ACTUALIZADA DE LA EDUCACIÓN A DISTANCIA

La educación a distancia fue creciendo a lo largo del siglo XX como una vía alternativa de formación, dirigida a aquellas personas que, bien por su situación geográfica (alumnos en zonas rurales), bien por sus condiciones de trabajo (personas con poco tiempo para atender una enseñanza reglada), bien por sus condiciones físicas (personas con minusvalías) o bien por propia opción personal, elegían una formación más acorde con sus posibilidades.

La educación a distancia que conocemos actualmente ha pasado por diferentes etapas desde finales del siglo XIX, cuando se iniciaron las primeras experiencias de uso de medios de transporte para el envío de textos formativos. Así, Moore y Kearsley (1996) recuerdan cómo el abaratamiento y fiabilidad del servicio de correos permitió, en 1883, la autorización al Instituto Chautauqua del Estado de Nueva York de emisión de títulos obtenidos a distancia. Pero antes, en 1840 en Gran Bretaña, Isaac Pitman comenzó a enseñar por correspondencia, al igual que Charles Toussaint en Francia (1856) y Gustav Langenscheidt en Alemania utilizó el correo postal para enseñar idiomas.

Pero la educación a distancia ha venido adoptando diferentes formatos en función de los avances tecnológicos, así como por la capacidad de los usuarios de aprovechar estos avances (Figura 2.1).

La educación a distancia se ha entendido de diferentes formas. En su significado más simple tiene que ver con la idea de un **alumno** y un **profesor**, separados por el **tiempo** y la **distancia**, que utilizan ciertos **medios** para comunicarse y aprender. Estos medios han ido evolucionando a lo largo del tiempo. Al

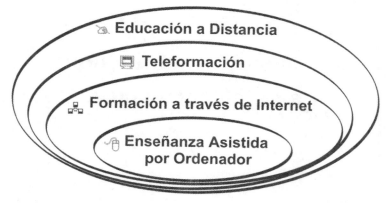

Figura 2.1

comienzo, el medio más utilizado era la correspondencia y los textos escritos, que generalmente incluían, o incluyen, guías de estudio. Es un formato que sigue siendo utilizado por un amplio porcentaje de ofertas de formación.

Una segunda generación de educación a distancia comenzó a finales de los años sesenta y principios de los setenta con la aparición de las primeras Universidades Abiertas. Estas universidades plantearon el avance de un sistema completo de diseño, desarrollo y evaluación de la educación a distancia y, aunque utilizaban los textos escritos como recurso, comenzaron a utilizar la radio y la televisión como soportes adicionales. En nuestro país son conocidas las experiencias de televisión educativa, de radio ECCA o del uso por parte de la Universidad Nacional de Educación a Distancia de vídeos, programas de televisión y de radio para incrementar la oferta de formación escrita. Esta oferta se ha venido completando en los años ochenta con el uso del teléfono como medio de realización de tutorías con los profesores.

Como vemos, poco a poco se han ido añadiendo medios cada vez más sofisticados, como la radio, la televisión, el vídeo, la cinta cassette, el teléfono, y más recientemente todos los medios derivados de Internet.

Vamos a aproximarnos a algunas definiciones que diferentes autores han dado sobre qué se entiende por educación a distancia:

La adquisición de conocimientos y habilidades a través de la instrucción e información, utilizando tecnologías y formas de aprendizaje a distancia (The United States Distance Learning Association).

La educación a distancia consiste en un aprendizaje planificado que ocurre nor-

malmente en un lugar diferente al que se desarrolla la enseñanza, y que requiere téc-nicas especiales de diseño de los cursos, técnicas instruccionales, métodos de comuni-cación electrónicos, así como una organización y administración especial (Moore and Kearsley, 1996:2).

La educación a distancia consiste en un dispositivo instruccional en el que el alum-no no está físicamente presente en el mismo lugar en el que se sitúa el formador. Históricamente, la educación a distancia significaba estudio por correspondencia. Hoy en día, el audio, el vídeo y el ordenador son los medios que se utilizan con asiduidad. El término aprendizaje a distancia a menudo se utiliza como sinónimo de educación a dis-tancia. Sin embargo, es inapropiado puesto que el aprendizaje a distancia es el resultado de la educación a distancia (Virginia Steiner, *Distance Learning Resource Network*).

La educación a distancia plantea una modalidad educativa y formativa en la que, según Keegan (1988):

- existe una separación física entre el profesor y el alumno,
- se utilizan medios didácticos,
- existe comunicación en dos direcciones y
- existe una institución educativa que regula la formación o educación.

Recientemente, Lorenzo García Aretio (2001), coordinador de la Cáte-dra UNESCO de Educación a Distancia ha revisado diferentes definiciones y conceptos en este terreno. A partir de esta amplia revisión encuentra que las características de la educación a distancia son:

- Separación entre el profesor y el alumno: ambos sujetos no compar-ten un mismo espacio físico.
- Utilización de medios técnicos para facilitar a los alumnos el acceso a los conocimientos y para las comunicaciones.
- Organización de apoyo a los alumnos mediante tutorías.
- Los alumnos pueden aprender de manera flexible e independiente, lo que no necesariamente significa aprender en solitario.
- Comunicación bidireccional entre los profesores y los alumnos y de los alumnos entre sí.
- Enfoque tecnológico en las decisiones referidas a la planificación, el desarrollo y evaluación de las acciones de educación a distancia.
- Comunicación masiva e ilimitada con alumnos en contextos geográfi-camente dispersos.

Partiendo de estas características, García Aretio define la educación a dis-tancia como *un sistema tecnológico de comunicación bidireccional (multidireccional), que puede ser masivo, basado en la acción sistemática y conjunta de recursos didácticos y el apoyo de una organización y tutoría, que, separados físicamente de los estudiantes, propician en éstos un aprendizaje independiente (cooperativo)* (García Aretio, 2001:39).

Como vemos, la educación a distancia clásica, es decir, aquella que no utiliza tecnologías digitales para vincular a los alumnos con el profesor, ha constituido la base de experiencia e investigación sobre la que ha ido creciendo de forma rápida la teleformación. Vamos a continuación a centrarnos en las nuevas modalidades de educación a distancia, aquellas que sí incorporan el uso del ordenador como vehículo de aprendizaje.

2.2. DIFERENTES DENOMINACIONES: TELEFORMACIÓN, TELEEDUCACIÓN, FORMACIÓN A TRAVÉS DE INTERNET O «E-LEARNING»

La incorporación de las nuevas tecnologías de la información y la comunicación con fines educativos y formativos ha dado lugar a lo que denominamos genéricamente en España como teleformación. Básicamente nos estamos refiriendo a cualquier oferta de formación a distancia que reúna las condiciones expuestas anteriormente, pero que incorpore Internet para facilitar algunas de las funciones de aprendizaje: leer, compartir, observar, simular, discutir, etcétera.

Como se dice que si definimos no discutimos, vamos a ofrecer algunas definiciones sobre esta dimensión de la educación a distancia.

Betti Collis, profesora de la Universidad de Twente define Teleaprendizaje («tele-learning») como *la conexión entre personas y recursos a través de las tecnologías de la comunicación con un propósito de aprendizaje* (Collis, 1996:9).

De una forma un poco más detallada, el Informe sobre Tele-Educación elaborado por la Universidad Politécnica de Madrid en 1998 define la teleeducación como *Integración de las tecnologías de la información y las comunicaciones en el ámbito educativo con el objeto de desarrollar cursos y otras actividades educativas sin que todos los participantes tengan que estar simultáneamente en el mismo lugar.*

Una definición más concreta fue la que nos proporcionó el estudio financiado por FUNDESCO en España y titulado: *Teleformación. Un paso más en el camino de la Formación Continua.* Los autores de este trabajo entendieron que *la teleformación es un sistema de impartición de formación a distancia, apoyado en las TIC (tecnología, redes de telecomunicaciones, videoconferencias, TV digital, materiales multimedia), que combina distintos elementos pedagógicos: la ins-*

trucción directa clásica (presencial o de autoestudio), las prácticas, los contactos en tiempo real (presenciales, videoconferencia o chats) y los contactos diferidos (tutores, foros de debate, correo electrónico) (p. 56).

Por último, Urdan y Weggen (2000) definen «e-learning» como *el desarrollo de contenidos a través de cualquier medio electrónico, incluyendo Internet, Intranet, extranets, satélites, cintas de audio/vídeo, televisión interactiva y CD-ROM.*

Como vemos, el concepto Teleformación es amplio y acoge en principio una amplia variedad de posibles experiencias educativas a distancia. Quisiéramos detenernos un poco en relación con una novedad que las TIC han aportado a la educación a distancia clásica. Nos referimos a la aparición de los conceptos de formación SINCRÓNICA Y ASINCRÓNICA. Tradicionalmente, la educación a distancia ha sido asincrónica. Es decir, el formador y los alumnos aprenden en lugares diferentes y en tiempos distintos. Una novedad que han introducido las tecnologías de la información y comunicación ha sido la posibilidad de desarrollar una formación sincrónica, en la que formadores y alumnos se escuchan, se leen y/o se ven en el mismo momento, independientemente de que se encuentren en espacios físicos diferentes. Lo ejemplificamos en la Figura 2.2 (Hedberg et al., 1997).

Para el soporte tecnológico de la formación sincrónica se han venido utilizando diferentes medios. Por ejemplo, el uso del satélite para emitir

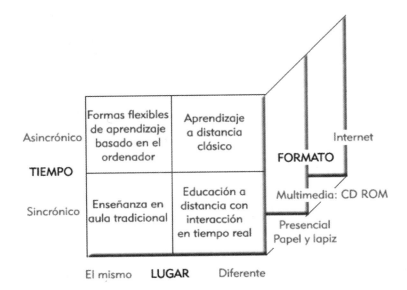

Figura 2.2

clases presenciales a una variedad de centros receptores dotados de un te-
levisor, así como de ordenadores para remitir las preguntas u opiniones de
los alumnos. Es el caso del Instituto Tecnológico de Estudios Superiores
de Monterrey (México), que dispone de una red de campus receptores distribuidos por México, que reciben las señales emitidas por la sede central.
En estas sedes, los alumnos se reúnen para recibir la formación en el momento en que ésta se produce o bien en diferido.

Pero dado que el alquiler de espacio horario en un satélite es elevado,
las instituciones educativas han venido optando por otras soluciones más
económicas y viables. En la década de los noventa se han elaborado multitud de CD-ROM multimedia que han permitido acercar una formación su-
puestamente más atractiva que los clásicos manuales impresos, y que pre-
tendía ofrecer una organización de la información utilizando el hipertexto
como vehículo para incrementar la interactividad. La producción de un
CD-ROM es elevada, y su vida útil es corta, dado el avance de los conocimientos y la necesidad de incorporar nuevas herramientas y conceptos.
Algo que los CD-ROM no permiten.

Por ello, la industria de producción de CD-ROM está estabilizada, mientras que, como muestra la Figura 2.3, es Internet el medio preferido como vía
para canalizar la teleformación (Urdan y Weggen, 2000). A continuación vamos a centrarnos en esta nueva forma de entender la teleformación.

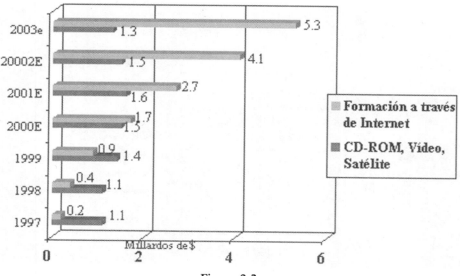

Figura 2.3

2.3. LA FORMACIÓN MEDIANTE INTERNET: *E-FORMACIÓN*

Una de las versiones actuales de la educación a distancia es la formación a través de Internet. Podemos encontrar diferentes denominaciones en inglés como «Web-based training», «Web-based instruction», u «on-line learning». En cualquiera de sus acepciones, se trata de una modalidad de formación que permite utilizar las potencialidades de la red para acercar la formación a sus posibles usuarios. Internet se está convirtiendo no sólo en una vía de formación sino en un auténtico mercado para la formación. Más adelante trataremos sobre este tema que ahora dejamos apuntado. Para empezar, debemos aclarar qué entendemos por esta modalidad de teleformación: la formación a través de Internet. Para ello vamos a recurrir a las opiniones de algunos autores que han abordado el tema:

Definimos la formación mediante Internet como la aplicación de un repertorio de estrategias instruccionales orientadas cognitivamente y llevadas a cabo en un ambiente de aprendizaje constructivista y colaborativo, utilizando los atributos y recursos de Internet (Relan y Gillani, 1997).

Formación a través de Internet se puede entender como un enfoque innovador para desarrollar programas de enseñanza basados en el hipermedia para una audiencia remota, utilizando los atributos y recursos de Internet para crear ambientes de aprendizaje bien diseñados, centrados en los alumnos, interactivos y facilitadores (Khan, 2001).

Una Formación con Internet es un ambiente creado en la Web en el que los estudiantes y educadores pueden llevar a cabo tareas de aprendizaje. No es sólo un mecanismo para distribuir la información a los estudiantes, también supone tareas relacionadas con la comunicación, la evaluación de los alumnos y la gestión de la clase (McCormack y Jones, 1998).

Como vemos, la formación a través de Internet es mucho más que acceder a un conjunto de páginas más o menos elaboradas. La formación, en tanto que enseñanza, debe planificarse, organizarse y apoyarse en los medios necesarios para facilitar la comprensión de los alumnos.

Pero la Formación a través de Internet se nos presenta con varios niveles de complejidad y riqueza que es preciso diferenciar. Así lo hace Barron (1998), que establece estos tres niveles:

1. Cursos por correspondencia que utilizan correo electrónico. El alumno recibe los libros y se comunica con el tutor vía correo electrónico.

2. Formación mejorada con la Web: en ella, el formador crea páginas Web con enlaces relevantes para la clase, normalmente como complemento a las clases presenciales. Ésta es una modalidad abierta y accesible que utiliza los recursos disponibles en Internet: foros de discusión, chats, alojamiento de páginas, formularios, etcétera. Pero la característica es que no se encuentran integrados.

3. Plataformas de teleformación: son ambientes de aprendizaje virtuales en los que los alumnos encuentran todo aquello que necesitan para aprender. Plataformas como WebCT , TopClass, LearningSpace o muchas otras que actualmente existen en el mercado están permitiendo un acceso a la teleformación cada vez más amplio y económico.

El siguiente cuadro refleja algunas de las características más importantes de la formación a través de Internet (Khan, 1997):

INTERACTIVA	Los alumnos pueden comunicarse unos con otros, con el formador y con los recursos on-line disponibles en Internet. Los formadores actúan como facilitadores que proporcionan apoyo, retroacción y orientación vía comunicación sincrónica (chat) y asincrónica (correo electrónico, listas de discusión...).
MULTIMEDIA	La formación a través de Internet puede incorporar una variedad de elementos multimedia, como textos, gráficos, audio, vídeo, animaciones, etcétera.
SISTEMA ABIERTO	La formación a través de Internet es un sistema abierto en el que los alumnos tienen libertad para moverse dentro del dispositivo de formación, avanzar a su ritmo y elegir sus propias opciones.
BÚSQUEDA ON-LINE	Los alumnos en formación a través de Internet pueden utilizar como medio de completar su formación, los motores de búsqueda disponibles en Internet.
INDEPENDENCIA DE ESPACIO, TIEMPO Y DISPOSITIVO	Los alumnos pueden participar en un curso de formación a través de Internet en cualquier lugar del mundo utilizando cualquier ordenador a cualquier hora.
PUBLICACIÓN ELECTRÓNICA	Internet permite un mecanismo fácil para la publicación electrónica, de manera que tanto alumnos como formadores pueden publicar sus trabajos y hacerlos disponibles para una audiencia mundial.
RECURSOS ON-LINE	Internet proporciona acceso instantáneo e ilimitado a una gran cantidad de recursos de formación, que pueden ser almacenados en el ordenador del usuario.

DISTRIBUCIÓN	Los documentos multimedia disponibles en Internet se distribuyen en cientos de redes y servidores de todo el mundo. Internet es distribuida porque no existe control y cualquiera puede publicar.
COMUNICACIÓN INTERCULTURAL	La formación a través de Internet permite que alumnos y formadores de diferentes zonas del mundo se comuniquen, lo que permite conocer diferentes puntos de vista y orientaciones.
MULTIPLICIDAD DE EXPERTOS	La formación a través de Internet permite incorporar a la formación expertos de diferentes zonas geográficas y áreas de trabajo.
EL ALUMNO CONTROLA SU APRENDIZAJE	La formación a través de Internet permite crear un ambiente de aprendizaje democrático en el que el alumno puede influir en lo que se aprende y en el orden en que se aprende. Los alumnos pueden controlar y elegir el contenido, el tiempo, la retroacción, etcétera.
NO DISCRIMINACIÓN	La formación a través de Internet facilita un acceso democrático al conocimiento independientemente del lugar donde se viva, de las limitaciones de movimiento, de lengua, edad, etnia, etcétera. Igualmente facilita una comunicación más abierta y sin inhibiciones.
COSTE RAZONABLE	La formación a través de Internet tiene un coste razonable para los alumnos, los formadores e instituciones. Los gastos de transporte y textos para los alumnos son mínimos. Se reducen los costes de aulas, instalaciones, equipos, etcétera.
FACILIDAD DE DESARROLLO Y MANTENIMIENTO DE CURSOS	Las páginas de los cursos pueden ser actualizadas de forma permanente y en cualquier lugar donde se encuentre el formador.
AUTONOMÍA	Un curso de formación a través de Internet es autónomo, es decir, se puede desarrollar completamente on-line: contenidos, actividades, evaluación, comunicación.
SEGURIDAD	En un curso de formación a través de Internet sólo los formadores pueden modificar o alterar la información que se presenta. Además, los alumnos disponen de una contraseña para entrar en el curso.
APRENDIZAJE COLABORATIVO	La formación a través de Internet favorece la colaboración, discusión e intercambio de ideas para la realización de actividades del curso.

EVALUACIÓN ON-LINE	La formación a través de Internet incorpora la posibilidad de evaluación on-line de los alumnos y del formador a través de tests incorporados en el programa.

La teleformación a través de Internet permite configurar diferentes escenarios formativos que, combinados, pueden proporcionar un aprendizaje más significativo. Valga como ejemplo la comparación que Welsh (1997) realiza entre diferentes situaciones de enseñanza en función de una clase tradicional o de una clase utilizando los recursos de Internet:

Situación de Aprendizaje	Formación tradicional	Teleformación
Completamente Sincrónica	Sesión de clase típica en la que interviene un formador y varios o muchos estudiantes.	La clase en su totalidad se reúne vía Internet en un chat. Los participantes presentan ideas a la clase usando texto, audio o vídeo en tiempo real.
Parcialmente Sincrónica	Grupos de estudiantes se reúnen fuera del horario de clase para realizar alguna tarea.	Grupos de estudiantes se reúnen mediante chat para realizar una tarea puesta en Internet.
	El formador se reúne con alumnos, individualmente o en grupo, durante las horas de tutorías.	El formador utiliza las horas de tutorías para asesorar mediante chat a alumnos individuales o grupos de alumnos.
Asincrónica	Los alumnos completan tareas asignadas individualmente, realizando principalmente lectura y escritos que entregan al formador.	Los alumnos descargan tareas y recursos de información desde la Web de su clase. El formador proporciona a los alumnos tutoría vía correo electrónico.
	Se utiliza la biblioteca como recurso de información.	Los alumnos tienen acceso a la información relevante de Internet a través de enlaces propuestos por el formador u otros alumnos.

La formación a través de Internet presenta múltiples ventajas, como hemos visto anteriormente. Ventajas que están permitiendo que emerja como un gran mercado de enormes potencialidades. Estas ventajas han sido valoradas en el reciente *Informe sobre el Estado de la Teleeducación en España* que han elaborado la Asociación de Usuarios de Internet y el Departamento de Tecnología de las Comunicaciones de la Universidad Carlos III (AUI,2001). Las ventajas señaladas ya anteriormente (acceso inteligente a la información, personalización del aprendizaje, acceso sin fronteras a la formación, actualización de los contenidos) se completan con algunas críticas en relación con la falta de contactos sociales, o insatisfacción con los usos de las herramientas de foro y chat. Concluye el informe destacando, entre otros aspectos, las posibilidades de ampliación de la formación al mercado hispanoamericano de las ofertas formativas de teleformación en España.

Estas ventajas han sido analizadas recientemente por Hannum (2001) diferenciando entre ventajas logísticas (de gestión, disposición, flexibilidad), instruccionales (referidas al proceso de desarrollo de la enseñanza y la formación) y económicas. Resumimos estas ventajas:

Logística	Instruccional	Económica
Formación flexible.	Presentación multimedia.	Menor coste que la formación tradicional.
Aprender en cualquier lugar y momento.	Control por parte del alumno.	Reduce la duplicación de esfuerzos.
Útil desde el ordenador personal del alumno.	Actualización inmediata de contenidos.	No requiere medios caros.
Compatibilidad entre plataformas.	Variedad de acciones de formación.	Requiere menos soporte técnico.
Sin problemas de horario.	Colaboración.	Se puede facturar por uso.
Fácil distribución.	Consistencia.	Distribución amplia y barata de materiales.
Seguridad de uso.		
Enlaces a otros sitios de Internet.		
Facilidad de actualizar contenidos.		

Pero también hay que señalar algunas de las desventajas que hoy día tiene la teleformación a través de Internet. En este sentido, Horton, autor de uno de los libros más vendidos sobre teleformación (*Designing Web-Based Training, 2000*) plantea las siguientes dificultades:

- La planificación y desarrollo de un curso mediante teleformación requiere más trabajo que un curso presencial.
- Se requiere más esfuerzo por parte del profesor, ya que no se dirige al alumno promedio, sino que va a recibir dudas diferentes de diferentes alumnos, a las que deberá dar respuesta adecuada.
- La conversión de un curso presencial en un curso mediante teleformación requiere más tiempo del esperado.
- Se requiere un mayor esfuerzo por parte de los alumnos, estimando el autor que es un 40% más que en las clases normales.
- Se requiere un buen diseño instruccional y una buena producción.
- Los alumnos temen perder el contacto humano al no verse físicamente con los profesores.
- Muchos dicen que aprender a distancia es impersonal.
- La teleformación cambia la forma habitual de trabajar en un curso.
- Exige de los alumnos autodisciplina, regulación del tiempo.
- Muchos alumnos prefieren un formato más tradicional.
- El abandono, al igual que en otras modalidades de educación a distancia, puede ser alto.

2.4. DIMENSIONES PARA EL ANÁLISIS DE LA TELEFORMACIÓN: EL MODELO DE KHAN

La teleformación como fenómeno puede tener diferentes miradas. Por lo descrito hasta ahora, la teleformación se nos presenta como una innovación que nos permite conseguir una formación más flexible, distribuida y abierta. Pero, como iremos desarrollando poco a poco en los capítulos siguientes, la teleformación, como innovación, puede y debe analizarse en función de diferentes parámetros o dimensiones. Un autor pionero en el campo de la teleformación, Badrul H. Khan, editor de dos monográficos sobre teleformación (1997, 2001) ha propuesto un modelo que consideramos de interés para identificar diferentes niveles de discurso en relación con la formación a través de Internet. Este modelo incluye ocho dimensiones, como vemos en la Figura 2.4.

La dimensión **Pedagógica** hace referencia a aquellos aspectos que tienen que ver con enseñar o aprender mediante teleformación. Se refiere a los objetivos de la formación, sus contenidos, organización, metodología y estrate-

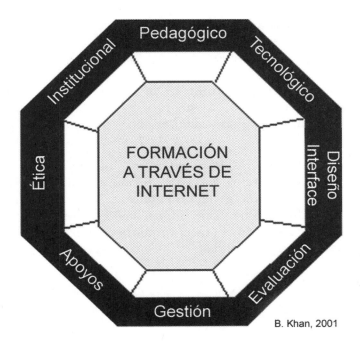

Figura 2.4

gias didácticas. Son los componentes fundamentales en toda acción de formación y que en teleformación deben ser tenidos en cuenta de manera particular y diferenciada respecto de la formación presencial. Ésta será una dimensión a la que prestaremos especial atención en los primeros capítulos de este
libro. La dimensión **Tecnológica**, inevitablemente presente en teleformación,
hace referencia a las plataformas utilizadas para presentar la teleformación, así como al *hardware* y *software* que son necesarios para su seguimiento.

Una tercera dimensión para analizar la teleformación tiene que ver con
el **Diseño de la Interface** de interacción entre el alumno y la acción de formación. En esta dimensión, a la que nos referiremos en el capítulo 10, se
hace necesario analizar los componentes de diseño, de «usabilidad», navegación y diseño de contenidos de las páginas que los alumnos deben leer.

La **Evaluación** configura un espacio necesario en toda acción de formación. Dedicamos el capítulo 8 a este tema. Plantearemos que la evaluación
en teleformación no debe ser sólo del nivel de satisfacción de los alumnos
sino que la teleformación nos permite obtener más información acerca del

desarrollo del curso, así como de los aprendizajes de los alumnos. Uno de los elementos que evaluamos tiene que ver con la **Gestión**; desde el punto de vista de Khan, los aspectos relacionados con el mantenimiento de la plataforma tecnológica (presupuesto, sistemas de seguridad, actualización de contenidos, derechos de autor de contenidos, claves de acceso para los alumnos, seguimiento de los alumnos, etcétera) y con la distribución de la información (materiales on y off-line, programa del curso, anuncios, exámenes de los alumnos, comunicaciones con los alumnos, guías para los alumnos, tutorías, etcétera).

Un sexto elemento a considerar se refiere a los **Apoyos** y asesoramiento que los alumnos deben recibir a lo largo del curso. Como desarrollaremos en el capítulo 7, las tutorías generalmente se refieren a aspectos técnicos (al principio los alumnos necesitan información para resolver los problemas que se van encontrando) y posteriormente empiezan a estar relacionadas con los contenidos a aprender.

Una dimensión interesante que presenta Khan es la relacionada con los aspectos **Éticos** derivados de la teleformación. Si la teleformación pretende ser accesible a cualquier persona en cualquier parte, debe ser sensible a la diversidad social, cultural, de género, de alumnado, geográfica y de acceso a la información. Estos aspectos incluyen también los temas relacionados con la privacidad de las comunicaciones entre los alumnos, la prevención de plagios o la divulgación de los trabajos de los alumnos.

Y por último, Khan señala que las instituciones que se arriesgan a desarrollar teleformación no pueden actuar como francotiradoras o impulsadas por modas. Hacen falta decisiones estratégicas que conduzcan a un compromiso de la institución y de los docentes que en ella trabajan para que crean en el proyecto. Pero también se requieren modificaciones de los servicios que los estudiantes disfrutan para que la teleformación les sea accesible: ayudas financieras, librerías electrónicas, orientaciones...

2.5. LA RÁPIDA EXPANSIÓN DE LA TELEFORMACIÓN

La teleformación se está configurando en una verdadera respuesta a las necesidades de la sociedad del conocimiento en la que estamos avanzando. La teleformación a través de Internet crece de forma exponencial en comparación con otras modalidades de formación, tanto presencial como mediante soporte CD-ROM.

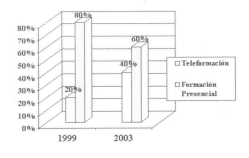

Fuente: Corporate University Xchange, 1999

Figura 2.5

Los datos que se muestran confirman el crecimiento que la formación a través de Internet va a tener en los próximos años. Urdan y Weggen (2000), utilizando datos provinientes de un informe de *Corporate University Xchange*, vienen a mostrar que en cuatro años la formación mediante internet incrementa en un 20% el nivel de uso en relación con la formación tradicional. Por otra parte, Phillipe Gil (2000) nos proporciona los datos de la tabla siguiente, procedentes de un estudio de Datamonitor que muestra un descenso evidente en el uso de los modelos presenciales de formación.

Modelos	1997	1998	1999	2000	2001	2002
Fórmulas presenciales	360	663	1052	1507	1933	2352
Fórmulas autónomas	245	476	796	1218	1679	2209
Internet Intranet	32	80	164	294	463	682
Videoconferencia	3	7	20	39	66	105
Total	640	1226	2032	3058	4141	5348

Fuente: Datamonitor

¿A qué es debido esto? ¿Cuáles son las causas que están impulsando el despegue de fórmulas de formación más abiertas y flexibles? Urdan y Weggen (2000), basándose en estudios de IDC (International Data Corporation) nos hablan de un mercado en crecimiento. Philippe Gil afirmaba que *El mercado de la formación y del desarrollo de competencias será uno de los más prósperos de esta década. Únicamente el mercado norteamericano representa hoy 62,5 millardos de dólares, según Training Magazine, frente a 48,3 millardos en 1993. El mercado mundial de la formación informática era en 1998 de 18,8 millardos de dólares, mientras que International Data Corporation lo sitúa en 28,3 millardos de dólares en 2002* (3). Y de nuevo nos preguntamos ¿cuáles son las causas? Vamos a enunciar algunas que pueden servirnos.

En **primer** lugar, la economía en las últimas cuatro décadas está evolucionando hacia una economía del conocimiento. En la antigua economía, el valor de las empresas se definía, principalmente, por sus productos físicos, mientras que la nueva economía pone énfasis en el capital humano. Al respecto afirmaba Castells que *la nueva tecnología de la información está redefiniendo los procesos laborales y a los trabajadores y, por tanto, el empleo y la estructura ocupacional. Mientras está mejorando la preparación para una cantidad considerable de puestos de trabajo y a veces los salarios y las condiciones laborales en los sectores más dinámicos, otra gran cantidad está desapareciendo por la gran automatización en la fabricación».* Y ello está incidiendo en la necesidad de formación.

Un **segundo** factor lo encontramos en el fenómeno producido por los avances científicos que derivan en una caducidad cada vez más anticipada de los conocimientos: el ciclo de vida de los conocimientos se reduce y, por lo tanto, el aprender a lo largo de la vida no es un eslogan sino un imperativo. De ahí se deriva la necesidad del aprendizaje a lo largo de toda la vida («long life learning»). Algo que ya se ha venido demandando por el denominado *Informe Delors,* que afirma lo siguiente: *nos parece que debe imponerse el concepto de educación durante toda la vida con sus ventajas de flexibilidad, diversidad y accesibilidad en el tiempo y el espacio. Es la idea de educación permanente lo que ha de ser al mismo tiempo reconsiderado y ampliado, porque además de las necesarias adaptaciones relacionadas con las mutaciones de la vida profesional, debe ser una estructuración continua de la persona humana, de su conocimiento y sus aptitudes, pero también de su facultad de juicio y acción (1996:20).*

En **tercer** lugar, y motivado por lo anterior, se está produciendo un cambio de paradigma en la forma de entender y ofrecer formación. Actualmente, las empresas ven la formación como un arma de competitividad en lugar de como una carga. De esta forma se está entendiendo que el éxito de las empresas depende cada vez más de contar con un personal altamente cualificado que demanda cada vez más formación muy especializada.

En **cuarto** lugar, como señalamos antes, los cambios que se vienen produciendo en nuestra sociedad conducen necesariamente a la aparición de nuevas ocupaciones, o lo que se ha venido en llamar *nuevos yacimientos de empleo.* Puesto que ya hemos hecho referencia a este aspecto, no insistiremos más.

Unido a lo anterior aparece un **quinto** factor que tiene que ver con la reducción del tiempo de trabajo, que en diferentes países europeos se está planteando y consiguiendo con mayor o menor éxito. Así, Gil (2000) analiza cómo la reducción del tiempo de trabajo a 35 horas está contribuyendo a cambiar el mercado de la formación. Y lo está haciendo por dos motivos. En primer lugar porque los trabajadores disponen ahora de más tiempo libre, lo que genera nuevas demandas de formación no necesariamente profesional. Y en segundo lugar, la reducción del tiempo de trabajo conduce a que las empresas rentabilicen mejor el tiempo destinado a la formación de sus trabajadores, apostando por fórmulas de formación más flexibles que permitan la formación sin que el trabajador deba dejar su puesto de trabajo durante uno o varios días completos. Así, comenta Gil que *El objetivo es triple: disminuir el tiempo dedicado a formación, disminuir los costes para incrementar la rentabilidad de las acciones, y ofrecer fórmulas más adaptadas a los perfiles y a las demandas de las personas, gracias a una individualización de las ofertas de formación* (2000:20).

En **sexto** lugar, hay que reconocer el reciente, aunque decidido, impulso que la Unión Europea, a través de sus instituciones, está haciendo para que pasemos de las palabras a los hechos. La comisaria europea Viviane Reding afirmaba que *si no actuamos rápidamente, en 2002 tendremos en Europa un déficit de especialistas en nuevas tecnologías digitales superior a 1,6 millones de personas*. Estas palabras muestran la preocupación de una Unión Europea que ha dejado pasar el tiempo sin llevar a cabo iniciativas comunitarias en la dirección de impulsar la democratización del acceso al conocimiento a través de Internet. Ya quedan lejanas las recomendaciones del informe coordinado por el Comisario Bangeman en 1994 en el que ya se proponía la necesidad de fomentar la educación a distancia y el uso de nuevas tecnologías de la información y comunicación.

Y aunque suponga extendernos en este punto, creemos necesario hacer referencia a la iniciativa denominada «E-Learning» que la Unión Europea ha puesto en marcha a partir de la cumbre de Lisboa de marzo de 2000. En relación a esta iniciativa, Romano Prodi afirmaba que *la Comisión Europea busca movilizar las comunidades educativas y culturales, así como los agentes económicos y sociales en Europa, para impulsar los cambios en la educación y en el sistema de formación para que Europa se mueva hacia una sociedad del conocimiento*. La iniciativa E-Learning ha dado lugar a varios informes, uno de los cuales, titulado *E-Learning. Concebir la Educación del Futuro*, describe los objetivos en relación con los sistemas de educación y formación. Éstos son:

- Haber formado, antes de que acabe 2002, a un número suficiente de profesores para permitirles utilizar Internet y recursos multimedia.

- Conseguir que las escuelas y los centros de formación se conviertan en centros locales de adquisición de conocimientos polivalentes.
- Adoptar un marco europeo que defina las nuevas competencias básicas que deban adquirirse mediante la educación y la formación permanentes.
- Evitar que siga ensanchándose la brecha entre quienes tienen acceso a los nuevos conocimientos y quienes no lo tienen.
- Un esfuerzo en equipamiento que lleve a que en 2004 haya una proporción entre 5-15 alumnos por ordenador.
- Esfuerzo de formación a todos los niveles: *Debe llegar a convertirse en parte integrante de la formación inicial y continua de cada profesor y formador.*
- Desarrollo de servicios y de contenidos multimedia de calidad.
- Desarrollo e interconexión de centros de adquisición de conocimientos.

Un factor determinante para la expansión del uso de Internet como espacio para la formación, son los ordenadores. Nos referimos, en **séptimo** lugar, a la progresiva adquisición por parte de los ciudadanos particulares, de las instituciones educativas, así como por instituciones públicas, de ordenadores multimedia con conexión a Internet. Tal como se presenta en *Informe de la Comisión al Consejo y al Parlamento Europeo: concebir la educación del futuro. Promover la innovación con las nuevas tecnologías,* los indicadores que se citan con mayor frecuencia siguen siendo el número de alumnos por ordenador y el porcentaje de establecimientos conectados a Internet. En los países escandinavos, que son los más avanzados de Europa, la cifra media tiende a ser de ocho alumnos por ordenador y dos profesores por ordenador, y la mayor parte de los centros de enseñanza secundaria están conectados a Internet. Sin embargo, estos indicadores son imperfectos puesto que incluyen diferentes generaciones de equipos, de los que solamente una pequeña parte posee funciones multimedia. Por ejemplo, más del 45% de los microordenadores instalados en las escuelas británicas tienen más de cinco años de antigüedad.

Otro indicador, según establece este informe, incluye niveles muy diferentes de calidad de las infraestructuras. Cubren situaciones muy diferentes por lo que respecta a la frecuencia y la duración de utilización por alumnos y profesores. Por último, ocultan en cada país y en cada región disparidades crecientes. Se observan grandes diferencias en Europa en cuanto a las infraestructuras ofrecidas a las escuelas primarias. Por ejemplo, a principios de 1999, aproximadamente el 10% de las escuelas primarias de Francia estaban conectadas a Internet, mientras que en Finlandia estaban conectadas el 90% de las escuelas. Asimismo, entre el 12% y el 83% de las escuelas alemanas están conectadas a Internet, según el Estado Federado de que se trate. Por otra parte, en Estados Unidos se fijó como objetivo conectar todas las aulas a Internet en el año 2000, mientras que la mayoría de los estados miembros se han fijado como objetivo conectar a todas las escuelas en el 2002. A finales de 1998, en Estados Unidos había una media de seis alumnos por ordenador, y estaban conectadas a Internet el 89% de las escuelas y el 51% de las aulas. Sin embargo, siguen existiendo grandes diferencias entre los diversos estados.

Un factor importante en el uso de las nuevas tecnologías de la información y de la comunicación, como hemos visto antes, es disponer de ordenadores multimedia conectados a Internet. Pero aun cuando dispongamos de la mejor proporción posible, no se producirá el cambio deseado si los docentes y los formadores no están dispuestos a incorporarlos en sus prácticas docentes ordinarias. Y aquí nos encontramos con un verdadero problema en lo que respecta a muchos países europeos. Tanto el nivel de formación bajo, como la actitud de los profesores es, en general, reacia al cambio pedagógico que representa una enseñanza o formación en donde el protagonista no es el docente que enseña sino el alumno que aprende. Esta deficiencia se recogía en el Informe europeo al que anteriormente hicimos referencia. En él se afirma que: *Las condiciones adecuadas para que evolucione la función del profesor se hacen realidad lentamente. Los proyectos más innovadores son a menudo el resultado de la iniciativa de equipos de profesores entusiastas que han aceptado invertir un tiempo considerable en estos experimentos. La utilización individual y periódica del ordenador, el trabajo en equipo y los intercambios entre colegas constituyen los medios más eficaces para desarrollar las competencias de los profesores. Sin embargo, los medios destinados a los profesores con este fin siguen siendo muy limitados en muchos países, y en pocos casos se tiene en cuenta el incremento de la carga de trabajo que representa. Un gran número de proyectos son de carácter voluntario y desinteresado.*

En la misma línea se mostraba Massy (2000) al comparar el mercado de la teleformación en Estados Unidos y en Europa. Las principales diferencias que encontraba esta especialista se referían a los niveles de uso, a las actitudes y expectativas, así como al limitado nivel de formación en el uso de nuevas tecnologías por parte de profesores y formadores.

Un **octavo** factor que explica el auge del interés por la teleformación tiene que ver con las políticas de igualdad. Colectivos que hasta ahora tenían dificultades para ahondar su horizonte de desarrollo personal y profesional, ahora pueden acceder a la formación gracias a que Internet lleva la formación a casa. Nos referimos, principalmente, a mujeres y minusválidos, aunque no exclusivamente. Los esfuerzos que las administraciones públicas están haciendo para incorporar a personas tradicionalmente alejadas de los circuitos formativos más pronto que tarde conseguirán sus éxitos. En el capítulo 10 nos centraremos en describir las condiciones de accesibilidad que deben poseer las propuestas de teleformación.

Y además de todo ello, la lengua española nos sigue uniendo. Y la lengua, vehículo privilegiado de comunicación, nos está permitiendo que podamos comunicarnos y aprender sin fronteras. Por ello señalamos como **novena** razón del auge de la teleformación, las posibilidades que nos ha abierto de establecer espacios de formación comunes a ambos lados del Atlántico. Cada vez son más las ofertas de formación a distancia que utilizan Internet como soporte. Y en esto, las universidades españolas se han lanzado dándose cuenta de las posibilidades y de los riesgos que corrían si en esta ocasión no reaccionaban adecuadamente a las necesidades de formación.

3

Enseñar y aprender mediante la teleformación

C. Marcelo

La irrupción de las nuevas tecnologías de la información y la comunicación han dejado descolocados a muchos especialistas en enseñanza y aprendizaje. Por una parte, los incrédulos insisten en desarmar los argumentos a favor del verdadero cambio que se está produciendo, argumentando que ya otras tecnologías han venido a ofrecer horizontes de modernidad que después se han visto frustrados por innumerables resistencias y dificultades de aplicación y uso. Otros, convencidos de las potencialidades que Internet está teniendo para la formación, echan mano de modelos clásicos, tradicionales, para dar respuestas a los problemas pedagógicos que continuamente se nos presentan. Tenemos vino viejo en odres nuevos.

¿Cuál es el verdadero cambio que los formadores debemos realizar para que nuestras propuestas de formación no sigan sonando a «déjà-vu», a taller de reciclado de ideas y a prácticas anticuadas?

En este capítulo pretendemos ofrecer algunas reflexiones y posibles respuestas a las preguntas dejadas en el aire. Nos basamos para ello en las investigaciones y trabajos realizados por nosotros, así como por otros investigadores y formadores. Y si algo hemos aprendido es que intentar desarrollar formación utilizando como soporte Internet, representa un cambio pedagógico profundo en la manera como concebimos los diferentes componentes del denominado «acto didáctico». Y que para realizar este cambio podemos basarnos en el conocimiento acumulado por la didáctica como ciencia que estudia, interpreta y organiza los procesos de enseñanza que persiguen el aprendizaje de los alumnos. Pero que esos conocimientos, aunque orientadores, resultan a veces insuficientes dada la variedad y complejidad de las situaciones de aprendizaje que pueden darse cuando se diseñan ambientes de aprendizaje a través de Internet (Marcelo, 2000).

La teleformación incorpora un cambio de paradigma pedagógico, centrado en el aprendizaje más que en la enseñanza. Por ello es muy importante cuidar la organización y disposición de los contenidos de aprendizaje, así como de la orientación del aprendizaje de los alumnos mediante tareas individuales y en grupo, con un seguimiento permanente por parte del tutor. Charles Reigeluth planteaba que *El actual paradigma de la enseñanza y la formación necesita una transformación para pasar de fijarse en la selección a hacerlo en el conocimiento —de la noción darwinista de la supervivencia del más apto, a la noción más espiritual y humanamente defendible de la supervivencia de todos— y en ayudar a todos a alcanzar su potencial. Esto significa que el paradigma educativo tiene que cambiar pasando de la estandarización a la personalización, de dirigirse a exponer el material a asegurarse de que se satisfacen las necesidades de los alumnos, pasando de concentrarse en introducir las cosas en la mente de los alumnos a ayudarles a comprender las capacidades de su inteligencia mediante un paradigma enfocado hacia el aprendizaje. Esto, por el contrario, requiere un desplazamiento desde un aprendizaje pasivo a uno activo, que pase de estar dirigido por el profesor a estar dirigido por el alumno* (1999:30).

Se trata, por lo tanto, de un modelo de formación centrado en problemas, en donde los alumnos no son meros receptores pasivos de datos estáticos, sino que deben resolver problemas, utilizando para ello los contenidos adquiridos.

Sin embargo, la simple selección de medios y recursos interactivos y su incorporación en un diseño global de entorno de teleformación no garantizan por sí mismos la efectividad de los resultados de aprendizaje. Tales decisiones deben estar sustentadas sobre la base de una teoría del aprendizaje que las justifique y delimite. La tecnología ofrece múltiples posibilidades, pero no deja de ser un medio para instrumentalizar las acciones formativas.

3.1. DIFERENTES SITUACIONES DE APRENDIZAJE

A lo largo de nuestra experiencia pasamos por múltiples situaciones en las que aprendemos. Algunas están más organizadas y sistematizadas, mientras que muchas otras son casuales o surgen del azar. Pararse a observar cómo alguien realiza una tarea de forma diferente; una conversación con amigos; la lectura de un libro; asistir a una conferencia; ver un programa de televisión; realizar una visita a otra empresa, etcétera, son ocasiones para aprender.

En los estudios sobre la formación, se han venido distinguiendo diferentes «modelos de formación». Los modelos de formación se pueden entender como formas de organizar el aprendizaje de las personas adultas. Así, podemos identificar tres modalidades de formación, cada una de las cuales representan categorías de aprendizaje diferentes (Chang y Simpson, 1997).

Aprendizaje formal

La formación presencial constituye, sin duda, la modalidad formativa más extendida. Típicamente, los cursos implican la presencia de un formador que es considerado experto en un ámbito del conocimiento disciplinar, el cual determina el contenido, así como el plan de actividades. Las sesiones suelen desarrollarse con gran claridad de objetivos o resultados de aprendizaje, relacionados con la adquisición de conocimientos y destrezas. Aunque la formación se orienta de forma homogénea al grupo en conjunto, el aprendizaje se entiende como un proceso individual.

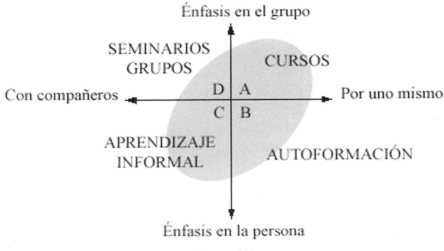

Figura 3.1

En teleformación, esta modalidad va a estar muy presente, ya que corresponde a los formadores el elegir y ordenar los contenidos para aprender. Tiene cabida en actividades de aprendizaje con un **mayor grado de estructuración**: vídeo-conferencias dirigidas por algún experto en la materia, materiales y contenidos de aprendizaje mínimos que deben cubrirse con vistas a la certificación, etcétera.

Aprendizaje no formal (en grupo y autónomo)

En muchas ocasiones aprendemos con otros realizando tareas grupales. El aprendizaje colaborativo comprende aquellos procesos formativos que se orientan al grupo. Esto implica no sólo que las actividades de aprendizaje se realizan con otros compañeros —presentes físicamente o no— en un contexto de interacción y colaboración, sino que las metas y resultados de ese aprendizaje son también de carácter esencialmente grupal. Por lo tanto, lo que identifica a esta modalidad formativa es el **carácter compartido de las metas de aprendizaje**. La redacción conjunta de un informe, el diseño compartido de un proyecto de investigación, y la negociación de alternativas de solución a un problema planteado constituyen algunos ejemplos de aprendizaje colaborativo.

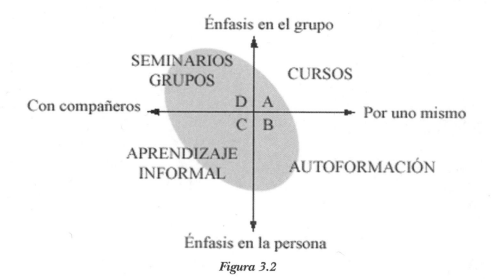

Figura 3.2

En la formación a través de Internet, el aprendizaje colaborativo puede facilitarse mediante **herramientas sincrónicas o asincrónicas** (tales como el chat, el correo electrónico o las listas de distribución y foros). Pero, además de estos instrumentos de comunicación ya convencionales, existen distintos tipos de *software* **destinado específicamente al trabajo colaborativo** (*NetMee-*

ting, BSCW, look@me, TeamWave, Forum...), que permiten trabajar serial y/o simultáneamente en un mismo fichero, contemplar la interfaz de una unidad remota, etcétera. Más adelante nos centraremos en describir con más detalle estos programas.

Por otra parte, la **autoformación** parte del supuesto de que cualquier profesional es un individuo capaz de iniciar y dirigir por sí mismo procesos de aprendizaje y formación, lo cual es coherente con los principios del aprendizaje adulto. Se trata de un tipo de formación básicamente abierta y no planificada, donde la experiencia sirve como argumento para el aprendizaje, y donde la reflexión juega un importante papel. Teniendo en cuenta que el desarrollo profesional no es un proceso equilibrado, sino que pasa por distintos momentos, los ciclos autoformativos ofrecen la oportunidad de considerar la propia experiencia sobre la que se sitúa el foco de la reflexión y el aprendizaje.

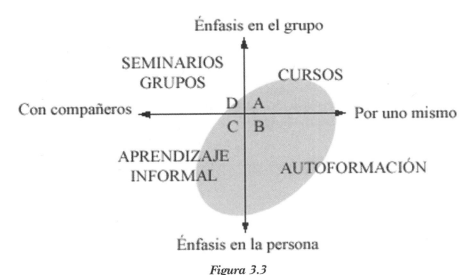

Figura 3.3

En teleformación, el **carácter opcional e interactivo de los contenidos**, así como la posibilidad de presentar la información en distintos formatos, permiten diseñar propuestas autoformativas en un entorno altamente personalizable. De entre la variedad de recursos y fuentes de información disponibles, el individuo selecciona su propio itinerario formativo en función de sus propios intereses y necesidades de aprendizaje, y va avanzando a través de dicho itinerario a su propio ritmo. No se espera que cubra la totalidad de los contenidos propuestos, sino aquellos que presentan una mayor relevancia para el alumno. Un proceso de este tipo, no obstante, presupone un grado de madurez considerable en el alumno, y exige a su vez que el formador-tutor desempeñe un rol de orientación y apoyo.

Aprendizaje informal

En muchas ocasiones aprendemos cosas sin que nos lo hayamos propuesto. Observamos a alguien haciendo algo, leemos un artículo que por casualidad hemos encontrado, accedemos a una página de internet que nos proporciona información que no buscábamos pero que resulta de nuestro interés, etcétera. El aprendizaje informal es, por su propia naturaleza, una modalidad formativa abierta y no planificada, y como tal diferenciada del aprendizaje formal.

En teleformación, las listas de discusión y las *news* constituyen herramientas que facilitan el **intercambio de informaciones, materiales, opiniones**, etcétera, con vistas a responder a alguna demanda planteada más que a alcanzar algún producto final consensuado. Este tipo de situaciones no tienen por qué ser necesariamente informales; es posible estructurar el proceso con la intervención de un formador que actúe como mediador y/o facilitador de las interacciones.

3.2. APRENDIZAJE Y TELEFORMACIÓN

Independientemente de las decisiones que debemos tomar en relación con los contenidos, las actividades, las comunicaciones o las evaluaciones, una primera decisión que debemos adoptar cuando desarrollamos teleformación se refiere a qué características tendrá el **ambiente de aprendizaje** en el que los alumnos se van a situar a lo largo de su acción formativa. Si en enseñanza presencial los alumnos asisten a clases en universidades que disponen de bibliotecas, salas de informática (o computación), laboratorios, bar, despachos, etcétera, en teleformación debemos reproducir o mejorar si es posible el entorno de aprendizaje de los estudiantes.

Para ello, las instituciones que desarrollan teleformación vienen utilizando plataformas tecnológicas que facilitan la creación de dicho entorno. En el capítulo 11 de este libro vamos a describir una amplia relación de plataformas. Y hay que destacar el hecho de que optar por una u otra plataforma tecnológica determina en gran medida las decisiones que los formadores deberán adoptar en relación con la práctica pedagógica. Aunque es verdad que las diferentes plataformas ofrecen entornos de formación similares, cada una aporta sus diferencias. Y ello repercute en las posibilidades que los formadores o profesores puedan tener para promover innovaciones en sus acciones formativas.

Y para construir un adecuado ambiente de aprendizaje necesitamos basarnos en algunas teorías que vengan a responder a la pregunta ¿cómo aprendemos? En este sentido, las teorías que intentan explicar cómo se produce el aprendizaje son múltiples y no tendría sentido revisarlas aquí todas. Gros (1997) hizo una revisión de estas teorías en relación con la elaboración de productos multimedia.

Un cierto análisis de algunas de ellas, sin embargo, sí parece necesario para que el diseño de cualquier entorno de teleformación esté fundamentado en una serie de pilares que optimicen el logro del aprendizaje. Lo que presentamos a continuación no es una síntesis exhaustiva, sino más bien una selección de aquellas propuestas teóricas que pueden tener una mayor aplicación para el aprendizaje adulto y a distancia en estructuras hipertextuales (Abbey, 2000).

Teorías constructivistas

¿Cómo encajan los nuevos conocimientos que adquirimos con los que ya poseíamos? ¿Somos un vaso vacío que vamos llenando con nuevos conocimientos? Las teorías constructivistas ponen su énfasis en considerar que aprender no es una tarea pasiva, sino que aprendemos haciendo e incorporando lo nuevo que conocemos en los esquemas que ya poseíamos. Podemos apuntar dos premisas básicas de esta teoría:

a. El aprendizaje es significativo (es decir, tiene significado para un individuo) cuando consigue conectar las ideas y esquemas de conocimiento que ya posee con los nuevos contenidos que se presentan.
b. El formador tiene un papel crítico en modelar («andamiar», diría Bruner) la comprensión de los nuevos contenidos que se presentan, detectando a través del diálogo sus lagunas y presentando la información en un formato adecuado a su nivel actual de conocimientos.

La teoría se orienta, pues, a la forma de presentar y organizar aquellos contenidos de aprendizaje que se prestan a una instrucción más directa o guiada, y enfatiza la necesidad de proporcionar un marco de ideas al que poder incorporar los contenidos a aprender. La estructuración de los contenidos de forma relacionada y con complejidad creciente puede facilitar su aprendizaje significativo. Otra estrategia consiste en acompañar la presentación de los contenidos de ayudas visuales, tales como mapas conceptuales, mapas de competencias, diagramas, etcétera (Leflore, 2000).

En el campo de la investigación sobre el hipertexto se ha puesto de manifiesto la relevancia de este tipo de estrategias para la presentación de la información en estructuras hipertextuales:

1. Se puede aprovechar el carácter hipertextual de la web para presentar los contenidos con niveles crecientes de profundidad (organización espiral en lugar de lineal).
2. El uso de mapas conceptuales facilita la navegación, ayuda a integrar los conocimientos previos con los nuevos, y ofrece una síntesis visual de los contenidos de aprendizaje próxima a la estructura de conocimiento del experto.

El aprendizaje situado

¿Por qué ocurre en muchas ocasiones que lo que aprendemos en un curso, después no nos sirve para nuestro trabajo? ¿Por qué tenemos tantas dificultades para transferir lo que hemos aprendido a nuestra propia realidad? La teoría del aprendizaje situado nos dice que no debería existir mucha distancia entre el nuevo conocimiento que aprendemos y los problemas que ese nuevo conocimiento ayuda a resolver. La teoría del *aprendizaje situado* propone que la formación resuelva problemas reales, hable un lenguaje práctico. Entre sus ideas principales destaca que el conocimiento no puede adquirirse al margen del contexto en el que se produce. Y ese contexto debería ser lo más parecido posible a aquel en el que posteriormente se va a aplicar lo aprendido (Marx et al., 1998).

Internet, y más específicamente la naturaleza hipermedia de la web, se presenta como un vehículo idóneo para la creación de entornos constructivistas. Desde el enfoque socio-cultural, además, se nos ofrecen orientaciones para explotar las múltiples herramientas de comunicación que nos proporciona la red. Las principales son:

1. Ofrecer posibilidades de aplicar el conocimiento en **contextos auténticos**, proponiendo actividades de solución de problemas como parte misma de la presentación de los contenidos.
2. Proporcionar un **amplio número de recursos** que permitan un análi-

sis de los problemas desde diversas perspectivas: fuentes de información diversas, formas diferentes de representación de los contenidos
(documentos, gráficos, vídeos, animaciones...).

3. Fomentar las **interacciones formador-alumno y alumno-alumno** como instrumento para modelar la comprensión y puesta en práctica
de las destrezas implicadas. Los alumnos y el formador, por tanto, se
entienden también como recursos para el aprendizaje.

4. Proporcionar una **evaluación del aprendizaje integrada** dentro de las
mismas tareas.

Flexibilidad cognitiva

¿De cuántas maneras podemos ver una misma realidad? Seguramente
pensemos que depende de a cuántas personas se lo preguntemos. Muchas
veces agradecemos que otras personas nos den su punto de vista porque
nos ayuda a ver las cosas desde una perspectiva diferente. La vida, a veces,
es como un caleidoscopio que cambia dependiendo de la orientación que
demos al prisma que lo contiene. Y este elemento es el que destaca la teoría
de la flexibilidad cognitiva, la idea de flexibilidad, pues, se relaciona con la
necesidad de formar personas para que puedan dar respuesta a situaciones
que habitualmente no exigen una única salida.

Esta flexibilidad tiene implicaciones importantes para la organización
de los contenidos y las tareas de aprendizaje en dominios complejos y poco
estructurados. Puesto que se parte de que un determinado ámbito de conocimiento es complejo, y de que el alumno debe aprender a hacer uso de
él de forma flexible, se hace hincapié en mostrar las relaciones entre las
distintas ideas y contenidos, en lugar de presentarlos de forma comparti-
mentada. Para que sea posible transferir el conocimiento y las destrezas
a situaciones reales distintas de la situación inicial de aprendizaje, es necesario que la información se presente desde perspectivas múltiples, y que se
ofrezcan varios casos de estudio que ilustren el contenido en cuestión.
Estos casos deben ser auténticos y reflejar la complejidad y la falta de definición de las situaciones cotidianas, de forma que requieran poner en marcha el mismo pensamiento que se necesita ante los contextos de la vida real
(Jonassen et a., 1997).

La teoría de la flexibilidad cognitiva es especialmente útil para el diseño de ambientes de aprendizaje en los que, partiendo de las posibilidades del hipertexto, se ofrece a los usuarios la oportunidad de optar
en función de sus propios intereses y necesidades formativas. Señalamos

a continuación algunas implicaciones importantes que se derivan para la teleformación:

1. Los contenidos deben presentarse desde **múltiples perspectivas**, evitando la simplificación y fomentando el uso de diversas fuentes de información disponibles (incluyendo, por ejemplo, vínculos con webs relacionadas en Internet).
2. La instrucción debe basarse en el uso de **casos prácticos** que proporcionen experiencias de aprendizaje ricas, diversas y contextualizadas.

El aprendizaje experiencial

Más que una teoría, el aprendizaje experiencial constituye un modelo de aprendizaje adulto. Como tal, tiene sus bases en buena parte de los principios que definen el aprendizaje adulto. La idea fundamental de Kolb es que los adultos organizan su aprendizaje a partir de tareas de solución de problemas, y que tal aprendizaje será más motivador y provechoso cuando presente una relevancia inmediata para su trabajo o su vida personal. Por lo tanto, los contenidos deben estar encajados en la realidad a la que se han de aplicar, y deben servir para resolver problemas prácticos.

Desde esta teoría y, como aparece en la Figura 3.4, el aprendizaje se concibe como un ciclo de cuatro etapas:

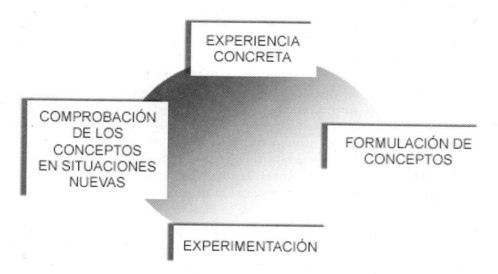

Figura 3.4

- experiencia concreta inmediata (EC),
- observación y reflexión sobre la experiencia (OR),
- conceptualización abstracta y formulación de hipótesis (AC) y
- experimentación activa (AE).

Así, se propone que las personas, y fundamentalmente las personas adultas, aprendan de manera cíclica. Se parte de la experiencia, pero a ésta le sigue la reflexión, el planteamiento de dudas y cuestiones, qué sabemos y qué desconocemos; la experiencia, incluyendo los errores y lagunas, constituyen la base para las actividades de aprendizaje. Sólo a partir de ahí es posible empezar a encajar el desarrollo de los contenidos.

La teoría también posee relevancia porque, además de sugerir una rueda cíclica de aprendizaje, postula la existencia de distintos estilos de aprendizaje en función de la preferencia por alguno de esos momentos del ciclo. Así, no es posible homogeneizar las rutas de aprendizaje; cada sujeto suele mostrar cierta preferencia por determinada forma de aprender: algunos, por ejemplo, aprenden mejor manejando conceptos abstractos, mientras que otros prefieren las experiencias concretas y la experimentación activa. Una de las claves para poder atender a la diversidad de preferencias dentro del aprendizaje adulto reside en considerar constructos como el de «estilo de aprendizaje». Por tal entendemos el conjunto de rasgos (cognitivos, afectivos, etcétera) que determinan en un sujeto una preferencia especial por aprender de una forma determinada y con una serie de recursos en lugar de con otros. Atender a los estilos de aprendizaje al planificar la teleformación tiene sentido porque, a diferencia de lo que ocurre con tareas memorísticas y mecánicas, cuando lo que está implicado es un aprendizaje profundo, los estudiantes suelen diferir significativamente en su modo de afrontar las tareas. Así, por ejemplo, algunos adultos necesitan más dirección y estructura a la hora de conducir su propio aprendizaje. Además, la consideración de los estilos de aprendizaje constituye una constante en el estudio de las variables personales que determinan la persistencia en la educación a distancia. Tener en cuenta los distintos estilos de aprendizaje de los adultos permite, pues, disponer de pistas para la selección de materiales de enseñanza, la presentación de la información, creación de grupos de trabajo, el establecimiento de procedimientos de *feedback* y evaluación, etcétera.

La teoría de Kolb nos llama la atención sobre el hecho de que el aprendizaje de las personas adultas presenta una serie de rasgos o principios específicos que deben tenerse en cuenta a la hora de diseñar acciones formativas. Entre otras, podemos señalar las siguientes implicaciones:

1. Se debe tender a **organizar la formación en torno a casos prácticos** (sobre este tema volveremos más adelante), experiencias relevantes, y seleccionar contenidos de aprendizaje que tengan utilidad para resolver los problemas reales con los que se encontrará el sujeto.
2. Los recursos de aprendizaje deben ser lo suficientemente variados como para dar cabida al amplio bagaje de experiencias y conocimientos de los sujetos, así como sus tipos o estilos de aprendizaje preferidos. Es conveniente aprovechar la organización hipertextual de las webs para **permitir que cada sujeto organice y dirija** sus propias rutas de aprendizaje en función de sus intereses, necesidades y estilos preferidos.

3.3. ENSEÑAR PARA APRENDER: LOS CAMBIOS EN TELEFORMACIÓN

Hemos partido de la idea de que el aprendizaje no se produce por la asimilación pasiva de información. Esto es algo que no es sólo aplicable a la teleformación. Es más, gran parte de lo hasta aquí descrito puede ser aplicado a cualquier acción de formación sea ésta presencial o a distancia. En este sentido, Gavriel Salomon (1992) decía que *El buen aprendizaje es un proceso social, de construcción activa de conocimiento contextualizado y de redes conceptuales que los relacionan.* Nuestra tarea como formadores es diseñar ambientes de aprendizaje que ayuden a los alumnos a aprender. Nuestro énfasis está más centrado en el aprendizaje que en la enseñanza. Para guiar este proceso se requieren algunos principios de procedimiento. Son los que describimos a continuación, entendiendo que el aprendizaje a través de Internet debería ser:

* **ACTIVO**: los alumnos no pueden permanecer pasivos a la espera de que el conocimiento les venga dado, sino que deben ser partícipes en la construcción del conocimiento y deben desarrollar habilidades como la capacidad de búsqueda, análisis y síntesis de la información.
* **ABIERTO**: se debería propiciar la capacidad de aprender de forma autónoma. Ello significa que *no todo hay que darlo,* sino que deben existir áreas de conocimiento que los propios alumnos indaguen.
* **COLABORATIVO**: el alumno, además de adquirir conocimientos, debe desarrollar habilidades para relacionarse con los demás, tales como saber escuchar, respetar a los demás, saber comunicar las ideas, etcétera.

- **CONTEXTUALIZADO**: la enseñanza debe presentar a los alumnos situaciones reales, auténticas, a través de casos que permitan situar el nuevo conocimiento en un contexto real.
- **CONSTRUCTIVO**: la nueva información se elabora y construye sobre la anterior, contribuyendo a que el alumno alcance un verdadero aprendizaje.
- **ORIENTADO A METAS**: los objetivos de aprendizaje se hacen explícitos y el alumno tiene facilidad para elegir el camino que quiere seguir para alcanzar estas metas.
- **DIAGNÓSTICO**: se parte de un diagnóstico para conocer el punto de partida de los alumnos de forma que se pueden ir haciendo evaluaciones y comprobando el progreso en su aprendizaje.
- **REFLEXIVO**: se propicia la reflexión, así los alumnos tienen la oportunidad de ir tomando conciencia sobre cómo aprenden con el fin de introducir mejoras en dichos procesos.
- **MULTIMEDIA**: se debe proporcionar a los alumnos información procedente de diferentes fuentes: sonido, imagen fija, en movimiento, demostraciones, texto, etcétera.
- **FLEXIBLE:** se debe dar opción a los alumnos de aprender en el momento que estimen oportuno. Además, la flexibilidad promueve una visión de los contenidos a aprender más abierta y diversa.

Estos principios, cuando se llevan a la práctica, representan una manera diferente de entender la enseñanza. ¿Cuáles son estos cambios? Los comentamos a continuación:

Enseñar a través de Internet requiere asumir una diferente posición respecto a lo que entendemos que es la enseñanza y el papel del formador (Collis, 1998). Destacamos algunos de estos cambios:

- De una formación general dirigida a un conjunto de alumnos se pasa a una **formación individualizada** que atiende a las necesidades y características de cada estudiante
- De la clase magistral y la exposición oral, hacia un enfoque constructivista, **centrado en el aprendizaje** del alumno quien participa de lleno en su propio desarrollo personal
- De trabajar con los mejores alumnos a **trabajar con todos**, se respeta el ritmo individual de aprendizaje de cada alumno, todos alcanzan los objetivos, pero según sus propios intereses, para ello se establecen diferentes vías de acceso a los contenidos, distintos tipos de actividades, etcétera.

- Cambios también en el sentido de que los estudiantes se vuelven más **comprometidos con las tareas** y con su propio aprendizaje de manera que se involucran de lleno en el proceso de enseñanza.
- De una evaluación basada en exámenes a una **evaluación basada en productos,** en el progreso y en el esfuerzo de los alumnos.
- De una estructura competitiva a una **estructura cooperativa**, se fomenta el trabajo en grupo con los demás alumnos, con el fin de promover valores y actitudes que capaciten a los estudiantes a vivir en comunidad.
- De programas educativos homogéneos hemos pasado a la **selección personal de contenidos**, en el sentido que veníamos comentando anteriormente de que nos podemos adaptar a los intereses y necesidades de los alumnos, proporcionándoles diferentes opciones a la hora de presentarles los contenidos y actividades.
- De la primacía del pensamiento verbal, caminamos hacia la **integración del pensamiento visual y verbal,** la presentación de la información se hace a través de diferentes formas que ayudan a los alumnos a la comprensión y recuerdo de los contenidos presentados.

4

Telealumnos y teleformadores: nuevos perfiles

C. Marcelo

Una de las claves que nos pueden ayudar a trabajar satisfactoriamente en el campo de la teleformación es comprenderla más como una metodología en sí misma que como un mero instrumento para el aprendizaje a distancia. Como tal metodología, la teleformación conlleva una comprensión de los procesos formativos desde la perspectiva del **aprendizaje flexible y centrado en el alumno**, lo cual implica al menos dos observaciones:

a. La enseñanza se entiende en términos de **oportunidades de aprendizaje basadas en recursos**. Ello quiere decir que el profesor pasa de ser el principal recurso del aprendizaje a convertirse en uno más entre muchos recursos, y de ser el centro de la formación a convertirse en un facilitador de la misma. Por su parte, para el alumno este cambio también plantea implicaciones significativas: ante la posibilidad de acceder a la información desde una amplia variedad de fuentes, los alumnos deben saber cómo interrogar estos recursos para aprender críticamente de ellos.

b. El proceso formativo se entiende **en términos de aprendizaje más que de enseñanza**. Por lo tanto, la tarea del profesor está más orientada a gestionar el proceso formativo facilitando y estructurando el acceso a los recursos, y proporcionando oportunidades para la interacción.

Como puede deducirse de lo anterior, todas estas circunstancias implican una serie de cambios en los roles que han venido asumiendo alumnos y formadores en los procesos formativos tradicionales. Cabe plantearnos, pues: ¿qué características debe reunir un sujeto determinado para llegar a ser un buen «telealumno»?; ¿puede cualquier formador tutorizar un curso de teleformación?; ¿qué nuevos perfiles formativos demanda la teleformación?

4.1. EL TELEFORMADOR

El modelo de aprendizaje centrado en el alumno que adopta la teleformación comporta importantes connotaciones en cuanto al rol del formador. Éste debe ajustarse a un perfil que es resultado de sus características pedagógicas, su capacidad como animador y facilitador del aprendizaje, y sus destrezas técnicas. En fin, el formador se presenta como un profesional con distintas áreas de especialidad:

- Diseñador de ambientes de aprendizaje.
- Diseñador de contenidos formativos.
- Diseñador de actividades de aprendizaje.
- Diseñador gráfico.
- Tutor de alumnos de forma individual y grupal.
- Gestor de programas de formación.

Todos estos roles no tienen por qué ser desempeñados en su totalidad por la misma persona; de hecho, es raro que así ocurra. No obstante, al menos tres áreas de competencia son deseables en cualquier formador que haga uso de la formación a través de Internet:

Competencia tecnológica

Las competencias tecnológicas son imprescindibles para cualquiera de las fases por las que atraviesa un curso de teleformación (planificación, diseño, implantación, desarrollo...). Aunque, por lo general, se va a disponer de la asistencia de un especialista técnico, lo deseable es que el formador alcance un nivel óptimo de autonomía en el manejo de aquellas herramientas que le permitirán canalizar la formación a través de Internet. En este sentido, un formador debería poseer:

- Dominio de las destrezas técnicas prerrequisito, necesarias para poder manejar aplicaciones para la formación (cuestiones de *hardware*, gestión de ficheros, navegación...).
- Dominio de destrezas técnicas básicas, tales como el manejo de *herramientas de creación* (procesador de texto, base de datos, hoja de cálculo, diseñador de gráficos, diseñador de aplicaciones multimedia, diseñador de páginas web, *software* de autor...), *aplicaciones de Internet* (correo electrónico, lista de discusión, chat, ftp...).

- Interés por renovar y actualizar sus conocimientos y destrezas tecnológicas de forma permanente.
- Capacidad para simplificar los aspectos procedimentales y tecnológicos, de manera que los alumnos se sientan cómodos con el entorno de teleformación y puedan centrarse en cuestiones exclusivamente formativas.

Competencia didáctica

La creación de un curso de formación a través de Internet no consiste en trasladar linealmente los materiales tradicionales al formato html. Se necesitan una serie de competencias didácticas que el formador debe aplicar, especialmente, durante la fase de diseño:

- Conocimiento de las teorías del aprendizaje y de los principios del aprendizaje adulto que se encuentran en la base de las acciones formativas que se pretenden llevar a cabo.
- Dominio del entramado científico y conceptual que define el ámbito de conocimiento sobre el que versan los contenidos de aprendizaje del curso; el formador debe ser un experto en los contenidos de la formación que se imparte.
- Capacidad de adaptación a nuevos formatos de instrucción diferentes a los tradicionales.
- Actitud creativa e innovadora ante las múltiples posibilidades que ofrece la red, de manera que se optimice el ajuste entre los recursos e instrumentos empleados y las metas de aprendizaje que se persiguen.
- Dotes de comunicación y transmisión que le permitan seleccionar contenidos verdaderamente relevantes y organizarlos de manera significativa.
- Capacidad para diseñar ambientes de aprendizaje pensados para la autodirección y la autorregulación por parte de los alumnos, con múltiples recursos y múltiples posibilidades de exploración y optatividad.
- Capacidad para crear materiales y plantear tareas que sean relevantes para las necesidades formativas de los alumnos, que estén relacionadas con sus experiencias y que sean aplicables a sus situaciones específicas.

Competencia tutorial

Una vez puesto en marcha el curso de formación, las interacciones formador-alumno determinarán en buena parte la calidad de las experiencias de aprendizaje que se ofrecen. La labor de tutorización y seguimiento que debe desempeñar el formador exige de él una serie de competencias clave:

- Habilidades de comunicación, de tal forma que consiga crear un entorno social agradable, en el que se promuevan unas relaciones óptimas entre los participantes, se desarrollen en ellos el sentido de grupo y se les ayude a trabajar hacia un objetivo común.
- Capacidad de adaptación a las condiciones y características de los distintos usuarios. No se puede pretender que todos los alumnos alcancen el mismo nivel de participación, algunos aprenden leyendo a otros.
- Orientación realista de la planificación: los niveles de autodirección que se espera que asuman los alumnos requiere un esfuerzo y dedicación generalmente mayores que en las situaciones de aprendizaje convencionales.
- Mentalidad abierta para aceptar propuestas, sugerencias, e introducir reajustes en la planificación inicial del curso.
- Capacidad de trabajo y constancia en las tareas de seguimiento del progreso de cada alumno, facilitación de *feedback* inmediato, etc.
- Predisposición a asumir un rol polivalente, cuya orientación dependerá de las distintas situaciones: pasar a un segundo plano para promover el aprendizaje entre iguales (también en cuestiones técnicas); saber en qué casos es necesario intervenir y asumir un rol más directivo.

4.2. EL TELEALUMNO

Hemos hablado de los teleformadores, pero ¿qué decir de los telealumnos? En teleformación, es éste uno de los factores que más afectan a los profesores que inician su andadura. Pues si en la formación tradicional, el grupo clase es relativamente homogéneo en cuanto a su ámbito geográfico, social y cultural, en teleformación, al no existir fronteras, los alumnos son mucho más diversos. Y la atención a la diversidad, sea ésta cultural, social, física o étnica supone un añadido a la concepción normal del alumno en clase.

La diversidad de los alumnos no debe entenderse como una limitación en teleformación. Antes al contrario, como un enriquecimiento evidente de puntos de vista y experiencias que hacen que los alumnos puedan verse más implicados en tanto que pueden aportar su propia especificidad. La diversidad de alumnado debe atenderse y gestionarse adecuadamente para que los profesores no se vean desbordados. Por ello, los cursos a través de teleformación requieren de los estudiantes realizar una presentación personal, que puede incluir la realización de una página propia.

En teleformación, como vemos, no podemos continuar hablando del «alumno-tipo». Debido a las posibilidades que nos ofrece la formación a distancia, el alumnado es cada vez más diverso: profesionales en ejercicio, desempleados, amas de casa, jubilados, etcétera. Todos se consideran alumnos con motivación para aprender, pero con diferentes motivos para formarse. Algunos elementos comunes son:

- Muchos estudiantes de educación a distancia son adultos, tienen trabajo y familia. Por lo tanto, deben coordinar diferentes áreas de sus vidas puesto que unas se influyen a otras: familia, trabajo, esparcimiento y estudio.
- Los estudiantes de educación a distancia tienen muchos y diferentes motivos para realizar un curso de este tipo. Algunos lo hacen para obtener un título, otros por progresar en el trabajo, otros por mero interés personal.
- En la educación a distancia, el alumno generalmente está aislado. Los elementos de motivación que surgen normalmente del contacto con otros alumnos, aquí no se dan. También está ausente la presencia física del profesor como elemento de motivación.
- Los estudiantes a distancia y sus formadores normalmente tienen poco en común en términos de antecedentes y experiencias diarias y, por lo tanto, lleva más tiempo construir una relación de confianza entre el formador y los alumnos.
- En situaciones de educación a distancia, la tecnología normalmente es el medio a través del cual fluye la información y la comunicación. Por ello resulta importante el dominio técnico de los medios.

Entre el conjunto de rasgos de personalidad que determinan una disposición favorable para aprender en teleformación, los siguientes constituyen los más relevantes, tal como fueron identificados en el estudio desarrollado por FUNDESCO (1998) al que ya hemos hecho referencia anteriormente:

- **Concienciación** de la necesidad de aprender continuamente y aplicar esos conocimientos.
- **Responsabilidad** y madurez para ser constantes en el autoaprendizaje y administrar el propio tiempo sin necesidad de la presencia física y el reconocimiento permanente de otra persona; capacidad de autoestudio.

- **Disciplina** y constancia en el uso de los recursos ofrecidos; capacidad para diseñar y controlar un esquema de horarios.
- **Automotivación** para el desarrollo propio y el deseo de aprender más sin depender excesivamente de condicionantes extrínsecos.
- **Creatividad** y capacidad de adaptación a nuevas formas de trabajar y aprender.
- **Autoestima** y confianza en las propias capacidades de afrontar con éxito experiencias de aprendizaje autodirigidas.
- **Equilibrio** en la distribución de los tiempos de trabajo, aprendizaje y ocio.
- **Actitud** positiva frente a lo nuevo, y capacidad de esfuerzo y autosuperación.
- Habilidades de **comunicación** e interacción con el resto de alumnos y el tutor, aun cuando ésta tenga lugar por medios tecnológicos y sin la presencia física de las personas; capacidad de colaboración y trabajo en grupo.

En el ámbito de la vida profesional también hay una serie de indicadores que favorecen un rendimiento positivo por parte del telealumno:

- **Claridad de objetivos** en cuanto a los resultados de aprendizaje que se desean obtener, dado que la teleformación permite que el usuario construya su propia experiencia de aprendizaje en función de sus intereses y necesidades formativas específicas.
- **Experiencia laboral** en el campo al que va dirigida la teleformación, de manera que el sujeto conozca qué destrezas y conocimientos le van a resultar útiles en su contexto de trabajo específico.
- **Capacidad de planificación** de tareas realista y detallada.
- **Flexibilidad** para adaptarse a nuevas formas de aprendizaje poco afines a los esquemas formativos tradicionales.
- Capacidad de **aprender a emprender**, que se está convirtiendo en un atributo necesario para los nuevos trabajadores, y también por tanto para aquellos que se embarcan en experiencias de teleformación.
- Capacidad de **participación/integración** en el grupo virtual que constituirán sus compañeros de estudio.
- **Competencias técnicas** en el manejo y uso de las nuevas tecnologías, así como una **actitud favorable** hacia las mismas.
- **Disponibilidad de tiempo** para la formación, dentro o fuera del horario laboral, según los criterios propios de la empresa.
- **Adaptación** a las políticas formativas de la propia empresa, a su cultura...

5

Los primeros pasos: el diseño de la teleformación[2]

C. Marcelo

Hasta ahora hemos presentado los fundamentos necesarios para comprender qué es y en qué se fundamenta la teleformación. Ahora vamos a comentar el proceso de diseño de una acción de teleformación. El diseño de la teleformación es un proceso de indagación, reflexión, y toma de decisiones sobre cuáles deben ser los objetivos a lograr ante unas necesidades de formación y sobre los métodos y medios para lograrlos, así como para evaluar el proceso de aprendizaje y sus resultados.

- El diseño es una acción previa a la realización de cualquier acción formativa. Y es una tarea que le compete a cada uno de los responsables o participantes como formadores en una acción.
- Formar significa satisfacer las necesidades de aprendizaje y desarrollo profesional de los clientes, a veces exigidas por la sociedad que recibe sus servicios o sus productos, a veces por la propia empresa en la que desarrolla su trabajo.
- El diseño debe conjugar diversas variables y problemas para hacer una propuesta de enseñar y aprender lo que es más necesario y útil desde diversos puntos de vista.
- Diseñar es un proceso de toma de decisiones que se anticipa a las actividades formativas, para darles unidad y estructura, configurándolas de forma flexible. Su finalidad es *dotar de sentido lo que se va a hacer* en un contexto formativo determinado.
- El resultado de la tarea de diseño, o de planificación, es el plan de formación. En teleformación, este plan de formación puede incluir acti-

---

2. En la redacción de este capítulo ha colaborado la Dra. D.ª Araceli Estebaranz García.

vidades como cursos, seminarios, debates, etcétera. aprovechando las opciones que nos facilitan las nuevas tecnologías.

En relación con el diseño de la teleformación, el Grupo ADGA (1998) ha propuesto una serie de implicaciones pedagógicas y técnicas que se derivan de los principios de aprendizaje que soporta la teleformación. Son los siguientes:

Principios	Implicaciones
El nuevo conocimiento se hace más significativo cuando se integra con el conocimiento ya existente.	Crear enlaces en el hipertexto para todos los conceptos que sean prerrequisitos.
Los conocimientos previos es lo que más influye en los aprendizajes subsiguientes.	Crear una base de datos incluyendo un glosario, documentos electrónicos, documentos, notas del curso y herramientas. Identificar los prerrequisitos para cada sección en el editor de actividades.
El aprendizaje está influido por la forma como se organiza la presentación de los conceptos que hay que aprender.	Crear tantas secciones significativas como sean necesarias para cada actividad. Cada página de una sección debería corresponderse con una idea.
El conocimiento a aprender debe ser organizado de forma que refleje los diferentes niveles de familiaridad que los alumnos puedan tener con ellos (con el contenido de la actividad, la naturaleza de las actividades, los supuestos sobre la estructura de conocimiento).	Distribuir el mismo contenido en diferentes tipos de actividades para ofrecer diferentes opciones, dependiendo de los atributos de cada actividad.
La utilidad del conocimiento mejora en la medida en que profundiza el procesamiento y la comprensión.	Crear actividades de resolución de problemas relacionados con problemas reales o significativos.
El conocimiento se integra mejor cuando los conceptos poco familiares se relacionan con los conceptos más familiares.	Si es posible, utilizar metáforas que sean familiares.
El aprendizaje mejora en la medida en que se utilizan estímulos complementarios.	Si es posible, utilizar la misma información asociada a una imagen o a una animación con el texto.
El aprendizaje mejora cuanto mayor cantidad de esfuerzo mental se invierta.	Incrementar gradualmente la complejidad de las actividades, desde más simples a más complejas.

El aprendizaje mejora cuando se utilizan dos recursos cognitivos.	Utilizar medios complementarios: animación y voz, vídeo y sonido.
La transferencia mejora cuando el conocimiento se presenta en contextos auténticos.	Utilizar ejemplos.
La flexibilidad cognitiva mejora cuando se proporcionan diversas perspectivas sobre un determinado tópico.	Añadir notas que hagan referencia a otras fuentes de información complementarias como libros de texto, bases de datos, etc. Dar ejemplos situados en diferentes contextos.
La retroalimentación incrementa las respuesta a las actividades.	Crear tantos mini-tests como sean necesarios para asegurar que los alumnos dominan los conceptos. Verificar la regularidad de los estudiantes.
Los cambios en la atención mejoran el aprendizaje de conceptos relacionados.	Diferenciar los términos clave, los conceptos y los principios mediante un cambio de formato y estilo. Utilizar negritas, cursiva, cambiar el tamaño de la fuente.
Los alumnos se vuelven confundidos y desorientados cuando los procedimientos son complejos, insuficientes o inconsistentes.	Dar cortos y significativos mensajes que indiquen puntos importantes que deben comprenderse. Destacar los elementos clave de una actividad.
Los individuos varían mucho en sus necesidades de asesoramiento.	Animar el uso de correo electrónico para apoyar a los alumnos.
El aprendizaje se favorece cuando la estructura se hace evidente, está lógicamente organizada, accesible con facilidad.	Utilizar un interface que permita a los estudiantes comprender la estructura de la actividad. Crear una sesión de resumen con hiperenlaces y añadir gráficos que representen las relaciones entre los conceptos.

¿Para qué sirve y para qué debe servir el diseño en acciones de formación? En acciones de teleformación, en tanto que el contacto entre formadores y alumnos es mínimo, se hace más importante establecer con claridad los pasos del proceso de aprender. El diseño nos ayuda porque:

- Proporciona el sentido de la **dirección y orientación** de las acciones para todos los que participan en un plan de formación. Si decimos que la formación no se improvisa, en teleformación esto todavía es más cierto.

- **Reduce la incertidumbre** que pueden sentir los formadores en su tarea, porque se encuentran con unas metas claras de qué aprendizajes deben promover.
- Ayuda a los **estudiantes a sentirse seguros** al darles a conocer lo que se espera de ellos.
- Ayuda a los participantes a **organizar su trabajo** durante el curso porque les da una visión sobre las actividades a desarrollar.
- Establece una **relación entre el formador y los participantes** en la formación y entre ellos mismos, sobre todo si pueden participar en la planificación.
- Elimina **falsas interpretaciones** sobre la formación: expectativas, exigencias, etcétera.
- Facilita conocimiento a las personas **externas** al plan; es un elemento de publicidad necesario para obtener subvenciones, financiación o aprobación del presupuesto para formación.
- Explica los procedimientos para la **evaluación** del aprendizaje, de la inversión, y de la rentabilidad del plan.

Diseñar la teleformación supone avanzar por una serie de etapas que nos van a permitir ir concretando poco a poco el ambiente de aprendizaje en el que el alumno va a implicarse. Cada una de las siguientes etapas nos va a ir dando respuesta a las preguntas:

- ¿Para qué se necesita formación?
- ¿Quién necesita formación?
- ¿Sobre qué se necesita formación?
- ¿Cómo organizamos la formación?
- ¿Qué actividades realizarán los alumnos?

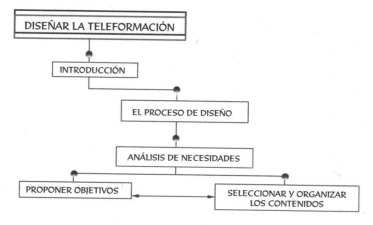

Figura 5.1

En la Figura 5.1 representamos una síntesis de los componentes fundamentales de toda planificación.

5.1. ¿ALGUIEN NECESITA FORMACIÓN? ANÁLISIS DE LAS NECESIDADES DE FORMACIÓN

¿Quién determina sobre qué se necesita formación? La formación siempre es la **respuesta a una necesidad** que alguien, sea un individuo o una empresa, tiene en algún momento de su vida.

- Por ello, todo plan formativo se justifica por la descripción y priorización de las necesidades a las que trata de responder. Éste es el punto de partida del diseño.
- El análisis de necesidades debe dar respuesta a las siguientes preguntas: ¿Por qué es necesaria una acción formativa? ¿Para quién es necesaria? ¿Qué deberá proporcionar?

Al considerar esta fase del diseño vamos a clarificar los siguientes elementos:

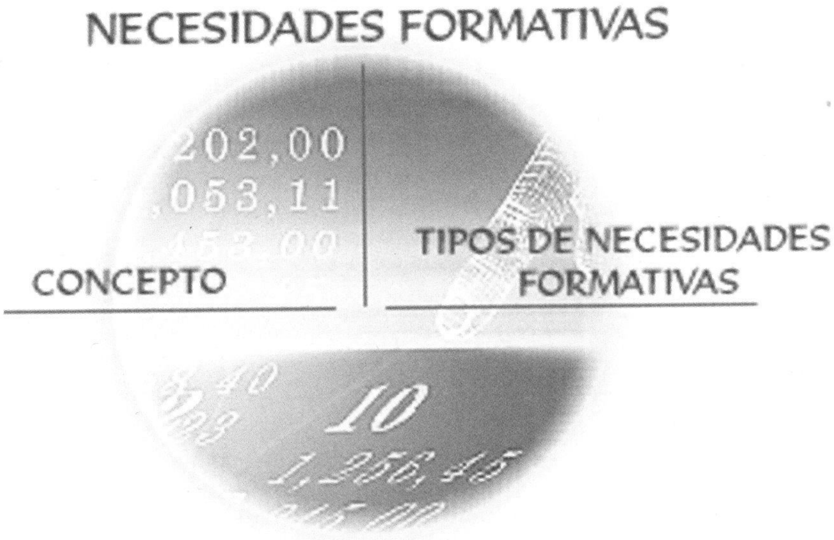

Figura 5.2

¿Qué es una necesidad de formación?

- Hablamos de necesidad cuando existe una **discrepancia** entre la situación en la que está una empresa, un individuo o un grupo y la situación en la que debería estar o sería deseable que llegara a conseguir.
- Las necesidades formativas se originan por la distancia que existe **entre** lo que se **sabe,** lo que se **sabe hacer y comunicar**, las **actitudes** que se tienen hacia el trabajo, la sociedad y la propia persona, por un lado, **y** lo que se debería **saber, ser, querer y aportar.**
- Este deber saber, saber hacer, saber «estar» y valorar es el fundamento para la propuesta de **objetivos y contenidos** de la formación, para que pueda ser útil y provechosa. Recordemos que la formación busca un cambio en los conocimientos, en el comportamiento y en las actitudes.
- Partiendo de esta definición de necesidad, es evidente que las necesidades son muchas, porque en todas las situaciones podemos hacer las cosas mejor, o debemos hacer nuevas cosas. Pero la necesidad formativa se determina en un contexto. Las necesidades no existen objetiva y absolutamente, sino que se descubren o se construyen en función de la visión de futuro.

Tipos de necesidades formativas

Las necesidades se refieren a todo aquello que es preciso o indispensable para algún fin. Pero también a todo lo que es deseable. Por ello, se habla de necesidad en términos de **carencias** o déficits, pero también en términos de **aspiraciones**.

Podemos reconocer **dos categorías** de necesidades adoptando dos criterios de clasificación:

a) Por el origen:

- **Necesidades normativas**: se refieren a las carencias de un sujeto o un grupo en relación con la norma o el patrón de acción en el puesto de trabajo. Son necesidades que marca la propia empresa o la administración. Por ejemplo, un trabajador debe conocer medidas de prevención de riesgos laborales.
- **Necesidades percibidas**: son las percepciones subjetivas de una necesidad personal o grupal de formación que se expresan en la solicitud de la misma. Se diferencian de las anteriores en que son percepciones personales sobre

deseos o carencias. Por ejemplo, una persona puede sentir necesidad de aprender cine o arte.

- **Necesidades prospectivas**: surgen ante las expectativas de promoción en el trabajo, por parte de algunas personas, o ante el cambio en la planificación estratégica de la empresa. También surgen como consecuencia de yacimientos de empleo que demandan profesionales formados para puestos de trabajo emergentes. Un ejemplo es la formación del teleformador. Otro es el comercio electrónico.
- **Necesidades comparativas**: emergen al comparar las diferencias de capacitación entre grupos de personas que desarrollan trabajos similares y con características semejantes. Ejemplos podemos poner muchos, sobre todo en lo que se refiere a aprender «buenas prácticas», innovadoras, desarrolladas por otras empresas.
- **Necesidades expresadas**: son aquellas necesidades que detecta un observador externo en relación con el funcionamiento de una empresa y sus trabajadores. Se derivan de la auditoría o evaluación sobre los procesos y resultados de un sistema productivo.

b) Por el sujeto de la necesidad

1. **Necesidades grupales**: surgen cuando existe un área de problemas determinados que afecta a grupos de trabajadores de una o varias categorías profesionales y cuya solución pasa por la acción formativa adecuada. O cuando se reconocen carencias en la cualificación de determinados grupos de trabajadores.
2. **Necesidades individuales**: vienen determinadas por las carencias, demandas y expectativas de cada persona..
3. **Necesidad social**: carencias o demandas relacionadas con la cultura de la empresa, que afectan al personal en general.

5.2 ¿QUÉ PRETENDEMOS ENSEÑAR? LOS OBJETIVOS DE LA FORMACIÓN

Una vez analizadas las necesidades de formación, ya sean éstas de la empresa, de personas o de la sociedad en general, tenemos definida la situación inicial. A partir de aquí hay que definir **la situación final.** Es la respuesta a la pregunta **¿adónde queremos llegar?**, o también ¿qué queremos conseguir con este programa de formación, con este plan, o con este curso o seminario? ¿Cuáles son los resultados que queremos obtener?

- Se trata de un proceso que debe partir de la propuesta de objetivos generales o metas formativas, para concretar posteriormente objetivos más específicos a corto plazo.

- Ejemplos de metas pueden ser:
  - Aprender a diseñar una acción de teleformación.
  - Disminuir el número de accidentes laborales.
  - Optimizar el uso de los recursos materiales disponibles.
  - Mejorar la imagen pública del servicio prestado.
  - Aumentar el sentido de vinculación y compromiso con la propia actividad laboral.
  - Fomentar la innovación.
- Los **objetivos** especifican los cambios que han de producirse en el comportamiento de los participantes en cada acción formativa (objetivos *específicos*), por ejemplo, *adquirir la capacidad de montar la iluminación para una obra teatral*. O concretan los aprendizajes que deben adquirir los participantes en cada uno de los pasos del proceso formativo (objetivos *operativos*), por ejemplo, *seleccionar las piezas mecánicas que muestren defectos de fabricación*.

Funciones de los objetivos

Poner por escrito qué pretendemos conseguir no es una pérdida de tiempo. Nos ayuda a empezar a dar estructura a nuestro curso. Nos hace preguntarnos ¿qué queremos que aprendan nuestros alumnos? Por lo tanto, nos ayuda porque:

- Clarifica las intenciones: ¿qué pretendemos?
- Se constituye en la base de todo el plan de acción formativo, porque *enuncia los resultados* que se esperan obtener.
- Es la *base de la comunicación* y del trabajo en común de formadores y alumnos. Es un elemento de negociación que favorece la motivación.
- *Orienta los procesos de enseñanza-aprendizaje* que deben tener lugar.
- *Orienta la evaluación.*
- Facilita la coherencia entre las acciones realizadas por distintos formadores dentro de un plan formativo.

Tipos de objetivos

Los objetivos nos dirigen a concretar, a poner en el papel qué pretendemos que nuestros alumnos aprendan. Pero existen diferentes resultados de aprendizaje que podemos perseguir.

Podemos distinguir tres campos fundamentales a los que deberán referirse los objetivos:

Cognitivo: es el ámbito del saber. Lo integran las capacidades de conocer, tales como la reflexión, la solución de problemas, el recuerdo, o la comprensión y reproducción de conceptos e ideas.	Por ejemplo, conocer las características de los cromosomas, los ríos de la Comunidad Aragonesa, comprender las causas de la Revolución Francesa, evaluar las consecuencias de la contaminación en los ríos amazónicos...
Actitudinal: es el ámbito de los sentimientos, actitudes, emociones y valoraciones. Es objeto de formación, y se pretende que el adulto sea más sensible, reaccione o coopere positivamente con relación a algo, un valor, un hecho, un tipo de comportamiento, etc.	Por ejemplo, ser tolerante, cooperar, defender ideas, asumir una postura crítica en relación con los medios de comunicación, participar y comprometerse con los problemas...
Habilidades: es el ámbito de las destrezas, o del saber hacer. Se pretende que el adulto desarrolle las habilidades que le permitan ejecutar eficazmente y con precisión determinadas acciones o tareas.	Por ejemplo, saber trabajar en equipo, reparar medios técnicos, responder un correo electrónico, hacer un gráfico, etcétera.

¿Qué queremos que conozcan nuestros alumnos? Debemos tener en cuenta que conocer no es sólo recordar, sino principalmente COMPRENDER. Las capacidades cognoscitivas se han venido clasificando en seis categorías jerarquizadas, ya que ningún escalón puede alcanzarse sin haber superado el anterior.

Figura 5.3

Conocimiento: se refiere al saber sobre datos, hechos, conceptos, o principios que debe obtener y recordar el sujeto de aprendizaje. Saber qué y cómo son las cosas...	Conocer el nombre de cada uno de los componentes de un ordenador.
Comprensión: supone relación entre hechos y conceptos. Saber explicar los hechos, o conocer por qué son así las cosas.	Explicar cómo se almacenan los datos en el disco duro de un ordenador.
Aplicación: es el uso del conocimiento para solucionar situaciones particulares.	Ser capaz de crear una base de datos en el programa MICROSOFT ACCES.
Análisis: es la capacidad de descomponer un mensaje, o un «todo» cualquiera en las partes que lo constituyen, pudiendo reconocer relaciones y la importancia de cada parte sobre las otras.	Analizar las causas de la mundialización de la economía y su impacto en la educación.
Síntesis: capacidad y proceso de combinar y organizar los elementos significativos de un todo para constituir una nueva estructura.	Proponer acciones creativas para mejorar la comunicación entre los alumnos de un programa de formación.
Evaluación: capacidad de pensamiento crítico, por la que se elaboran y emiten juicios cuantitativos y cualitativos, basándose en datos objetivos, sobre los hechos o los conocimientos mismos que estudia y analiza. Expresa la autonomía intelectual.	Emitir un juicio acerca de los efectos que la teleformación puede tener para mejorar o no las condiciones de aprendizaje.

Objetivos del ámbito de las habilidades

La formación persigue que las personas no sólo aprendan ideas y conceptos, o que modifiquen sus actitudes, también persigue que los alumnos aprendan a hacer cosas: a manipular objetos y aparatos técnicos, a actuar con precisión en la resolución de un problema, que sepan estructurar acciones, desenvolverse con facilidad en contacto con otras personas, etcétera. Proponemos a continuación algunas de ellas:

HABILIDADES ACADÉMICAS	Leer, ver, oír, tomar notas, hacer gráficos, interpretar documentos gráficos, construir diagramas, tabular, diseñar.
HABILIDADES TÉCNICAS Y DE INDAGACIÓN	Observar, plantear hipótesis, analizar, valorar, aplicar, buscar documentación, utilizar instrumentos de investigación, manipular materiales.
HABILIDADES SOCIALES	Cooperar, saber discutir, defender las propias ideas, argumentar, trabajar en equipo, dirigir discusiones de grupo, liderar grupos, resolver conflictos.

Objetivos del ámbito actitudinal

La formación no sólo persigue que las personas aprendan ideas y conceptos. Se espera comunicar ciertas formas de ver las cosas, de enfrentarse a las situaciones. El ámbito actitudinal *engloba los objetivos que describen las modificaciones de los intereses, de las actitudes, y de los valores así como los progresos en el juicio y la capacidad de adaptación*, según Bloom. Atender a lo actitudinal es favorecer el equilibrio en el desarrollo personal, y facilitar que los conocimientos y destrezas se usen al servicio de los demás y/o de la sociedad, actuando con autonomía y coherencia, con una sana tolerancia ante el cambio, la contradicción e incluso el fracaso.

No obstante, *es difícil concretar los objetivos del ámbito actitudinal*, que pueden orientar programas de amplio alcance y también acciones formativas a corto plazo, pero el grado de consecución del objetivo no es posible medirlo en pequeños períodos de tiempo.

5.3. ¿QUÉ SE VA A APRENDER? LA SELECCIÓN Y ORGANIZACIÓN DE LOS CONTENIDOS

Llegamos a uno de los momentos más importantes en el diseño de la teleformación. Consiste en determinar QUÉ van a aprender los alumnos que sigan un curso de teleformación.

¿Qué son los contenidos? De una manera formal los definimos como el conjunto de creaciones o saberes culturales o técnicos, tales como conceptos, explicaciones de fenómenos, razonamientos, habilidades, lenguajes, valores, creencias, actitudes, intereses, pautas de comportamiento, etcétera, con los que las personas abordan la solución de los problemas que les plantea la vida en un contexto físico y social determinado. Su adquisición favorece el desarrollo personal y profesional.

Para empezar a concretar los contenidos nos basamos, en primer lugar, en los objetivos que previamente hemos determinado. Los objetivos que anteriormente explicitamos nos sirven de gran ayuda a la hora de seleccionar y organizar los contenidos para aprender.

Y un problema al que nos vamos a enfrentar es cómo presentamos los contenidos a nuestros alumnos. En este punto tenemos muchas opciones de mayor y menor calidad. Por ejemplo, podemos señalar páginas de libros que los alumnos deben leer; también podemos escribir artículos en procesador de textos que los alumnos se descargan y leen; podemos grabar en vídeo alguna explicación y enviarla a los alumnos; podemos también, por último, presentar a los alumnos los contenidos en la propia pantalla de ordenador, segmentados en pequeñas unidades que los alumnos vayan siguiendo poco a poco.

Una vez seleccionados los contenidos que es necesario enseñar en una acción formativa, es preciso organizarlos. Pero la organización de los contenidos en teleformación es más compleja que en la formación presencial, ya que poseemos muchas más opciones de organización y localización de los contenidos. En teleformación los contenidos no están en un solo lugar: libros, documentos o en la mente del formador. En teleformación podemos disponer los contenidos de manera distribuida, utilizando páginas web externas, artículos electrónicos, bases de datos, enciclopedias electrónicas, libros electrónicos, páginas de contenido específicas del curso, así como todos los demás medios que habitualmente se emplean en formación presencial.

En general, la organización de contenidos debe ser coherente con el TIPO DE APRENDIZAJE que hayamos declarado en los momentos anteriores del diseño. Parece evidente que la organización y presentación de los contenidos no será la misma si lo que pretendemos es enseñar las reglas ortográficas del español que si nuestro objetivo es formar en la atención telefónica a clientes.

Uno de los elementos más importantes en teleformación es la organización de los contenidos. Es decir, la forma como el alumno accede a aquello que va a aprender. La organización de los contenidos en teleformación es más compleja que en la formación presencial, ya que poseemos muchas más

> **PARTIR:**
>
> de lo conocido a lo desconocido,
> de lo inmediato a lo mediato,
> de los concreto a lo abstracto y
> de lo fácil a lo difícil

opciones de organización y localización de los contenidos. En este sentido se expresaba Romiszowski al comentar que *La organización de una vasta cantidad de información en estructuras significativas no es una tarea fácil. La dificultad reside en parte en la complejidad del análisis que se requiere para llegar a la conclusión acerca de la mejor forma de organizar y presentar el contenido a una variedad de diferentes grupos de usuarios con diferentes motivaciones para utilizar esa información* (1997:27).

Uno de los problemas que se les plantea a las personas que diseñan la teleformación es la organización de los contenidos. Stevens y Stevens (1995) diferencian entre una organización inductiva y deductiva. Un diseño de navegación deductivo asume que existe un conocimiento experto que debe determinar la ruta óptima de navegación a lo largo de la aplicación. El diseño inductivo no descansa en el experto para organizar el contenido. Se basa en el análisis de la forma, en cómo diversos usuarios navegan por la aplicación, para hacer posteriormente un esquema final. La elección de un esquema u otro depende de lo que se quiera conseguir. Si el objetivo es dominar con eficacia un determinado contenido, por un número muy amplio de sujetos, entonces es mejor un diseño deductivo.

DEDUCTIVO	**INDUCTIVO**
Supuestos	**Supuestos**
• Asume que existen expertos.	• No presupone un conocimiento experto en relación con el contenido.
• Asume que la mejor forma de comprender una información es hacerlo según la forma diseñada por los expertos.	
	Procesos
Procesos	• Presenta a los usuarios un hipertexto no estructurado.
• Identifica contenido experto y construye un mapa semántico que incluye las conexiones entre conceptos.	• Analiza las rutas seguidas por los usuarios.
• Utiliza mapas semánticos como fundamentación de los mapas hipertextos.	• Construye una ruta estructurada a partir de los textos no estructurados, basándose en los estilos de aprendizaje de los usuarios.

Vamos a centrarnos en describir cinco formas básicas para
organizar los contenidos. A partir de estas formas básicas se pueden desarrollar muchas combinaciones, dependiendo siempre
del tipo de aprendizaje que pre-
tendamos desarrollar. Son las siguientes:

Figura 5.4

Estructura lineal simple

La estructura lineal es la forma más simple de organización de los contenidos en Internet. Todos hemos tenido experiencia de acceder a páginas
en las que las opciones para el usuario son limitadas o nulas, salvo la posibilidad de ir hacia delante o hacia atrás. A través de ella, el alumno va avanzando en el conocimiento del contenido, y practicando —según el caso—
paso a paso. Es una estructura que se acomoda mejor a aquellos contenidos
relacionados con habilidades (saber hacer) y con destrezas cognitivas simples (recordar, comparar, comprender). Podemos representar de forma
muy simple una estructura lineal de la siguiente forma:

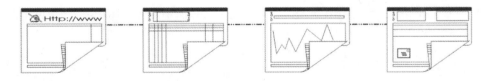

Figura 5.5

¿Qué nos lleva a escoger una estructura lineal? Generalmente, escoge-
mos esta estructura cuando somos capaces de establecer una jerarquía
paso a paso de los conocimientos y habilidades que los alumnos irán apren-
diendo a lo largo del proceso. Y una jerarquía es un conjunto de habilidades y conocimientos ordenados en función de en qué medida cada nuevo
conocimiento se fundamenta en los anteriores. La calidad de la estructura
lineal depende de la capacidad de jerarquización y de ayuda que los alumnos reciben conforme van avanzando en la secuencia. Así, el alumno co-
mienza con una introducción y después va pasando por una serie de pági-

nas en las que se le enseñan de manera progresiva, los conceptos y destrezas. Al final de la secuencia, los alumnos encuentran una página resumen, así como una prueba de evaluación. Para cada habilidad o concepto, el alumno tiene la oportunidad de ver un ejemplo en acción y de practicarlo, aunque estas páginas son opcionales.

Algunas recomendaciones sobre esta estructura son:

- No intentar enseñar demasiado: limitar cada secuencia a no más de 7 a 10 destrezas o conceptos simples.
- No omitir la página de práctica: hacer que los alumnos apliquen tan pronto como han aprendido.
- Proporcionar retroacción rápida a los alumnos.

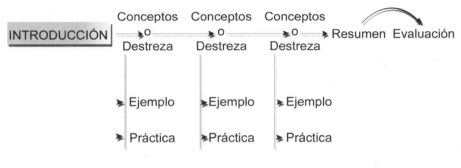

Figura 5.6

Estructura lineal ramificada

Esta estructura representa una variedad de la Estructura Lineal puesto que incorpora algunos elementos que la perfeccionan, pero que también la hacen más compleja. La idea básica consiste en que los alumnos pueden realizar diferentes itinerarios por la secuencia presentada en función de sus conocimientos previos o sus intereses.

Como puede observarse en la Figura 5.7, la secuencia que hayamos planificado puede contener elementos optativos u obligatorios en función de las respuestas que los alumnos den a los diferentes tests que establezcamos a lo largo de las páginas. Nos obliga, por lo tanto, a hacer un análisis muy detallado del nivel de conocimientos previos de los alumnos, así como tener dispuestas diferentes opciones en función de las necesidades.

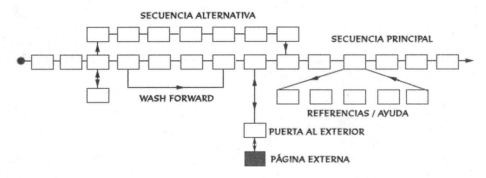

Figura 5.7

Estructura jerárquica

La estructura jerárquica es una de las mejores formas de organizar el contenido cuando éste es complejo. En este tipo de estructura, los conceptos se dividen en temas más específicos, de manera que el alumno se va moviendo hacia arriba y hacia abajo conforme entra en un nuevo concepto. El uso de una estructura jerárquica obliga al formador a realizar un análisis previo del contenido a enseñar, de los temas y subtemas, y de su ordenación jerárquica. Por otra parte, la utilización de mapas conceptuales de este tipo son muy frecuentes en nuestra vida cotidiana y ayuda al alumno a situar la nueva información.

Este tipo de organización del conocimiento ha venido presentándose como una variedad de los Mapas Conceptuales. Los Mapas Conceptuales ayudan a la comprensión de un contenido para hacerlo significativo a los

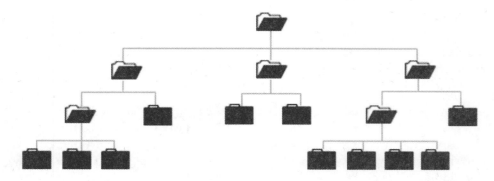

Figura 5.8

alumnos (Kommers y Lanzing, 1998). Esta técnica, propuesta por Novak , ayuda al formador a estructurar el contenido, a enseñar no de forma lineal sino interrelacionada. Para ello, los mapas conceptuales poseen:

- Un concepto o idea.
- Palabras-enlace: son las palabras que unen dos conceptos.
- Proposición: son dos o más conceptos relacionados por una palabra enlace.

Los mapas conceptuales poseen tres características o condiciones:

- **Jerarquización:** en los mapas conceptuales los conceptos están ordenados según un criterio de inclusión, de manera que cada concepto a un nivel incluye a los seleccionados a un nivel inferior.
- **Selección:** los mapas conceptuales constituyen un resumen, un esquema o selección de los conceptos más significativos dentro de un campo de conocimiento.
- **Impacto visual**: permiten ver de manera gráfica la interrelación de conceptos, y así favorecer su memorización, comprensión y significatividad de las relaciones.

El mapa conceptual organizado de forma jerárquica permite que los alumnos entren, según su interés, en diferentes páginas con distintos niveles de relación entre ellas. El propio Novak ha realizado una descripción detallada para iniciarse en la elaboración de mapas conceptuales. Son los siguientes:

1. Identificar una pregunta referida al problema, tema o campo de conocimiento que se desea representar mediante el mapa. Basándose en esa pregunta, identificar de 10 a 20 conceptos que sean pertinentes a la pregunta y confeccionar una lista con ellos.
2. Ordenar los conceptos colocando el más amplio e inclusivo al principio de la lista.
3. Revisar la lista e incluir más conceptos si son necesarios.
4. Comenzar a construir el mapa colocando el concepto o conceptos más inclusivos y generales en la parte superior.
5. Seleccionar uno, dos, tres o cuatro subconceptos y colocarlos debajo de cada concepto general. No se deben colocar más de tres o cuatro. Si hay seis u ocho conceptos que van debajo de un concepto general, es posible identificar un concepto intermedio adecuado, creándose de este modo un nuevo nivel jerárquico en el mapa.
6. Unir los conceptos mediante líneas. Denominar estas líneas con una

o varias palabras de unión, que deben definir la relación entre ambos conceptos, de modo que se lea un enunciado o proposición. La unión crea significado.

7. Modificar la estructura del mapa, lo que consiste en añadir, quitar o cambiar conceptos supraordenados. Éste es un proceso que se puede repetir más de una vez.

8. Buscar intervínculos entre conceptos de diversas partes del mapa y etiquetar las líneas.

9. Los mapas conceptuales pueden realizarse de formas muy distintas para un mismo grupo de conceptos. No hay una única forma de elaborarlos.

La estructura jerárquica suele ser frecuente en la mayoría de los cursos de teleformación. Quizá responde a una forma deductiva de organización de los conocimientos que es útil como hemos visto, cuando se desea proporcionar a los alumnos una estructura elaborada de un determinado tema.

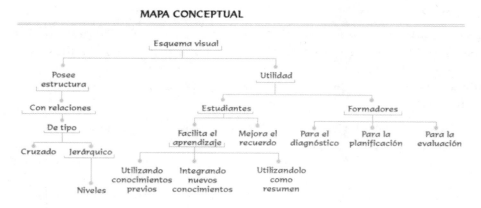

Figura 5.9

Estructura en red

Utilizamos una estructura de contenidos en red cuando no deseamos restringir al usuario los caminos o rutas por los que podrá avanzar en su navegación por el curso. En esta estructura de contenidos se puede entrar en el curso por diferentes páginas, y recorrerlo utilizando los múltiples enlaces que hemos insertado en nuestro documento. Esta ventaja puede convertirse

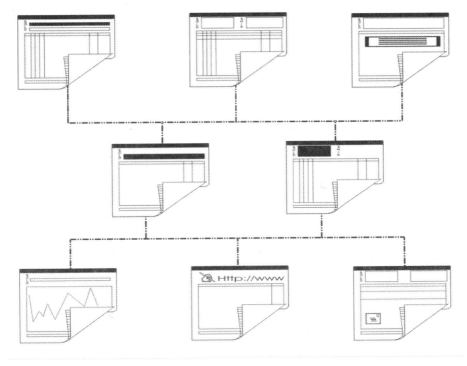

Figura 5.10

rápidamente en un problema porque el alumno puede sentirse perdido si no hemos dejado «pistas» para que pueda reconstruir el camino realizado. Igualmente puede ocurrir que el alumno se distraiga con información poco relevante y que deje de visitar aquellas otras páginas más importantes.

La organización de los contenidos en red está basada en la idea de que los alumnos aprenden mejor cuando pueden establecer su propio itinerario. También conforme a lo que propone la teoría de la flexibilidad cognitiva que vimos anteriormente, se establece la importancia de entrar en el contenido desde diferentes páginas u opciones.

Estructura centrada en problemas y casos

Los problemas prácticos o los casos pueden muy bien servir como un punto de partida para iniciar un proceso de aprendizaje. En este caso, la estructura de los contenidos no está predeterminada de antemano, porque es el profesor quien va a ir guiando a los alumnos que deben buscar información en las diferentes fuentes documentales: libros revistas, prensa, Internet, expertos, etcétera. En definitiva, el modelo persigue que el profesor o tutor no proporcione la solución del problema, sino que ofrezca al alumno las orientaciones pertinentes de cómo resolverlo, y sea el alumno el que deba investigar por sí mismo e indagar en las posibles vías de solución.

Un **caso** constituye la presentación de una situación-problema contextualizada y abierta a posibles alternativas distintas de solución, cuya redacción debe tener en cuenta una serie de criterios. El uso de casos para el diseño de entornos de aprendizaje, basado entre otras, en la teoría de la flexibilidad cognitiva, busca proporcionar al alumno una oportunidad para la aplicación del conocimiento y las destrezas a las situaciones de la vida real. Asimismo, los casos ayudan a representar la complejidad inherente en un dominio de conocimiento, proporcionando múltiples perspectivas o enfoques a los problemas o cuestiones que examinan los alumnos (Wassermann, 1994).

Los casos son una herramienta de aprendizaje activo porque, en primer lugar, sitúan a los alumnos ante problemas reales y auténticos, para cuya resolución se puede trabajar individualmente o en equipo. Por otra parte, en los casos se parte del conocimiento que los alumnos ya poseen y permite la orientación por parte de expertos (Hrabe, Kinzie y Julian, 2001).

Dentro del diseño global del entorno, los casos pueden presentarse como tarea previa a la exploración de contenidos, para establecer el diagnóstico de las ideas previas de los alumnos y/o para despertar su interés por profundizar en el tópico que se aborda. Los casos también pueden proponerse con posterioridad a la revisión de los contenidos, para determinar el grado de comprensión y dominio de los mismos. Asimismo, los casos pueden utilizarse antes y después del trabajo con los contenidos, para cifrar el nivel en que los nuevos aprendizajes han contribuido a ampliar los conocimientos previos. También es posible ofrecer al alumno la libertad de abordarlos a su conveniencia, de manera que los utilicen en el momento en que mejor se ajuste a sus estilos de aprendizaje individuales.

En relación con el uso de **problemas** para organizar los contenidos, Jonassen (2000) diferencia entre problemas bien estructurados y de resolución dirigida, y problemas mal estructurados que persiguen que sean los propios alumnos los que encuentren las soluciones. Los problemas bien estructurados presentan a los alumnos todos los elementos que se requieren para resolverlo, requieren de la aplicación de un conjunto de normas y reglas predefinidas y poseen unas soluciones más o menos previsibles. Los problemas mal estructurados, por el contrario, presentan elementos desconocidos por los alumnos, poseen múltiples soluciones, diferentes formas de solución o no tienen solución posible, y a menudo los alumnos deben emitir valoraciones sobre las diferentes soluciones posibles.

Jonassen (2000) diferencia diferentes tipos de problemas en función de los criterios anteriores:

1. *Problemas lógicos:* son aquellos que conducen a los alumnos a razonamientos y estrategias mentales para resolver problemas que poco tienen que ver con la vida real. Problemas de este tipo serían como resolver el Cubo de Rubic o encajar piezas geométricas.

2. *Problemas algorítmicos:* son los problemas típicos de matemáticas en los que los alumnos deben aplicar una fórmula: calcular el área de una pirámide o convertir kilómetros a metros.

3. *Problemas con pasos:* es un tipo de problema similar al anterior pero en el que los alumnos deben encontrar las claves del problema en su enunciado, decidir qué operación aplicar: a qué distancia se encontrarán dos coches que han salido en direcciones opuestas y que llevan diferentes velocidades.

4. *Problemas de toma de decisiones:* en ellos se plantea a los estudiantes una situación y se les pide que tomen una decisión. Los alumnos deberán reconocer el problema, generar diferentes alternativas, evaluar cada una de las opciones y elegir.

5. *Problemas de reparaciones:* éste es el tipo de problema mecánico en que se pide a los alumnos que averigüen las causas por las cuales no funciona un motor, un circuito, etcétera. Requiere de los alumnos conocimiento del propio sistema, de los procedimientos de diagnóstico y de resolución.

6. *Problemas de casos:* ya lo hemos presentado anteriormente, pero incluyen una descripción contextualizada de una situación para que sea analizada y resuelta.

7. *Problemas de diseño:* son los problemas, generalmente, menos estructurados, ya que los alumnos deben crear a partir de su conocimiento o experiencia: escribir una historia breve, componer una canción, diseñar un puente, diseñar una casa de perro, planificar una campaña publicitaria.

8. *Dilemas:* son problemas cuya resolución no es única porque están implicados valores y principios personales. Dilemas como la contamina-

ción, el aborto, la pena de muerte o la clonación de animales pueden ser buenos ejemplos de este tipo de problemas.

Los diferentes tipos de problemas que anteriormente hemos enunciado pueden abordarse a través de diferentes estrategias docentes que vamos a desarrollar en el siguiente capítulo.

6

Estrategias didácticas para un aprendizaje activo en teleformación[3]

C. Marcelo

Si en la formación presencial las actividades de aprendizaje juegan un papel muy importante, en la formación a distancia podríamos decir que es mediante estas actividades como los alumnos aprenden. Hemos insistido anteriormente en que el aprendizaje debe ser activo y participativo. Y la actividad se consigue planificando acciones que los alumnos deben llevar a cabo. Pueden ser simples (visitar una página determinada) o complejas (diseñar un curso de teleformación), pueden ser individuales o grupales, pueden consistir en leer, buscar, analizar, criticar, elaborar o evaluar. Todas ellas deben estar planificadas y responder a unos objetivos que consideremos de valor. A los alumnos no les gusta ni perder el tiempo en tareas que consideren poco relevantes, ni realizar tareas sin saber para qué les van a servir.

Las actividades de aprendizaje son variadas. Dependiendo de nuestros objetivos y posibilidades podremos optar por una sola actividad o por una combinación de ellas. A continuación vamos a describir algunas estrategias didácticas que pueden utilizarse en cursos de teleformación. Nos basamos en parte en un reciente trabajo publicado por Horton (2000), así como en el trabajo que sobre aprendizaje activo publicó Silberman (1998). Cada una de ellas incorpora un diagrama que resume las diferentes acciones a llevar a cabo. Todas ellas vienen a cubrir el amplio espectro de objetivos de aprendizaje que podemos plantearnos en una actividad de formación.

---

3. Han colaborado en la redacción de este capítulo Marta Ruiz y Marta Noval.

6.1. LECTURA SECUENCIADA

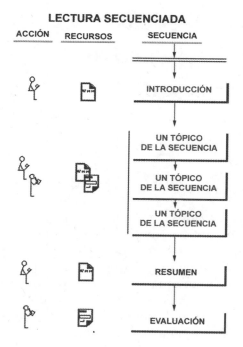

Figura 6.1

La lectura secuenciada tiene como objetivo principal que los alumnos sigan una **guía lógica** en el acceso a los contenidos de un curso. En el capítulo 5 hemos hecho referencia a las diferentes formas de organización de los contenidos en un curso de tele-formación. En esta actividad, el alumno debe ir visitando las páginas de que se compone cada tema, e ir realizando las lecturas que se le proponen. Se trata, por lo tanto, de una actividad que pretende la comprensión y la retención de las ideas importantes del tema.

Normalmente, la información textual se acompaña de gráficos que los alumnos deben interpretar, pero también pueden introducirse animación o vídeos. Este tipo de actividad concluye con la realización de un test que mida el grado de conocimiento al que ha llegado el alumno. Se utiliza la lectura secuenciada cuando los alumnos están **interesados realmente en conocer y profundizar** sobre un determinado tema de forma guiada.

La secuencia seguida para el desarrollo de la actividad es:

- **Introducción:** el formador presentará al alumno la información que tiene que leer, así como la forma de evaluación que se va llevar a cabo y las instrucciones a seguir por los alumnos para el buen desarrollo de la misma.
- **Establecer un tópico de la secuencia**: cada alumno deberá establecer su propia secuencia de aprendizaje, además de ir dando respuesta a todas aquellas preguntas que le vayan surgiendo.
- **Resumen**: los alumnos, después de haber leído la información aportada, deberán reunir las ideas principales y plasmarlas en un resumen.

De esta forma estarán concretizando todos aquellos conocimientos que hayan adquirido a partir de la lectura.

• **Evaluación**: para evaluar la actividad, los alumnos deberán realizar un test que medirá el conocimiento adquirido en dicha actividad.

La información que los alumnos deberán leer se presentará en una página web previamente elaborada por el formador. Y las dudas que a los alumnos les vayan surgiendo, así como los resúmenes finales, deberán enviarlos a través del correo electrónico.

Los **criterios de evaluación** a tener en cuenta por el formador, serán, la calidad de las ideas, la evolución y profundización de las mismas, así como la capacidad de resumir y concretar la información obtenida de la búsqueda.

6.2. EXPLICACIÓN Y PRÁCTICA

La actividad Explicación y práctica pretende ofrecer a los alumnos actividades y ejercicios sencillos para que se ejerciten en los conocimientos que han adquirido. Se dirigen a afianzar los conceptos y hechos que se han ido mostrando en el curso. Supone un ciclo simple de preguntas, respuestas y retroacción, repitiéndose el ciclo tantas veces como sea necesario.

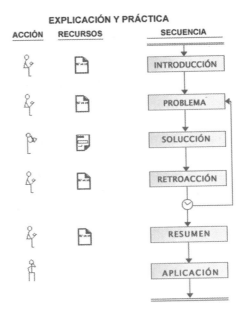

• **Presentación de la actividad:** los alumnos, en primer lugar, reciben una información acerca de la actividad y se les explica cómo funciona.

• **Presentación de un problema:** se trata de un problema simple que requiere que alumno aplique el conocimiento que ha adquirido.

• **Solución:** el alumno da la respuesta que considere correcta al problema presentado.

Figura 6.2

- **Retroacción:** el alumno recibe retroacción inmediata sobre el nivel de acierto de su respuesta.
- **Repetición:** el ejercicio se repite en tantas ocasiones como se considere necesario.
- **Resumen:** el alumno resume lo que ha aprendido.
- **Aplicación** a una situación real.

6.3. ESTUDIO DE CASOS

Un buen caso es el vehículo por medio del cual se lleva al aula un trozo de realidad a fin de que los alumnos y el profesor lo examinen minuciosamente. Un buen caso mantiene centrada la discusión en alguno de los hechos con los que uno debe enfrentarse en ciertas situaciones de la vida real (Wassermann, 1994).

El estudio de casos, como explicamos en el capítulo anterior, es un intento de **organizar las reflexiones** sobre las distintas situaciones que pueden plantearse en la vida real. Por ello, el objetivo fundamental del método de casos es plantear a los alumnos situaciones conflictivas, para que éstos desarrollen su capacidad reflexiva, así como que sean capaces de tomar decisiones acerca de la mejor solución al problema. El estudio de casos debe prestarse a la posibilidad de debates, es decir, que deben elegirse temas y situaciones lo suficientemente problemáticos para que den juego a posibles discusiones.

El caso planteado puede ser un hecho real, un proceso, un hecho ficticio, etcétera. Los alumnos tendrán que trabajar con él hasta llegar a asumirlo y comprenderlo en su totalidad. Después de trabajar con el material, los alumnos ofrecerán **respuestas a las preguntas** planteadas con anterioridad, centrándose principalmente en los aspectos relevantes del caso. El estudio de casos se utiliza normalmente para **extraer ideas generales, estudiar casos particulares, aprender más sobre situaciones específicas.** Y todo ello, a través de la observación y del análisis de sus propias experiencias. Esta metodología es utilizada por profesionales que poseen un conocimiento completo del tema.

El proceso a seguir para la puesta en marcha de esta actividad es el siguiente:

- **Presentación de la actividad:** el instructor dará la bienvenida a los alumnos, y asignará a los mismos el caso que va a ser analizado, así como la relación de preguntas a las que tendrán que dar respuesta.
- **Estudio del caso:** en este paso, el individuo realizará un trabajo indivi-

dual, ya que se dedicará a profundizar en el caso planteado, buscando información adicional para poder responder a las cuestiones.

- **Análisis:** los alumnos analizarán la información encontrada y estudiada, y especificarán la aplicación de su propio conocimiento en futuros casos reales. Este análisis está centrado por las preguntas que el caso incorpora.
- **Discusión:** el formador guía un debate que se realiza a través del foro y/o del chat y que se centra en las cuestiones planteadas por el caso.
- **Evaluación de la actividad**: el formador evaluará la actividad identificando los principios correctos a los que se haya llegado, es decir, que estudiará detenidamente las aportaciones que los alumnos realicen para observar si el conocimiento de éstos es correcto.

Figura 6.3

Los **criterios de evaluación** que el formador deberá tener en cuenta a la hora de evaluar son la participación de los alumnos, el nivel de profundización de las ideas y la aplicabilidad de las soluciones ofrecidas.

Una dirección a la que se puede acceder para conocer algunos casos es: http://curry.edschool.virginia.edu/go/ITcases.

6.4. INDAGACIÓN GUIADA

A lo largo de nuestro aprendizaje realizamos un gran número de búsquedas de información. Pero estas búsquedas no siempre siguen el camino adecuado, y muchas veces encontramos información que no es relevante para nuestro trabajo. Por ello, algunas veces, cuando la búsqueda de información presenta dificultades, es recomendable usar la Indagación Guiada. Ésta tiene como objetivo principal **guiar a los alumnos en la búsqueda de datos**, pero por el camino adecuado. Los alumnos deben consultar diversas fuentes de información relacionadas con el tema, pero siempre bajo la orientación del formador.

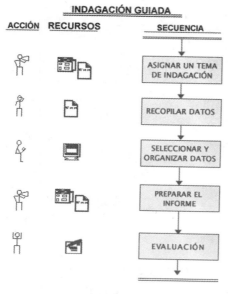

Figura 6.4

Debido a la importancia del papel del formador en esta actividad, debe existir una estrecha **comunicación entre formador y alumno**, para que éste último pueda establecer contacto con el primero siempre que lo necesite.

Este tipo de actividad se realiza de manera individual, por equipos, o a nivel del grupo general. Con ella, los alumnos desarrollarán capacidades tales como la autonomía, aprender a diferenciar la información relevante de la que no lo es, si se trabaja en equipo, a contar con las ideas de los demás miembros, y a distribuirse las tareas de manera justa y equitativa, a compartir con los demás y llegar a decisiones conjuntas, etcétera.

La indagación guiada lleva consigo una serie de fases, que serían las siguientes:

- **Presentación de la actividad**: el formador dará la bienvenida a los miembros del grupo y presentará a los mismos la actividad a realizar. Para ello deberá dejar claras las instrucciones a seguir y la búsqueda concreta que deberán realizar.
- **Búsqueda de información**: los alumnos comienzan la búsqueda de información, individual o en grupo, necesaria para responder a las cuestiones planteadas.
- **Selección y organización de la información**: una vez que los alumnos han recogido la información oportuna, pasarán a seleccionar la que sea más relevante para dar respuesta a las preguntas, y posteriormente, la organizarán de manera que puedan acudir a ella en cualquier momento.
- **Preparación del resumen**: cada alumno deberá preparar un resumen en el que se incorporen las ideas principales obtenidas de la búsqueda de información.

- **Evaluación de la actividad**: expuestos todos los resúmenes de los alumnos, el formador pasará a evaluarlos basándose en la extensión y en la profundidad de éstos.

Los **criterios de evaluación** a tener en cuenta por el formador, serán la calidad de las ideas, la evolución y profundización de las mismas, así como la capacidad de resumir y concretar la información obtenida de la búsqueda.

6.5. TRABAJO EN GRUPOS

La actividad trabajo en grupo se utiliza para **resolver una situación problemática** teniendo en cuenta la opinión de todos los miembros que forman parte del equipo para, de esta forma, llegar a una toma de decisiones colectiva. Además ayuda a desarrollar habilidades y destrezas cognitivas (saber escuchar, planificar con otros, tolerancia con las opiniones de los demás, aprender a coordinarse con los demás, capacidad de tomar decisiones de manera colectiva, capacidad de síntesis, diferenciar entre información relevante y no relevante...) que posibilitan el aprendizaje en resolución de problemas y tareas con otros.

El trabajo en grupo conlleva una serie de pasos que podemos agrupar de la siguiente manera:

- **Presentación de la actividad:** el formador explicará a los alumnos la finalidad y la aportación del trabajo en equipo en nuestra formación personal y profesional. Para ello, se podrá valer de distintas herramientas: que la información esté disponible en una página web, darla a conocer a través del foro del curso o colocarla en el tablón de anuncios.
- **Organización de los grupos**: existen varias posibilidades para la organización de los grupos. En función del **tipo**

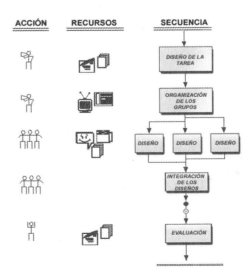

Figura 6.5

de actividad podemos distinguir: grupos que realizan todos la misma actividad o grupos que realizan actividades distintas. En función de la **composición** podemos distinguir entre grupos homogéneos y heterogéneos (dependiendo del nivel de conocimientos que posean del tema de trabajo).

- **Trabajo por grupos**: cada grupo realiza la tarea asignada, y para ello pueden utilizar un foro particular de grupo que ha podido crear el formador. El papel del formador en esta fase se centrará en ir orientando las distintas búsquedas y la idoneidad de las mismas. Para ello, tendrá que ir revisando las aportaciones de los alumnos en los distintos foros.

- **Puesta en común del trabajo realizado**: los alumnos enviarán el trabajo final al formador y éste será el encargado de colocarlo en una página web que recoja los distintos trabajos a través de hipervínculos. Una vez expuesta la información, se dejará a los alumnos cierto tiempo para que puedan revisar el trabajo de otros compañeros. Posteriormente, podría abrirse un chat para poner en común las aportaciones de los alumnos.

- **Sistematización de las respuestas de los alumnos**: el formador, teniendo en cuenta los distintos trabajos de la página web y la interacción en el chat, elaborará un resumen con las ideas más importantes ofrecidas. Posteriormente, presentará estas ideas en el tablón de anuncios o en el foro. El formador debe ofrecer al alumno unas reglas que tendrá que tener en cuenta a la hora de desarrollar la actividad propuesta.

- **Evaluación:** para esta actividad los criterios de evaluación en los que se debe basar el formador, son: la participación de los alumnos en los foros y en el chat, la coordinación de los alumnos en los equipos y la calidad del trabajo.

6.6. BÚSQUEDA DE INFORMACIÓN

La **finalidad** que tiene esta actividad es la de ayudar a los alumnos a adquirir destrezas de aprendizaje autónomo y activo, así como a saber discernir entre la información relevante y la no relevante. Es decir, es una actividad totalmente individual en la que el alumno debe adquirir una capacidad de selección de aquellos contenidos más importantes. Para ello se solicita a los alumnos que encuentren información accesible en Internet o fuera de la red, sobre el tema más importante.

Por todo esto, los alumnos deberán seguir una serie de fases que podemos resumir en las si-guientes:

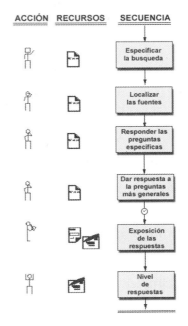

- **Presentación de la actividad:** el formador explicará a los alumnos la finalidad y el porqué de una búsqueda de información en la red con el objeto de situarlos en la tarea a realizar. Para ello, se podrá valer de una serie de herramientas, como podrán ser: página web, foro de discusión y tablón de anuncios.
- **Facilitar nombres de buscadores:** se facilitará a los alumnos algunos de los múltiples buscadores de información que existen en Internet.

Otra de las tareas del fomador en esta actividad es la de dar a conocer a los alumnos los distintos tipos de buscadores existentes en la actualidad, tales como: *www.*

Figura 6.6

copernic.com, www.yahoo.com, www.altavista.com, www.ole.es, www.ozu.es, www.ya.com, www.google.com, etcétera. Una vez presentados los posibles buscadores, el formador explicará al alumno cómo debe realizar la búsqueda: deberá introducir términos referentes a la situación tratada.

- **Explicar cómo tienen que realizar la búsqueda:** comentar a los alumnos cómo suelen funcionar los buscadores para que no tengan problemas al comenzar a trabajar.
- Una vez que los alumnos nos envían la información por correo electrónico, la tarea del formador es la de recopilar y analizar la información recogida por los alumnos, para diferenciar entre la que es válida y la que no. El formador la sistematiza y la coloca en una página web para que pueda ser consultada por todos.

Los **medios** que se utilizan para esta actividad son básicamente tres: páginas web, tablón de anuncios y foro de discusión. Las tres tienen su función en dicha actividad. Por ejemplo, el foro de discusión, será el medio en el que se desarrolle toda la actividad, el tablón de anuncios, donde se anuncie y se explique toda la actividad, y las páginas web, son el medio donde se encontrará el contenido necesario y donde se escribirá el informe final.

Es importante que el alumno aprenda a desenvolverse en la red, así como a manejar los buscadores y a rechazar aquella información no relevante. Por ello, el formador debe estar abierto a posibles preguntas de los alumnos y a dar orientaciones claras y concretas al respecto.

Para la **evaluación,** el formador valorará la calidad y la cantidad de la información obtenida tras la búsqueda en la red y adecuación de la información a la pregunta planteada.

6.7. ARGUMENTO Y REFUTACIÓN

El objetivo de la actividad es permitir y estimular la discusión al mismo tiempo que brindar a los alumnos la ocasión de identificar, explicar y clarificar los temas que pudieran ser objeto de polémica. Por ejemplo, las nuevas tecnologías y las personas, el trabajo y el ocio, la clonación de seres humanos, o la inmigración. Se busca asegurar la participación activa de todo el grupo en debates que puedan motivar y dirigir a que se tomen posturas personales. Esta actividad ayuda a desarrollar habilidades y actitudes para el mejor funcionamiento del trabajo en grupo.

Para conseguir los objetivos, el profesor deberá llevar a cabo un procedimiento determinado, que podemos estructurar en las siguientes fases:

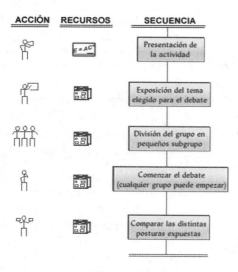

Figura 6.7

- **Presentación de la actividad:** el formador presentará la actividad en el tablón de anuncios, donde especificará fecha y hora de la realización y realizará una breve explicación sobre el procedimiento que se va a llevar a cabo.

- **Planteamiento de la actividad:** la actividad comenzará con la proposición, por parte del formador, de un tema de interés. Éste tendrá que ser presentado al grupo a través del foro de discusión. Normalmente se acompañará de alguna documentación bien en formato artículo electrónico, documento gráfico o texto escrito. Para incitar la participación de todos los alumnos, el formador realizará una pregunta provocativa sobre el tema que se está trabajando.

- **Puesta en práctica de la actividad:** antes de comenzar con la discusión, y en el foro de discusión, el formador dividirá al grupo en dos. Cada grupo tomará una postura respecto al tema planteado, siendo siempre uno a favor y otro en contra. Una vez divididos comenzará la discusión por parte de ambos grupos. Esta discusión también se realizará a través del foro de discusión.

Los **medios** a utilizar para la actividad son el tablón de anuncios y el foro de discusión, por lo tanto, el formador deberá tener un conocimiento adecuado sobre los mismos. Sólo de esta manera será capaz de utilizarlos de la forma más adecuada y de transmitir el uso y funcionamiento de los instrumentos a sus alumnos.

El **papel del formador** en esta actividad será moderar las distintas posiciones de los grupos, además deberá animar para que ambos grupos comparen las opiniones que a lo largo del debate se han ido aportando. El formador debe estar abierto a posibles preguntas y orientaciones que le planteen los alumnos.

Para la **evaluación**, se valorará la participación, la calidad, la cantidad y la madurez de ideas de los alumnos. Para evaluar, deberá tomar nota de las aportaciones tanto a nivel individual como grupal.

6.8. LLUVIA DE IDEAS

La lluvia de ideas o *brainstorming* se suele utilizar para tomar un primer contacto con el tema en el que posteriormente se va a profundizar. Esta actividad genera un alto nivel de participación entre los alumnos, así como la posibilidad de evaluar las ideas previas que estos poseen sobre dicho tema. Además fomenta la creatividad y crea un clima agradable entre los miembros del grupo. Se utiliza cuando se quiere desarrollar el trabajo en grupo y resolver problemas, así como para dar solución a problemas que tienen un único camino.

Los pasos a seguir para el desarrollo de la actividad son los siguientes:

- **Presentación de la actividad:** En el Chat, el formador deberá dar la bienvenida a todos los miembros del grupo y explicará a los alumnos

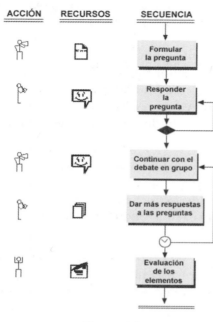

ACCIÓN   RECURSOS   SECUENCIA

Formular la pregunta

Responder la pregunta

Continuar con el debate en grupo

Dar más respuestas a las preguntas

Evaluación de los elementos

Figura 6.8

el desarrollo a seguir por los mismos para ponerla en práctica.

- **Formulación de la pregunta y respuesta a la misma:** una vez presentada la actividad, el formador deberá realizar una pregunta relacionada con el tema en cuestión a los miembros del grupo, para que estos puedan dar comienzo a la actividad. Los alumnos deberán ir aportando todas aquellas ideas nuevas que vayan surgiendo, concluyendo en el momento en que estos no tengan nada más que aportar.

- **Recapitulación:** finalizado el tiempo establecido para la actividad, el formador tendrá que reorganizar la información para, posteriormente, elaborar un resumen que recoja las ideas más importantes que han sido aportadas por los alumnos. Este resumen se dará a conocer siempre a los alumnos, y podrá realizarse de dos formas: a través del foro de discusión y, por lo tanto, en el mismo momento en el que se está desarrollando la actividad, o bien a través de una página web que previamente haya sido anunciada por el profesor. Se recomienda que, si el medio utilizado es el foro, la forma más adecuada sea la primera, para así no perder el interés por la actividad.

El formador en esta actividad asume un papel fundamental, debido a que es el dinamizador de la misma, teniendo que estimular y motivar a los alumnos, en caso de que estos no muestren participación alguna.

La actividad **se desarrollará utilizando el foro o el chat** como medio de comunicación. A través del mismo, tanto profesor como alumnos aportarán sus ideas, llegando la información al resto de compañeros que forman el grupo en el mismo momento en el que se desarrolla la actividad.

Los **criterios de evaluación** a tener en cuenta por el formador serán la participación de los alumnos, la calidad de las ideas, la evaluación y profundización de las mismas, así como la capacidad de resumir las ideas aportadas.

6.9. TABLÓN DE ANUNCIOS

El objetivo fundamental de esta estrategia es fomentar en los alumnos la participación, la curiosidad y la especulación sobre un determinado tema. Esto, a su vez, hace que los alumnos tengan más posibilidades para retener los conocimientos adquiridos con anterioridad.

En primer lugar, el tutor deberá exponer en el **tablón de anuncios** la actividad que va a ser desarrollada. Una vez cumplido el tiempo para que todos los alumnos hayan tenido noticia de ello, el formador lanzará una pregunta al foro de discusión. Esta pregunta deberá ser lo suficientemente atractiva como para llamar la atención de los alumnos que van a realizarla.

Si la participación no es lo suficientemente fluida, el formador deberá introducir algunas cuestiones para animar a los alumnos.

Figura 6.9

Alguna de estas frases podría empezar por: «Haced un intento...». El formador deberá aceptar las opiniones que sus alumnos realicen en el foro de discusión, así como generar curiosidad sobre la respuesta real.

6.10. EQUIPO DE OYENTES

Esta actividad tiene como finalidad que los alumnos mantengan la concentración durante la solución a un determinado problema. Se desarrollará a través de trabajos en equipo, por ello, el tutor deberá dividir al grupo en varios equipos (el número de equipos dependerá de los alumnos que conformen la totalidad del curso). A cada uno de estos equipos se le asig-

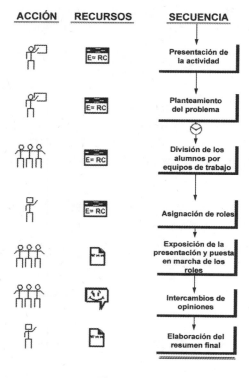

Figura 6.10

nará un rol diferente y una tarea que deberá desarrollar en unos determinados momentos, como: aprobar, desaprobar, dar ejemplos.

Asignados los roles a cada uno de los grupos, se pasará a desarrollar la actividad. Para ello, el formador colocará un texto para que los alumnos lo lean. Concluida la lectura, se dejará algún tiempo para que los equipos puedan completar sus tareas, y así poner en marcha los roles asignados en un principio. Para ello, se citará a los alumnos en un **chat**, con el objeto de poder intercambiar opiniones entre todos los grupos de trabajo.

Finalmente, el formador o tutor elaborará un resumen con las conclusiones generales que se han extraído de la actividad. Este resumen se expondrá en su respectiva **página web**, para que todos los alumnos puedan tenerlo a su disposición.

6.11. DEBATE ACTIVO

El objetivo principal de esta actividad es promover la reflexión, ya que se propone a los alumnos que defiendan una postura contraria a la que puedan tener. Ahora los alumnos tendrán que ponerse en otra situación y, por lo tanto, se plantearán muchas preguntas que hasta el momento no se han hecho.

El tutor, publicará en el **tablón de anuncios** el día y hora de la actividad. Reunirá a todos los alumnos en el chat, pero antes publicará una lista en la que aparecerá una división de la clase en las partes o roles que haya.

Una vez reunidos todos en el **chat**, el tutor lanzará el tema de discusión y dirá a cada parte de la clase el papel que debe tomar. Entonces, los portavoces de los grupos empezaran a exponer los argumentos iniciales. Posteriormente, los alumnos defenderán el argumento inicial que cada portavoz lanzó al chat.

Por último, se realizará un informe entre toda la clase. Este informe será expuesto en **página web** del curso para que todos los alumnos puedan tener acceso a ella, en determinados momentos.

Figura 6.11

6.12. EL APRENDIZAJE PARTE DE UNA PREGUNTA

Con esta actividad, intentamos que los estudiantes investiguen la materia por su cuenta, sin las correspondientes explicaciones previas por parte del tutor. Este aprendizaje puede ser efectivo, ya que los alumnos se esfuerzan por conocer todo, teniendo una actitud activa ante el proceso de aprendizaje.

El tutor publicará en el **tablón de anuncios** la actividad y adjuntará una lista con la distribución de la clase por parejas además de los materiales a estudiar. Explicará que los alumnos, de dos en dos, deben estudiar estos textos y realizar todas aquellas preguntas que se planteen. Esto se realizará en un período de tiempo breve y a través del **correo electrónico**, quedando en conectar todos otro día.

Posteriormente, el profesor reunirá la clase en grupos de cuatro personas y se volverán a trabajar los materiales, aunque esta vez será para ir resolviendo las dudas anteriormente detectadas.

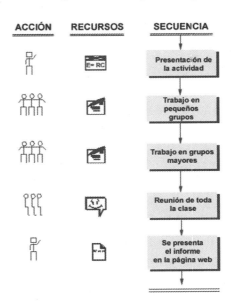

Figura 6.12

Por último se realizará un encuentro entre toda la clase en el **chat**, donde cada grupo expondrá los resúmenes y conclusiones de los materiales estudiados. Mientras, el tutor realizará un informe que expondrá en la **página web** del curso para que los alumnos puedan acceder a ella sin problemas.

6.13. TORNEO DE EQUIPOS

Esta técnica es una versión simplificada de los «Torneos de equipos y juegos», desarrollados por Robert Slavin y sus colaboradores. Tiene como objetivo principal ampliar la gama de hechos, conceptos y habilidades de los alumnos que participan en dicha actividad.

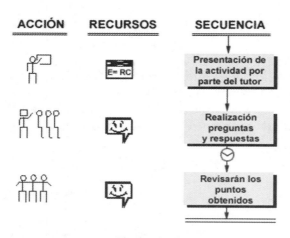

El tutor publicará la actividad en el **tablón de anuncios**, estableciendo la estructura que tomará la clase para dicha actividad (equipos de dos a ocho integrantes), además proporcionará material de estudio a los alumnos y quedarán para continuar el ejercicio en el **chat** otro día.

El tutor elaborará una serie de preguntas de opción múltiple disponibles en una página del curso para ver que los alumnos han trabajado los materiales, entre ellas preguntas de conceptos. Cada alumno responderá a la pregunta de manera individual. Cuando todos los alumnos hayan respondido a las preguntas formuladas por el tutor, éste dará las respuestas correctas y pedirá a cada grupo que calcule la puntuación de las respuestas acertadas (cada pregunta un punto).

Figura 6.13

Posteriormente, se realizará otra vuelta, pero para ello, los alumnos tienen que volver a prepararse el material entregado. Repetir el procedimiento anterior y añadir la puntuación acertada. Habrá tantas rondas de preguntas como el tutor desee. El equipo que mayor puntuación tenga al final del ejercicio será el vencedor del torneo.

6.14. INTERCAMBIO GRUPO A GRUPO

El objetivo de esta actividad es que los alumnos aprendan de la experiencia de los compañeros, por ello, cada uno enseña lo que ha aprendido al resto de la clase.

¿Cómo se realiza esta formación? En primer lugar, el tutor publicará la actividad en el **tablón de anuncios**, además abrirá un **foro** especial para dicha actividad. Elegirá un tema de discusión que provoque la participación de todos los alumnos en el foro y dividirá la clase en grupos teniendo cada uno de estos un portavoz.

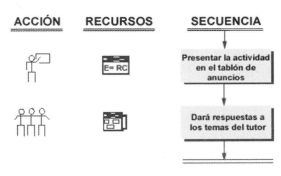

Figura 6.14

Serán los portavoces los que envíen al **foro de discusión** las respuestas a las preguntas que realice el tutor. Los grupos, además de responder a las preguntas que realice el tutor, pueden hacer referencia a las respuestas de sus compañeros.

La ventaja principal de esta actividad es que está hecha en el foro, con lo cual las respuestas se quedarán grabadas y los alumnos podrán analizar las respuestas de sus compañeros.

6.15. ROMPECABEZAS

Es una técnica similar al intercambio entre grupos, pero con la diferencia de que cada alumno enseña algo. Cada alumno aprende algo que, al combinarse con el material aprendido por los otros, forma un conjunto de conocimientos o habilidades coherente.

El tutor deberá buscar un material que se pueda estructurar en partes. Publicará la actividad en el tablón de anuncios y dividirá la clase en grupos. A cada grupo le dará una parte del material.

Después de un período de estudio, el tutor formará grupos en rompecabe-

Figura 6.15

zas, es decir, cada grupo estará formado por un miembro de cada grupo inicial, de manera que ahora todos los grupos tengan un componente de los grupos anteriores. Se pedirá a los grupos «rompecabezas», que se enseñen entre ellos todo lo que han aprendido.

Por último, el tutor debe reunir a toda la clase en el chat y comentar entre todos lo que han aprendido. Mientras, el tutor realizará un informe que colgará posteriormente en la página web del curso.

6.16. LAS TAREAS PUEDEN ADOPTAR DIFERENTES FORMATOS

Para completar las estrategias expuestas anteriormente, podemos hablar de actividades más concretas que los alumnos pueden realizar. Desde una perspectiva general, las tareas de aprendizaje pueden ser de distintos tipos, entre las cuales presentamos algunos ejemplos:

RECUERDO	Estas tareas sirven como comprobación del grado en que los alumnos han adquirido los contenidos estudiados. Son tareas simples y requieren poco tiempo porque se corrigen de forma inmediata.
COMPRENSIÓN	Estas tareas pretenden hacer pensar y reflexionar a los alumnos sobre lo que han aprendido.
APLICACIÓN	Las tareas de aplicación nos ayudan a comprobar en qué medida somos capaces de llevar a la práctica lo que vamos aprendiendo. Por ejemplo, diseñar una página Web que incluya tabla, texto, imágenes e hipervínculos.
ANÁLISIS	En las tareas de análisis se pide a los alumnos que demuestren comprensión de lo que han leído y practicado. El análisis lo podemos pedir de forma individual primero y grupal después.
PLANIFICACIÓN	En las tareas de planificación se pide a los alumnos que di-

EVALUACIÓN	señen una actuación en base a los contenidos adquiridos. Es una tarea de mayor amplitud que las anteriores y debería realizarse en equipo. Un ejemplo podría ser planificar un módulo formativo para un curso en Internet, incluyendo contenidos y actividades. En las tareas de evaluación pedimos a los alumnos que analicen diferentes objetos y que emitan un juicio acerca de la calidad de los mismos. Los objetos a que nos referimos pueden ser, por ejemplo, dos páginas Web que pueden ser valoradas según los criterios acordados.

A la hora de diseñar un entorno de teleformación, deberíamos pensar en incluir tareas en las que se pongan en marcha los distintos procesos mentales relacionados con el aprendizaje (recuerdo, análisis, evaluación...), de forma que los alumnos puedan implicarse en **tareas de distintos tipos**. Igualmente, deberíamos presentar estas tareas en una amplia **variedad de formatos** (verdadero-falso, ítems de respuesta abierta, pruebas prácticas de aplicación, etcétera), dando así la oportunidad a cada alumno de mostrar su nivel de rendimiento en distintas situaciones. Finalmente, deberíamos plantear tanto actividades **individuales como grupales** para que, a través de la comunicación con otros, los alumnos puedan a la vez sacar provecho de los beneficios del trabajo en equipo y superar el aislamiento que conlleva un medio de formación a distancia.

Ejemplos de actividades dentro de un curso de teleformación:

Editor de Trabajos: Tema 1: Factores para la EAD

Fecha límite:	Ilimitada
Calificación máx.:	10
Instrucciones:	Escoja una de las dos lecturas que a continuación le reseñamos: Adell, J. <u>Tendencias en educación flexible, aprendizaje abierto. Las redes como herramientas para la formación.</u> Léala y escriba un texto de una página en formato Word, a un espacio y un tipo de letra Times 12 respondiendo a la pregunta: ¿Cuál es, desde su punto de vista, el factor más importante para el éxito de la educación a distancia?

Figura 6.16

Editor de Trabajos: Tema 2: Estilos de Aprendizaje

Fecha límite: Ilimitada

Calificación máx.:   10

Instrucciones: Complete el Cuestionario de Estilos de Aprendizaje que se ofrece en **esta dirección** del ICE de la Universidad de Deusto. Complételo y valore su utilidad comentando los resultados en el foro de discusión.

Figura 6.17

Editor de Trabajos: Tema 3: Elección de una temática

Fecha límite: Ilimitada

Calificación máx.:   10

Instrucciones: • Individualmente o en grupo (puede utilizar la lista de discusión para la creación del grupo), identificar un tema sobre el que se perciba que existe una necesidad de formación. Puede recurrir a los temas elaborados por los alumnos del curso 1999-2000 para orientarse sobre diferentes tipos de necesidades de formación. Para ello, tiene disponible información en el menú de Recursos de la página principal.

• Una vez identificado el tema objeto de estudio, describa brevemente, no más de 15 líneas, por qué ha seleccionado ese tema.

• Identifique al menos CINCO OBJETIVOS de formación que debería perseguir una actividad de teleformación en relación con el tema elegido.

• Elabore una representación gráfica, bien en forma lineal, jerárquica, en red o basada en problemas, que recoja los contenidos básicos del tema objeto de diseño. Para realizar esta representación, puede utilizar cualquier programa de gráficos, por ejemplo, Power Point.

• Envíe al Buzón de Actividades el documento EN FORMATO DE MICROSOFT WORD.

Figura 6.18

Editor de Trabajos: Tema 4: Comentarios de cursos

Fecha límite: Ilimitada

Calificación máx.:   10

Instrucciones: • Describa en un texto de no más de 20 líneas alguno de los cursos on-line que le ofrecemos en la página de recursos de este tema.

• Le pedimos que realice una descripción y valoración del curso visitado.

• Puede también hacerlo de otro curso que no aparezca en la lista antes indicada. En este caso, debe indicar la dirección URL donde se pueda encontrar dicho curso.

• Debe enviar el documento elaborado en formato WORD al BUZÓN DE ACTIVIDADES.

Figura 6.19

7

Orientando a los telealumnos: las teletutorías[4]

C. Marcelo

Conforme vamos avanzando en este intento por ver las repercusiones de la teleformación en la práctica pedagógica, nos encontramos elementos de nuestro quehacer diario como docentes que se ven afectados. Pero quizá uno de los cambios más drásticos, que ya hemos apuntado anteriormente cuando hablamos de los formadores y alumnos, tiene que ver con la forma como nos relacionamos con los estudiantes. En una práctica pedagógica tradicional, la relación del profesor con los estudiantes generalmente se concentra en dos momentos. Uno de estos momentos es público y son las clases presenciales a las que los alumnos asisten. Otro más privado en el que los alumnos pueden asistir a tutorías grupales o individuales con el profesor. Son momentos concretos, marcados en el calendario y previstos con antelación al comienzo de curso. ¿Qué sucede en teleformación?

Debido a múltiples motivos, la teleformación se lleva mal con los horarios rígidos. Por una parte porque los estudiantes, como vimos antes, son diversos. Ello supone que muchos están trabajando y pueden conectarse al ordenador cuando tienen tiempo o espacio para hacerlo. Otros puede que vivan en países alejados del nuestro (latinoamericanos) y su horario activo no coincida con el nuestro. Todo ello determina que en muy pocas ocasiones se pueda contar con «la clase» al completo en forma sincrónica. Por ello son los foros los espacios de que los formadores disponen para promover un «sentido de pertenencia a un grupo», a una clase. Los foros son el espacio privilegiado para que los alumnos y formadores entren en contacto y actualicen problemas y dudas. Pero la actividad del foro va a depender en gran medida de la capacidad de los tutores para responder y animar la participación de los alumnos. Por poner un ejemplo,

---

4. Ha colaborado en este capítulo Carmen Talavera Serrano.

en uno de los cursos de teleformación que hemos llevado a cabo el grupo de investigación IDEA[5] ha generado hasta ahora 1.385 mensajes al foro desde principios del mes de noviembre. Evidentemente, tal cantidad de mensajes requieren su lectura y contestación. En muchas ocasiones, son los propios alumnos los que responden a las preguntas, o bien amplían las sugerencias de otros alumnos.

La teleformación nos obliga a establecer procedimientos para que los tutores de un curso gestionen la cantidad de mensajes que se producen. Y así, las interacciones deben ser organizadas, los temas que surgen en los debates deben ser guiados y hay que establecer un sistema para recapitular los debates. Igualmente ocurre con las sesiones de chats. En ellas, los alumnos tienen ocasión de intercambiar ideas con otros compañeros o bien con los tutores. En este caso se trata de un tipo de comunicación sincrónica que, por sus propias características de inmediatez, permite poca reflexión. Más cuando son muchas las personas conectadas. Por ello se requiere una adecuada organización y distribución de los chats, así como una redistribución de los contenidos abordados en cada chat para que los alumnos puedan tener conocimiento de lo tratado en cada sesión.

Como vemos, en educación a distancia, al igual que en cualquier otra modalidad educativa, la comunicación entre los participantes en el proceso formativo (profesores, alumnos, tutores, personal administrativo, etcétera) es un aspecto fundamental y necesario para que el sistema no fracase. En este sentido, Pallof y Pratt (1999) afirman que *La clave del proceso de aprendizaje son las interacciones entre los alumnos, las interacciones entre el profesorado y los alumnos, y la colaboración en el aprendizaje que resulta de esta interacción. En otras palabras, la formación de una comunidad de aprendizaje a través de la cual el conocimiento toma significado y es recreado promoviendo un adecuado aprendizaje (5).* La idea de comunidad de aprendizaje es importante para implicar a los alumnos en una idea de grupo. Ocurre cuando se produce una interacción activa tanto en relación con el contenido como con la comunicación personal, cuando se produce un aprendizaje colaborativo entre estudiantes, cuando se comparten los recursos y los alumnos se apoyan.

En la formación vía Internet dicha interacción se hace aún más esencial, puesto que, al exigir del alumno un autoestudio, éste exige a su vez que profesores y tutores estén «presentes», guiándole el camino, mediante una evidente y efectiva comunicación, que en nuestro caso se efectúa básica-

---

5. *http://prometeo.us.es/teleformación*

mente a través del texto escrito. La comunicación mediada por ordenador puede ayudar a mejorar estos procesos educativos al aumentar el número y la diversidad de personas que pueden participar, así como al ampliarse el marco espacio-temporal en el que dicho intercambio se puede producir.

A semejanza de los procesos educativos tradicionales, en la formación a través de Internet ha de existir una apuesta por la responsabilidad compartida entre alumnos y profesores, Más concretamente, centrándonos en la figura del tutor, estaríamos obligados a partir de un compromiso, en el que éste:

- ha de estar accesible a las necesidades formativas del alumnado, dando respuesta lo más inmediatamente posible a sus requerimientos, ayudando a los miembros del grupo con la información dada;
- se encuentra capacitado suficientemente para resolver las dudas encontradas por los alumnos;
- informa al grupo sobre el desempeño de los diversos roles a seguir, tareas a realizar, etcétera;
- plantea vías alternativas para resolver las cuestiones planteadas, proveyendo de materiales alternativos a los ya dados en el transcurso de la actividad formativa (bibliografía, direcciones de Internet...);
- realiza un seguimiento de los progresos y necesidades de los alumnos,
- crea un clima adecuado de trabajo,
- anima al grupo de alumnos a participar activamente en las diferentes actividades propuestas, así como en la utilización de las diversas herramientas ofertadas desde la coordinación del curso, y
- fomenta la independencia de los miembros, teniendo una actitud no directiva, procurando estimular la autorreflexión,

mientras que el alumno:

- participa activamente de los espacios definidos previamente para la resolución de cuestiones referentes al contenido dado o a dificultades encontradas a lo largo del proceso formativo;
- define claramente las dudas y los problemas encontrados con el objeto de acotar lo más posible la naturaleza del problema;
- estudia previamente el material sobre el que necesita orientación,
- no confunde el asesoramiento con una «clase particular», y
- autogestiona su aprendizaje activamente buscando alternativas a las dadas por el tutor, o por el profesor, encargado de gestionar la actividad formativa sobre la que surgen las dudas.

7.1. LAS CARACTERÍSTICAS Y FUNCIONES DE LOS TUTORES

Son muchas y variadas las aportaciones que podemos encontrar en torno a cuál debería ser el perfil del tutor en teleformación y cuáles son las cualidades que éste debería reunir. Nosotros hemos intentado sintetizar en los siguientes puntos aquellas que nos resultan más importantes de destacar.

- Disponibilidad de horarios: una de las cualidades más importantes que todo «teletutor» debe tener es el disponer de un horario flexible, que le permita estar accesible a los alumnos, para realizar el acompañamiento requerido por éstos, que son de perfiles tan diversos que es insospechable el momento en que van a demandar este servicio.
- Con relación a lo anterior, se espera que el tutor sea capaz de proporcionar un *feedback* inmediato al alumno, y cuidando los términos que utiliza para referirse a los alumnos, siempre apoyando y animando su trabajo.
- Saber ponerse en el lugar de los alumnos, adoptar su perspectiva, para así comprender mejor su situación y prestarles la ayuda exacta que necesitan, es decir, ser capaces de convertirse en investigadores de la dinámica más adecuada a las demandas de los alumnos.
- Respetar la diversidad de alumnos, su ritmo y estilo de aprendizaje, sus particulares mecanismos de resolución de tareas, etcétera.
- Mentalidad abierta: toda sugerencia o reclamación que venga de los alumnos es necesario que sea debidamente atendida y debe dar soluciones rápidas a las cuestiones planteadas.
- Saber negociar con el alumno, llegar a consensos sobre actividades a realizar, fechas de entrega, etcétera, para conseguir guiarlo por el camino más acertado.
- Ser buen dinamizador del estudio y trabajo de los alumnos, tanto el que realizan de manera individual (autoestudio) como de manera grupal (trabajo colaborativo), siendo a su vez capaz de promover una responsabilidad compartida en este tipo de trabajos.
- Debe ser respetuoso con los alumnos, compartir sus alegrías, preocupaciones, así como con las decisiones y acuerdos alcanzados en el grupo.
- Confianza en los alumnos: el tutor necesita creer en la capacidad y responsabilidad de los alumnos.
- Debe tener un talante abierto y flexible, buen humor, de tal forma

que al dirigirse a los alumnos sea portador de «buenas vibraciones» que ayuden a motivar al alumno para seguir adelante.

- Actitud de apertura y escucha ante los distintos problemas y situaciones que los alumnos quieran presentarle y mostrar siempre interés por ellos.
- Potenciar el trabajo en grupo y reflexivo por parte de los alumnos, que fomente el trabajo colaborativo.
- Debe ser capaz de hacer efectiva la relación entre todos los integrantes del curso, alumnos, profesores, tutores...
- Dirección orientada a resultados: debe ser capaz de establecer puntos de control y objetivos medibles y alcanzables por los alumnos.
- Comunicación: es necesario crear un clima de total y franca comunicación con los alumnos.

Podemos ver reflejadas algunas de las cualidades de las que hemos venido hablando en un ejemplo de un mensaje enviado por un tutor al foro de un curso de teleformación:

Hola a todos, soy Juan, actualmente son cerca de 25 los alumnos que tienen abierto ya su curso propio de WebCT. El listado de los títulos de los mismos podéis verlo en http://prometeo.cica.es:8900/webct/public/show_courses dentro del apartado «cursos de alumnos de teleformación». De momento podéis entrar en la mayoría de ellos con la contraseña y nombre de usuario «invitado». Lo IDEAL es que vuestras visitas a los cursos abiertos hagan surgir preguntas, sugerencias, críticas, etc. Me gustaría que los mensajes derivados de estas visitas siguieran en el foro del curso. Animo a que quienes no hayan enviado el título del curso para que sea abierto, lo hagan antes (incluso) de tener el manual de WebCT en el curso (mandadme un correo o responded a este mensaje). Como habéis visto lo que sí tenemos es un útil «Cómo hacer» en el módulo 3 del curso (ya disponible para ser descargado y visualizado sin necesidad de conexión). Un saludo.

7.2. LAS TUTORÍAS VIRTUALES

El servicio de tutoría a través de la red puede efectuarse mediante las distintas herramientas que las plataformas diseñadas para llevar a cabo acciones formativas suelen incorporar, permitiéndonos, además, que éstas puedan ser sincrónicas o asincrónicas, tales como:

Asincrónicas:

- **Correo electrónico**: individual o grupal. Éste suele ser el medio más generalizado para realizar tutorías a través de Internet. Se han de considerar aspectos importantes, del tipo de los que hemos venido señalando, para que dichas tutorías se realicen con éxito, contestar a las dudas y cuestiones de los alumnos lo antes posible (en menos de 24 horas), redactar los correos con un estilo amigable (para que el alumno no se sienta molesto y pueda acudir al tutor con confianza siempre que lo estime oportuno), etcétera.

- **Foro de discusión**: tanto el tutor como los alumnos pueden mandar mensajes al foro para realizar consultas, aclarar dudas, que bien van dirigidas a cualquier persona en general del curso que lea el mensaje, profesores, tutores, resto de los compañeros, etcétera, o se puede especificar en el mensaje a quién/es va dirigida la pregunta o consulta efectuada.
- **FAQ**: espacio donde se da una explicación detallada de las preguntas más frecuentes realizadas por los alumnos. En el caso de que la tutoría no requiera el servicio directo del tutor, en este espacio los alumnos pueden obtener un servicio de tutoría general, donde se daría respuesta a algunas de sus preguntas.

Sincrónicas:

- **Chats**: las charlas sincrónicas son el medio más eficaz y barato de realizar tutorías a través de Internet. Alumno y tutor pueden establecer horarios de tutorías en una «sala virtual» del curso, destinada a tal fin, y de manera simultánea intercambiar mensajes (escritos o sonoros, según el equipo del que dispongamos) que ayuden en la resolución de dudas, problemas, etcétera.
- **Pantallas compartidas**: como especies de pizarras, muy útiles para hacer demostraciones, ejemplificar teorías... con la posibilidad de que simultáneamente tutor y alumno puedan escribir sus aportaciones y discutir sobre temas que consideren de interés.
- **Videoconferencias**: si el equipo del que disponemos nos lo permite, ésta podría ser la manera más eficiente de realizar tutorías, puesto que alumnos y tutor se podrían estar viendo «cara a cara», evitando los problemas de la comunicación escrita, donde a veces las palabras pueden jugarnos malas pasadas y llevarnos a malentendidos que no se pueden solucionar sobre la marcha. El único inconveniente es el coste de los equipos necesarios.

Además de las vías para realizar tutorías que hemos descrito, siempre nos queda la opción, que no podemos dejar de señalar, de recurrir a los medios tradicionales que se han venido usando en la educación a distancia, como son el fax y el teléfono, las guías de estudio, los encuentros cara a cara y en el mismo espacio con los alumnos, los cuales pueden servir de complemento exitoso a formas más sofisticadas como las anteriormente expuestas.

A la hora de planificar las tutorías en cursos a distancia, es fundamental contar con la opinión de los estudiantes acerca de cómo les gustaría a ellos que este servicio estuviera organizado para dar una mejor respuesta a sus necesidades (individualmente o en grupo...), qué modalidad prefieren (presencial o a distancia), en qué tiempo (semanalmente, cada tres días...) etcétera.

Así los datos procedentes de diversas investigaciones nos revelan una serie de conclusiones que no podemos pasar por alto, tales como:

- Tutoría telemática: ha sido valorada de utilidad por la práctica totalidad de los alumnos. Una parte significativa de ellos objetan, no obstante, la falta de respuesta inmediata del correo electrónico y la «frialdad» del medio («es necesaria la presencia física del tutor en el aula»).
- La labor de tutoría exige con frecuencia más tiempo de dedicación al curso que la clase presencial (especialmente si el número de alumnos es elevado).
- Existe todavía un rechazo apreciable en los alumnos a la comunicación vía telemática. Les cuesta emplear el correo electrónico y expresarse con soltura en los mensajes.
- Los alumnos más tímidos o vergonzosos, encuentran este medio como muy adecuado para expresarse y hacer preguntas que en entornos presenciales nunca se atreverían a exponer.
- El contacto personal es algo que se echa en falta (tanto por los alumnos como por tutores).
- La labor activa del tutor es fundamental para el éxito de los cursos.
- Los estudiantes encuentran las tutorías como un medio crucial para aprender de los tutores así como de los comentarios que hacen sus propios compañeros.

Como podemos ver, conclusiones que no dejan de reiterar la importancia del contacto «cara a cara» y la importancia de la labor del tutor. Basándonos en nuestra experiencia, destacamos que algo que los alumnos agradecen enormemente es la respuesta inmediata a sus consultas, así como los mensajes interesándonos por su trabajo y dándoles ánimo para que continúen en esa línea, asimismo valoran positivamente la corrección y consecuente evaluación de las tareas que van realizando...

En definitiva, podemos concluir diciendo que son los alumnos, junto con sus profesores y tutores, los que tienen que negociar y decidir qué tipo de tutorías necesitan, cómo deben estar organizadas, dónde y cuándo, para que este servicio sea de calidad y eficaz para satisfacer las demandas formativas hechas por los estudiantes. Sólo así las tutorías podrán ser vistas como el elemento dinamizador y de apoyo para las personas que se enfrentan a nuevos esquemas de formación.

7.3. INTERACCIÓN EN DIFERENTES DIRECCIONES

Un amplio número de estudios han mostrado que el componente más importante para el éxito en la formación a distancia es el mantenimiento de una interacción consistente y de calidad.

En teleformación es posible identificar al menos tres categorías de interacciones:

- Interacción alumno-contenido, relacionada con la forma en que el alumno utiliza los materiales de aprendizaje para construir su propio conocimiento.
- Interacción alumno-alumno, que incluye tanto los intercambios entre estudiantes, como la comunicación entre grupos de alumnos para la colaboración, la clarificación, la resolución conjunta de problemas, etcétera.
- Interacción alumno-formador, referida a la comunicación que los alumnos mantienen con el/los formador/es con el propósito de crear y mantener el interés, presentar o clarificar la información, orientar en el proceso de aprendizaje, y proporcionar *feedback*, evaluación y apoyo sobre el mismo.

Con frecuencia, cada uno de estos tipos de interacción suele incluir a alguno de los otros, siendo difícil separarlos en el desarrollo real de las actividades formativas. Tener en cuenta una serie de criterios para planificar las interacciones, puede ayudarnos a ajustar los objetivos de aprendizaje que se persiguen con el tipo de interacción más adecuada y la herramienta de comunicación que mejor la soporta.

La interactividad del contenido está relacionada con la capacidad del entorno de responder ante las entradas que realiza el usuario. Uno de los principales inconvenientes de utilizar páginas web para la formación reside en el hecho de que el lenguaje que se utiliza para desarrollarlas, el HTML

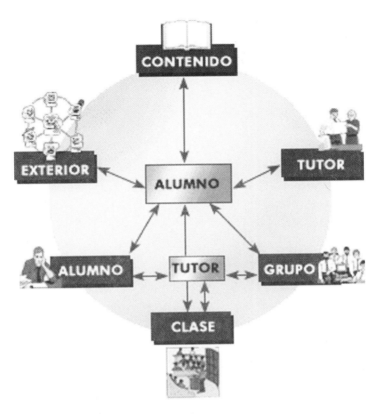

Figura 7.1

(HyperText Markup Language), fue diseñado originalmente para la difusión de información. Ello implica que la capacidad interactiva de la web no va más allá de ofrecer una interface hipertextual y no lineal. Otras formas de interactividad, tales como proporcionar *feedback* o responder a una pregunta, no pueden alcanzarse mediante el HTML, pero sí son posibles gracias a lenguajes como el Java/JavaScript. La integración de todos estos recursos en un entorno de teleformación nos va a permitir aumentar las posibilidades de interacción con el contenido de aprendizaje y, por lo tanto, hacer tal entorno más personalizado y autorregulable.

8

Conocer los resultados: la evaluación en y de la teleformación[6]

C. Marcelo

Ningún cambio en los modelos y prácticas pedagógicas es creíble hasta que no se concreta en la evaluación. La evaluación es el criterio determinante a la hora de considerar cualquier propuesta de cambio pedagógico. ¿Cómo se entiende este cambio desde la teleformación?

En teleformación resulta muy fácil responder a las indicaciones que Scriven hacía con respecto a la evaluación formativa y sumativa. La teleformación permite la posibilidad de realizar un seguimiento individualizado muy profundo del nivel de adquisición de conocimientos, habilidades y actitudes por parte de los alumnos. A este respecto siempre nos encontramos personas que dudan de la teleformación, especialmente en el momento de la evaluación: ¿cómo sabemos que el alumnos no nos está defraudando?, ¿cómo sabemos que el alumno es quien dice ser? A estas personas que piensan así, hay que decirles que en teleformación la evaluación no es un momento final sino que es un proceso que nos va proporcionando información desde que los alumnos inician el curso.

Miguel A. Santos (1993) escribía hace algunos años sobre la patología de la evaluación educativa, indicando lo que desde su punto de vista eran desórdenes o malfuncionamiento de un proceso que debe ser clave en la calidad de la acción pedagógica. Me gustaría construir cómo se contempla la evaluación en teleformación a partir de algunas de esas patologías señaladas.

- **Sólo se evalúa al alumno**. En teleformación, existe completa transparencia respecto a los diferentes componentes de la práctica pedagógica. En cualquier acción de teleformación podemos acceder —y por lo tanto valorar— cualquiera de los componentes. Podemos valorar la calidad tanto de los contenidos seleccionados, como de las experiencias de aprendizajes desarrolladas. Podemos conocer los distintos fo-

---

6. Ha colaborado en este capítulo Juan Jesús Torres Gordillo.

ros que se han creado y, por lo tanto, conocer las iniciativas y participación de los tutores, etcétera. Toda esta información nos lleva a pensar que en teleformación no sólo podemos y debemos evaluar a los
alumnos, sino que resulta más fácil evaluar otros procesos pedagógicos que en una enseñanza tradicional quedan ocultos.

- **Se evalúan solamente los resultados.** Con esta afirmación se recoge la
  idea de que cuando evaluamos sólo se atiende a lo que los alumnos
  han aprendido al final del proceso. Por el contrario, en teleformación
  podemos ir evaluando el grado de progreso de los alumnos, siempre
  que establezcamos tareas individuales y grupales que nos permitan
  conocer los progresos que se van realizando.
- **Se evalúan sólo los conocimientos.** En teleformación podemos optar por evaluar sólo conocimientos, pero necesariamente debemos
  evaluar otras habilidades ya sean éstas tecnológicas o no: saber trabajar en equipo, colaborar, buscar información, etcétera. Pero las
  actitudes pueden evaluarse si atendemos a la participación de los
  alumnos en las sesiones de chat y de foros. Haciendo un análisis por-
  menorizado de las intervenciones individuales podemos conocer
  más para evaluar mejor.
- **Se evalúa cuantitativamente.** En teleformación tenemos posibilidades
  para evaluar la adquisición de conocimientos mediante pruebas de
  evaluación que proporcionan una puntuación numérica, pero también tenemos a nuestra disposición una enorme cantidad de datos
  cualitativos a los que ya hemos hecho referencia anteriormente: realización de tareas individuales y en grupo, participación en foros...
- **Se evalúa competitivamente.** En teleformación la evaluación es individualizada, por lo que el alumno, si compite con alguien, es consigo mismo. Los alumnos pueden seguir diferentes ritmos de aprendizaje. No
  se exige que todos lleguen a los mismos niveles en el mismo tiempo.
  Por ello, la evaluación en teleformación es un proceso que, entre otras
  cosas, es coherente con un modelo pedagógico abierto y flexible.

En teleformación, el proceso formativo está relacionado a la vez con **el
qué y el cómo del aprendizaje**, o lo que es lo mismo, no sólo con los resultados de aprendizaje finales, sino también con el proceso y los procedimientos a través de los cuales se aprende y se llega a esos resultados. En este
sentido, la pregunta de qué evaluamos lleva implícito el planteamiento del
para qué evaluamos: la evaluación es un instrumento para **promover el
aprendizaje**, y como tal debe constituirse en una oportunidad para que ese
aprendizaje tenga lugar efectivamente.

Teniendo en cuenta que el aprendizaje en teleformación se entiende en términos de tareas, las mismas actividades que se proponen para el aprendizaje de unos determinados contenidos pueden ser utilizadas para evaluar su adquisición. De hecho, dada la importancia del individuo en el control de su propio progreso, en teleformación no tiene sentido mantener la tradicional división entre actividades de aprendizaje y de evaluación.

8.1. DIFERENTES FUENTES DE INFORMACIÓN PARA EVALUAR

En TELEFORMACIÓN, debido a las características de las plataformas tecnológicas que utilizamos, contamos durante y al final del curso con una amplia información sobre las actividades desarrolladas por los alumnos. Estas actividades quedan registradas y componen los datos que utilizamos para evaluar. Como ejemplo serían los siguientes:

- Páginas de Internet que el alumno ha visitado dentro del curso.
- **Recursos adicionales** a los ofrecidos en el curso (webs de interés, artículos, etcétera) que el alumno ha aportado.
- Resultado obtenido en las **pruebas pretest y postest**.
- Grado de cumplimiento de las **actividades y tareas** sugeridas.
- Grado de **contribución en las tareas de grupo**.
- Grado y calidad de las contribuciones al chat y a las listas de discusión.

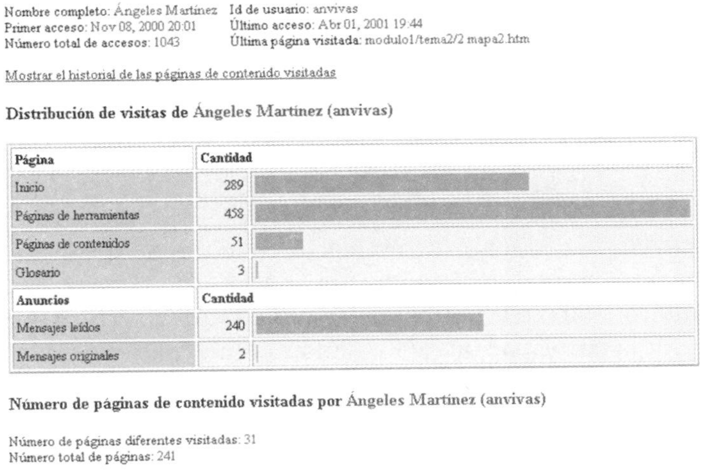

Nombre completo: Ángeles Martínez Id de usuario: anvivas
Primer acceso: Nov 08, 2000 20:01 Último acceso: Abr 01, 2001 19:44
Número total de accesos: 1043 Última página visitada: modulo1/tema2/2 mapa2.htm

Mostrar el historial de las páginas de contenido visitadas

Distribución de visitas de Ángeles Martínez (anvivas)

Página	Cantidad	
Inicio	289	
Páginas de herramientas	458	
Páginas de contenidos	51	
Glosario	3	
Anuncios	**Cantidad**	
Mensajes leídos	240	
Mensajes originales	2	

Número de páginas de contenido visitadas por Ángeles Martínez (anvivas)

Número de páginas diferentes visitadas: 31
Número total de páginas: 241

Figura 8.1

- Frecuencia y objeto de **contactos con el tutor** a través del correo electrónico.

Accesos de una alumna a páginas del curso

Historial de las páginas de contenidos visitadas por Ángeles Martínez (anvivas)

[10 Visitas anteriores] [10 Visitas siguientes]

	Nombre de la página	Fecha de acceso
41	Creación de sitios web	Feb 22, 2001 15:10
40	Qué es el HTML	Feb 22, 2001 15:08
39	Introducción al DreamWeaver	Feb 22, 2001 15:07
38	Mapa del tema	Feb 22, 2001 15:04
37	Mapas conceptuales con PowerPoint	Feb 22, 2001 14:58
36	Mapas conceptuales y Microsoft PowerPoint: Introducción	Feb 08, 2001 15:31
35	Mapas conceptuales con PowerPoint	Feb 08, 2001 15:28
34	Mapas conceptuales con PowerPoint	Feb 07, 2001 17:55
33	Crear un mapa nuevo	Feb 07, 2001 17:53
32	Guardar los mapas	Feb 07, 2001 17:52

Figura 8.2

| Id de usuario | Información de acceso | | | Mensajes | |
	Primer acceso	Último acceso	Accesos	Leídos	Enviados
mfernandez	Nov 09, 2000 23:52	Abr 01, 2001 22:56	3077	892	12
jjcalderon	Nov 09, 2000 11:45	Abr 01, 2001 21:17	2843	715	44
vhperera	Nov 11, 2000 9:29	Mar 31, 2001 13:30	2281	732	13
apeiro	Nov 11, 2000 18:11	Abr 01, 2001 22:53	2197	728	9
jgomez	Nov 05, 2000 22:29	Abr 01, 2001 19:20	2134	718	16
nvallejo	Nov 11, 2000 9:29	Mar 30, 2001 18:18	2114	771	12
gortiz	Nov 10, 2000 0:29	Mar 31, 2001 21:42	2044	809	15
mjfernandez	Nov 09, 2000 16:54	Mar 31, 2001 20:20	1955	696	11
wfrodriguez	Nov 09, 2000 13:31	Abr 01, 2001 22:03	1928	719	5
amarban	Nov 11, 2000 9:30	Abr 01, 2001 15:43	1916	763	20
eizaguirre	Nov 11, 2000 15:39	Abr 01, 2001 22:48	1875	726	4
amalvarez	Nov 09, 2000 16:23	Mar 30, 2001 12:33	1732	710	25

Figura 8.3

Los esquemas tradicionales de evaluación han venido reconociendo al formador como el único agente legítimo que evalúa, o al menos como el más importante. Internet ofrece la posibilidad de utilizar algunas de sus herramientas para favorecer la participación de los alumnos en el proceso evaluativo y para incrementar el peso de sus contribuciones. Así, podemos distinguir diversas formas de evaluación, dependiendo de quién o quiénes la realicen:

- La **autoevaluación**, o evaluación que el sujeto realiza con respecto a su propio proceso de aprendizaje.

- La **heteroevaluación**, o evaluación que los otros realizan del proceso de aprendizaje de un determinado sujeto. Esta evaluación puede ser realizada a su vez por el que orienta al sujeto en su aprendizaje, por el grupo de alumnos que trabaja con él, o por la clase entera.

El hecho de ampliar los agentes de evaluación más allá del formador e **implicar al alumno en su propia evaluación**, tiene especial importancia en procesos de aprendizaje autodirigido y formación continua, que dependen de la adquisición de destrezas de autocontrol y autoevaluación. Un instrumento que puede fomentar la autorregulación del aprendizaje y la autorrevisión periódica son las pruebas con posibilidad de autocomprobación. Otras estrategias, tales como incluir tareas abiertas de reflexión sobre el propio proceso de aprendizaje (metas alcanzadas, utilidad de los contenidos, aplicabilidad a situaciones reales...) pueden completar esta modalidad autoevaluativa.

8.2. CUANDO EL ALUMNO AUTOEVALÚA SU APRENDIZAJE

Una de las herramientas que más se ha venido utilizando para la evaluación del aprendizaje a través de Internet es el *software* para diseñar pruebas cerradas con posibilidad de autocorrección. Este tipo de autorrevisión aumenta la capacidad de interacción del alumno con el entorno de teleformación, aportando ciertos beneficios educativos:

- La evaluación frecuente y periódica **proporciona un refuerzo** de los conceptos y **aumenta la motivación**.
- Las pruebas de autocomprobación pueden contribuir a **orientar el proceso de aprendizaje** de los alumnos, ayudándoles a comprobar si los aprendizajes que están realizando responden efectivamente a lo que se espera de ellos.

Como instrumento de autoevaluación, no obstante, este tipo de pruebas presenta ciertas limitaciones, entre las que conviene destacar:

- La dificultad de introducir cuestiones de alto nivel en este tipo de pruebas puede generar un **aprendizaje memorístico** y la sensación de que lo único que se requiere es la memorización del material.
- La naturaleza de las respuestas que se ofrecen puede ser **restrictiva**.
- La posibilidad de consultar el material antes de ofrecer las respuestas y la tendencia a introducir cuestiones sencillas para proporcionar un

feedback positivo, pueden fomentar una **falsa sensanción de confianza** entre los alumnos.

En este sentido, desde un modelo de aprendizaje autónomo se pueden aprovechar sus potencialidades de motivación, *feedback* inmediato y auto-control de los contenidos que cada uno va abordando, más que utilizarlas como medidas de control externo del aprendizaje. Por ello, en su diseño resulta interesante incluir pistas que sugieran a los alumnos las respuestas correctas, así como vínculos con los materiales de referencia relacionados con esos contenidos.

En función del tipo de *software* que se utilice para su diseño y del grado de estandarización o adaptatividad de las pruebas, distinguiremos dos tipos fundamentales:

- Ejercicios de autocomprobación no adaptativos.
- Ejercicios de autocomprobación adaptativos.

Ejercicios de autocomprobación no adaptativos

El Java y el JavaScript constituyen tecnologías para aumentar la inter-actividad de la web. Uno de los principales problemas es que están basados en uno de los lenguajes de programación más difíciles (C++). Los formadores que construyen sus propias webs no son, por lo general, expertos en programación ni programadores de Java. Justamente ahí reside la utilidad de programas como el *Hot Potatoes®:* acercan las potencialidades interactivas del Java a los diseñadores no expertos en programación.

HotPotatoes es un *software* gratuito, que permite la realización de distintos tipos de ejercicios de autocomprobación. Creado por el equipo de I+D *Half-Baked Software* del Centro para el Lenguaje de la Universidad de Victoria, permite construir actividades autoverificables usando una combinación de HTML y JavaScript. El resultado puede visualizarse mediante un navegador (Netscape o Explorer, en versión 3 o superior), y distribuirse en una Intranet, un CD-ROM o en Internet. La interface que utiliza, fácil de manejar, permite diseñar los ejercicios sin ningún conocimiento de HTML o JavaScript. Estos ejercicios pueden plantearse en distintos formatos:

- **Ejercicios de opción múltiple** (JBC). Se trata del clásico ítem con diversas opciones de respuesta, entre las que el alumno debe seleccionar una. Cada opción debe acompañarse de explicaciones que, a modo de *feedback*, justifican por qué esa opción es correcta o no (véase figura 8.4).

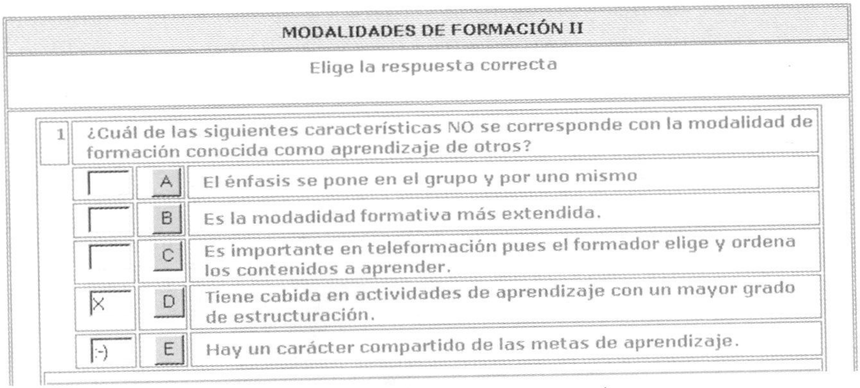

Figura 8.4

- **Ejercicios de respuesta breve** (Jquiz). Consiste en plantear una pregunta que puede contestarse con una o pocas palabras. La construcción de un ejercicio de este tipo plantea el problema de que la res-

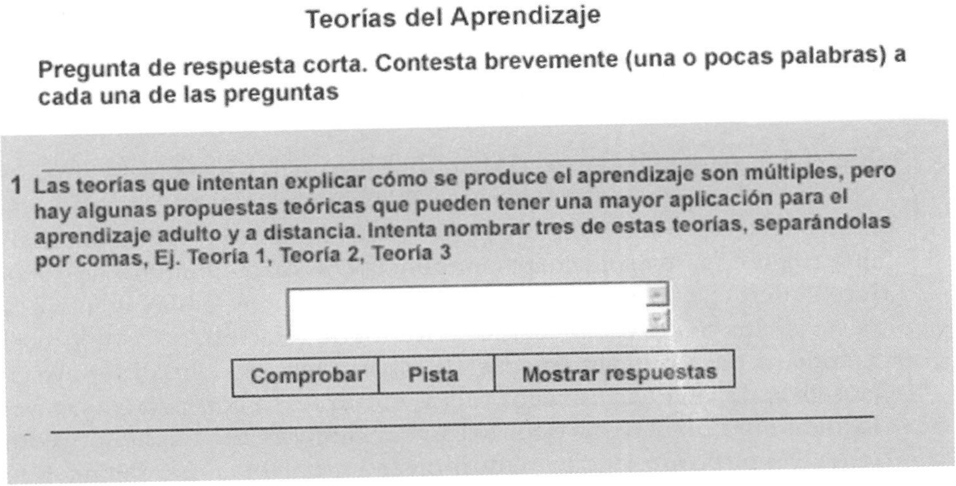

Figura 8.5

puesta que ofrezca el alumno, para que sea correcta, debe ser exactamente igual a la que nosotros introdujimos inicialmente. Ello exige que la pregunta esté planteada con claridad, admita sólo un tipo de respuesta, y ésta se componga de muy pocas palabras. Un tipo de actividad fácilmente aplicable a estos ejercicios es la de escribir el concepto definido en el enunciado.

- **Ejercicios de tipo crucigrama** (JCross). Un crucigrama también puede constituir una actividad en la que se pida, por ejemplo, identificar un concepto a partir de su definición.

Después de completar el rompecabezas, haga clic en el botón de verificar para verificar su respuesta. Si necesita ayuda, haga clic en el botón de ayuda para añadir una letra en la repuesta. Haga clic en un número en la red para obtener ayuda con ese número.

Verificar

Figura 8.6

- **Ejercicios para relacionar** (JMatch). Estos ejercicios son los típicos que presentan dos columnas para relacionar los elementos de una con los de otra. La condición es que cada elemento de la columna izquierda tenga una sola correspondencia con otro elemento de la columna derecha. También es posible incluir gráficos, tablas, etcétera, a partir de los cuales establecer los criterios de relación.
- **Ejercicios para rellenar huecos** (JCloze). Otra modalidad de ejercicios es la de rellenar espacios vacíos en un texto con palabras clave. Evidentemente, el texto debe ser lo suficientemente explícito y contener las pistas necesarias para indicar las palabras que faltan. Ello implica que tales palabras, o los sinónimos que pensemos para ellas,

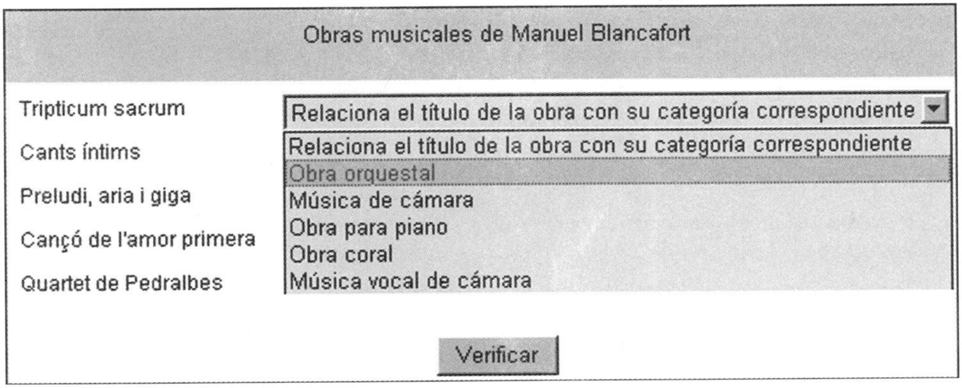

Obras musicales de Manuel Blancafort

Tripticum sacrum	Relaciona el título de la obra con su categoría correspondiente ▼
Cants íntims	Relaciona el título de la obra con su categoría correspondiente
Preludi, aria i giga	Obra orquestal
Cançó de l'amor primera	Música de cámara
Quartet de Pedralbes	Obra para piano
	Obra coral
	Música vocal de cámara

Verificar

Figura 8.7

deben tener cierta relevancia en el conjunto de contenidos al que hagan referencia. Puede ser útil, por ejemplo, para realizar un resumen general de una serie de contenidos.

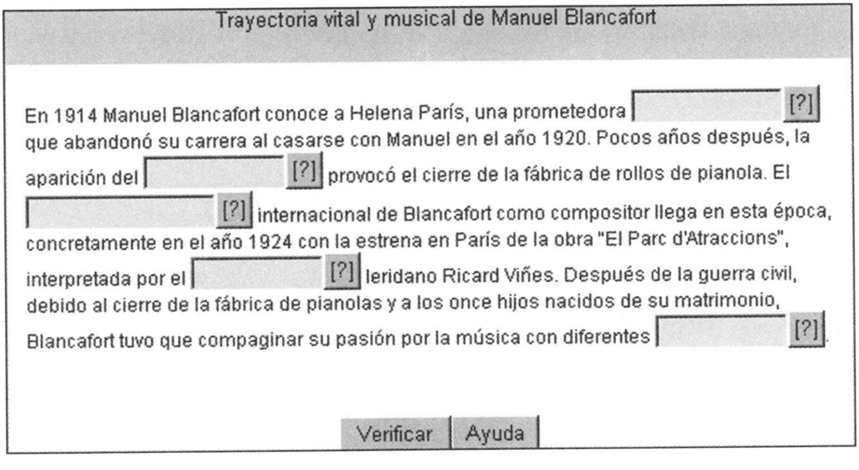

Trayectoria vital y musical de Manuel Blancafort

En 1914 Manuel Blancafort conoce a Helena París, una prometedora [   ] [?] que abandonó su carrera al casarse con Manuel en el año 1920. Pocos años después, la aparición del [   ] [?] provocó el cierre de la fábrica de rollos de pianola. El [   ] [?] internacional de Blancafort como compositor llega en esta época, concretamente en el año 1924 con la estrena en París de la obra "El Parc d'Atraccions", interpretada por el [   ] [?] leridano Ricard Viñes. Después de la guerra civil, debido al cierre de la fábrica de pianolas y a los once hijos nacidos de su matrimonio, Blancafort tuvo que compaginar su pasión por la música con diferentes [   ] [?].

Verificar | Ayuda

Figura 8.8

Ejercicios de autocomprobación adaptativos

Frente a las pruebas de autocomprobación convencionales, en las que todos los alumnos deben responder a los mismos ítems siguiendo una secuencia previamente establecida, las **pruebas adaptativas** traen consigo la idea de unos tests adecuados a la situación particular de cada alumno, adaptando el nivel de dificultad de sus ítems en función de las respuestas que cada uno vaya ofreciendo. La siguiente tabla establece una comparación entre ambos tipos de pruebas:

Prueba de autoevaluación convencional	Prueba de autoevaluación adaptativa
Todos deben responder a los mismos ítems.	Cada uno realiza una prueba adaptada a su situación particular.
Se sigue una secuencia previamente establecida.	El nivel de dificultad de los ítems depende de las respuestas que se van ofreciendo.
El alumno «se adapta» a la prueba.	La prueba «se adapta» al alumno.

Una prueba adaptativa reportará beneficios educativos si cumple las siguientes **condiciones**:

- El alumno realiza una prueba con ítems cuya dificultad se ajusta al nivel de respuesta ofrecido.
- El alumno recibe un informe inmediato con *feedback* sobre su rendimiento.

Producto	Compañía	URL Internet
CASTLE	Leicester University	*le.ac.uk/cc/ltg/castle/*
CyberExam	Virtual Learning Technologies	*ecmtest.com/cyberexam.html*
HotPotatoes	Half-Baked Software	*http://web.uvic.ca/hrd/halfbaked*
Internet Test System	Knowlton & Associates	*studio-ide.com/*
MicroTest Pro	Chariot Software Group	*chariot.com/sindex.html*
NetTest	Utah State University	*ntserver.cs.usu.edu/netest*
QuestionMark	AssessNet	*assessnet.com/*
QuizMaker	University of Hawaii	*motted.hawaii.edu*
QuizPlease	MoneyTree Software	*quizplease.com*
RAGS	Clark Atlanta University	*stargate.jpl.nasa.gov:1084/RAGS/*
Tutorial Gateway	Carleton University	*civeng.carleton.ca/~nholtz/tut/doc.html*
WWWAssign	North Park University	*northpark.edu/~martin/WWWAssign/*
Web@ssessor	ComputerPREP, Inc	*webassessor.com*
WebTester	Weber State University	*webtesterdev.weber.edu*

- El alumno vuelve a realizar, en su caso, un prueba de dificultad similar pero con ítems diferentes.
- El tutor puede controlar el tipo de pruebas realizadas por el alumno y los resultados obtenidos.

De esta forma, el **proceso general** de autoevaluación en una prueba adaptativa vendría representado tal como aparece en la Figura 8.9:

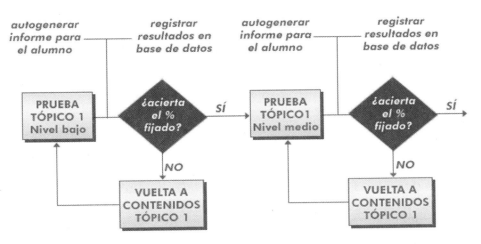

Figura 8.9

A continuación ofrecemos una relación de programas para el desarrollo de evaluaciones en Internet (Zhang et al., 2001).

8.3. UNA ALTERNATIVA AL EXAMEN: LA CARPETA DEL ALUMNO

La evaluación en teleformación puede aprovechar los beneficios derivados de **compartir los trabajos y las tareas realizadas** por cada uno de los alumnos. Mecanismos de almacenamiento como la **carpeta del alumno** pueden contribuir a facilitar este proceso de revisión entre iguales. Operativizar este tipo de evaluación no es una tarea sencilla, y suele requerir criterios claros con respecto a quiénes participarán en la evaluación (inter o intragrupos, por ejemplo), y qué evaluarán (las tareas de composición y aplicación, por ejemplo).

No tiene por qué entenderse como un proceso de evaluación formal: puede tener más sentido si se establece en términos de intercambios informales de opiniones, derivadas de la revisión de una serie de tareas accesibles en la carpeta de alumno y canalizadas a través de alguna herramienta de comunicación (lista de discusión, por ejemplo). El término «carpeta del alumno» designa a algún tipo de mecanismo que permite ir almacenando y clasificando el trabajo realizado por un alumno a lo largo del curso, con objeto de proporcionar una visión de conjunto de su rendimiento y su progreso. Aunque aplicada en la formación presencial mediante instrumentos tradicionales (carpetas propiamente dichas), en teleformación la carpeta del alumno maximiza su utilidad gracias a las posibilidades de almacenamiento, accesibilidad, hipervinculación y multimedia que ofrecen soportes basados en la web, de CD-ROM, etcétera.

La carpeta del alumno se entiende en teleformación como **espacio para la evaluación continua**, mediante el cual el formador-tutor puede hacer una valoración más ajustada del trabajo y del progreso globales del alumno durante el curso de formación. Igualmente, determinados componentes de esa carpeta pueden quedar accesibles para que sean revisados por otros compañeros.

Morgan y O'Reilly (1999) revisan los diferentes componentes que puede incluir la carpeta del estudiantes con el propósito de evaluación. Serían los siguientes:

- Pensamiento crítico y juicios. Este tipo de ejercicios ha sido muy utilizado en educación a distancia. Se trata de actividades escritas, del tipo ensayos (centradas en el desarrollo de argumentos apoyados por evidencias), informes (que requieren toma de datos y representación y análisis) o diarios (para promover la reflexión personal de los alumnos.

- Resolución de problemas y desarrollo de planes. Ya hemos descrito esta metodología, pero ahora se trata de evaluarla y para ello hay que evaluar los trabajos individuales o grupales realizados por los estudiantes. Se incluyen también las comunicaciones realizadas en los foros de los grupos.

- **Tareas** realizadas por el alumno de forma **individual**.

- **Tareas** realizadas por el alumno con su **grupo** de trabajo.

- Resultados obtenidos en los **exámenes cortos** (respuestas, puntuación, evolución...).

- **Participación** en la lista de distribución.
- **Materiales elaborados** por el alumno: textos, imágenes...
- **Direcciones de interés** encontradas por el alumno.
- **Seguimiento** realizado por el formador durante el curso.

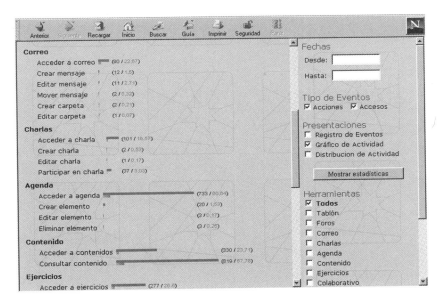

Figura 8.10

9

Una propuesta de formación de teleformadores

C. Marcelo

Como hemos planteado en las páginas anteriores, la teleformación está avanzando de manera que actualmente se nos presenta como uno de los desafíos más interesantes para aquellas personas que desde hace tiempo hemos estado preocupadas por la formación. Desde el curso 1999-2000 venimos desarrollando en el Departamento de Didáctica y Organización Escolar de la Universidad de Sevilla, un programa de formación titulado: Teleformación: nuevas tecnologías para el aprendizaje a través de Internet. Dicho programa pretende ofrecer una adecuada formación pedagógica y técnica a profesionales de la formación que se acercan a la formación a través de Internet. Dicho programa se ofrece como título propio de la Universidad de Sevilla y se desarrolla en la plataforma WebCT. Para obtener más información sobre el programa puede visitarse la dirección: *http://prometeo.us.es/teleformacion/cursos/marcocursos.htm.*

La pantalla inicial del curso es la que aparece en la Figura 9.1. En ella, los alumnos disponen de los componentes que a continuación vamos a ir describiendo.

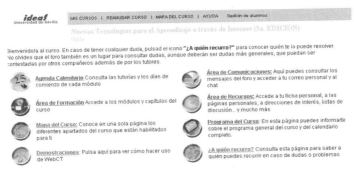

Figura 9.1

CALENDARIO

Los alumnos, al acceder al curso, se encuentran con un calendario que les informa de las novedades del curso, la incorporación de nuevos temas, las citas para la realización de chats o la información sobre fechas de entrega de actividades. Representa una herramienta imprescindible de comunicación y organización para los alumnos.

Noviembre 2000

[Mes anterior]   Noviembre ▼ 2000 ▼   Ir   [Mes siguiente]

Inicio   Recopilar

Do	Lu	Ma	Mi	Ju	Vi	Sa
			1	2	3	4
5	6	7	8	9	10	11 - Comienzo oficial del curso más...
12	13	14	15 - Chat	16	17	18 - Realización de la evaluación final del Tema 1
19	20 - Realización de la evaluación inicial del Tema 2	21	22 - 19:00: Tutoría por chat a las 19'00	23	24	25

Figura 9.2

ÁREA DE COMUNICACIONES

Al acceder al Área de Comunicaciones, los alumnos tienen a su disposición tres herramientas de comunicación: correo, foros y chat. Los alumnos conocen si disponen de un mensaje nuevo porque el color del icono cambia, como se puede observar en la Figura 9.3.

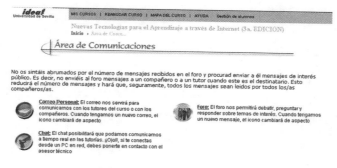

Figura 9.3

El correo electrónico es una herramienta asincrónica imprescindible en teleformación. WebCT permite que los alumnos dispongan de un correo electrónico interno al curso, independiente de su correo personal. Este correo cumple con las condiciones usuales de cualquier programa de correo electrónico. Por otra parte, la herramienta de foro es similar al correo pero permitiendo crear foros generales, por temas o por trabajos de grupos.

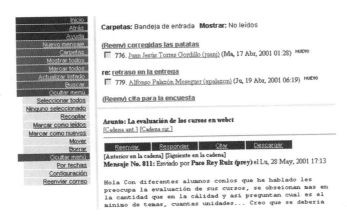

Figura 9.4

ÁREA DE FORMACIÓN

Al acceder al área de formación, los alumnos van encontrando los diferentes temas de que consta el programa. Hay que decir que los alumnos no

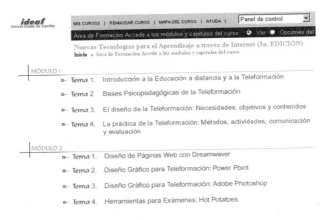

Figura 9.5

pueden avanzar en el programa hasta que no hayan superado la evaluación correspondiente al tema anterior. Por ello, lo que aparece en la imagen es una parte de la totalidad del programa que se va abriendo conforme el alumno va avanzando en el curso.

UN TEMA

¿Cuáles son los recursos con los que cuentan los alumnos en cada uno de los temas? La Figura 9.6 muestra un ejemplo de los elementos de que consta lo que denominamos un tema. Son:

- PRETEST: los alumnos realizan una prueba de evaluación para verificar los conocimientos de que disponen respecto del tema en cuestión.
- OBJETIVOS Y ORIENTACIONES: en esta página se sitúa a los alumnos en relación con los contenidos a aprender, así como las recomendaciones para el adecuado seguimiento del tema.

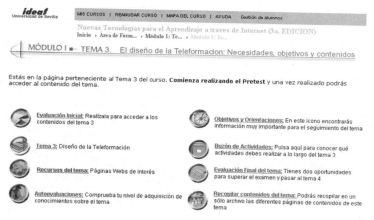

Figura 9.6

- ACCESO A CONTENIDOS: al pulsar este botón los alumnos acceden al espacio de contenidos en el que encuentran los conocimientos que deben adquirir. Debe reseñarse que estos contenidos están organizados utilizando hipertexto y mapas conceptuales que son accesibles por los alumnos en cualquier momento del curso.
- ÁREA DE RECURSOS: en este espacio, los alumnos encuentran recursos necesarios para realizar prácticas del tema o bien para ampliar infor-

maciones. Suelen ser artículos, direcciones de Internet de ampliación de información...

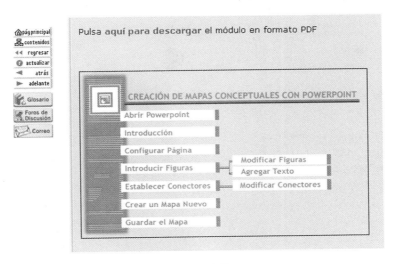

Figura 9.7

- BUZÓN DE ACTIVIDADES: este espacio incluye las actividades que los alumnos deben realizar para superar el tema en cuestión. Las actividades pueden ser individuales o grupales, y los alumnos las depositan en el buzón para que el tutor pueda evaluarlas.
- AUTOEVALUACIONES: en esta página, los alumnos realizan pequeños tests, que pueden ser de respuesta abierta o cerrada para ayudarles a saber si han aprendido los contenidos.
- EVALUACIÓN FINAL: el alumno debe responder a una prueba de respuesta múltiple, incluyendo un número variable de items que ayudan a verificar su aprendizaje. Los resultados de estas pruebas se complementan con las actividades realizadas por los alumnos. La superación de estas evaluaciones resulta una condición imprescindible para acceder a los siguientes temas.

ÁREA DE RECURSOS

Para el desarrollo completo del curso, los alumnos cuentan, además, con una amplia variedad de recursos que son los que a continuación se muestran.

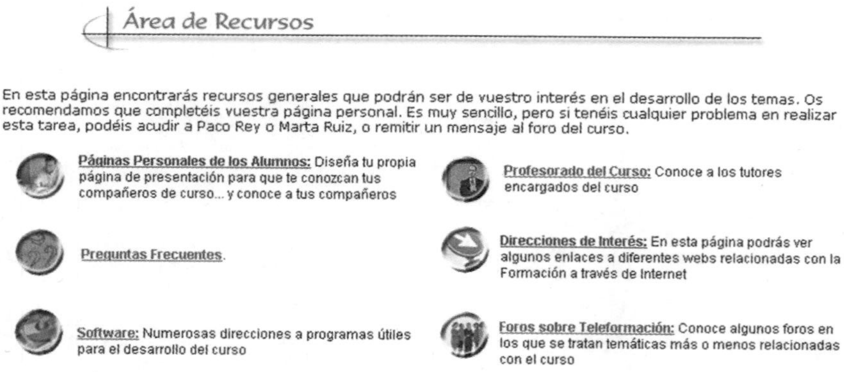

Área de Recursos

En esta página encontrarás recursos generales que podrán ser de vuestro interés en el desarrollo de los temas. Os recomendamos que completéis vuestra página personal. Es muy sencillo, pero si tenéis cualquier problema en realizar esta tarea, podéis acudir a Paco Rey o Marta Ruiz, o remitir un mensaje al foro del curso.

 Páginas Personales de los Alumnos: Diseña tu propia página de presentación para que te conozcan tus compañeros de curso... y conoce a tus compañeros

 Profesorado del Curso: Conoce a los tutores encargados del curso

 Preguntas Frecuentes.

 Direcciones de Interés: En esta página podrás ver algunos enlaces a diferentes webs relacionadas con la Formación a través de Internet

 Software: Numerosas direcciones a programas útiles para el desarrollo del curso

 Foros sobre Teleformación: Conoce algunos foros en los que se tratan temáticas más o menos relacionadas con el curso

Figura 9.8

10
Indicadores y criterios de calidad en el diseño de la teleformación[7]

A. Palazón

Creemos que éste no es el espacio para hablar de la importancia de Internet y, en concreto, de la Web como medio de comunicación en la sociedad actual. Pero sí destacar que, aunque las referencias son parecidas a otros medios, es un medio distinto que está cambiando algunas referencias en el campo de la información y la comunicación.

Comunicar usando la Web es el principal objetivo de este capítulo (una pequeña contradicción porque al final el texto estará impreso en un papel y quizá algún día se dejen de escribir libros, pero ese es otro tema). La Web es un lugar interactivo en el que se tiene acceso a toda un serie de contenidos y una herramienta de trabajo clave para nuestro futuro.

Trabajar, estudiar y diseñar desde un principio la complejidad de esa interacción hará posible clarificar toda una serie de criterios que conviertan la navegación por la Web en una cosa clara, sencilla y fácil. Por lo tanto, lo que pretendemos es plantear una reflexión sobre la especificidad del diseño gráfico de la Web, así como una reflexión y análisis de la navegación por los sitios web que lleven a crear y diseñar páginas sencillas y que los contenidos estén realmente adaptados a esta nueva forma de comunicar.

10.1. USABILIDAD Y LA WEB

La normativa ISO 9241 en su documento n.º 11 define usabilidad así: «La usabilidad es el alcance al que puede llegar un producto al ser utiliza-

---

7. Quisiera destacar la importancia del trabajo del Jacob Nielsen en la estructuración, concepción e ideas de este texto. *(N. de A.)*

do por unos usuarios específicos para conseguir ciertas metas con eficiencia, efectividad y satisfacción en un contexto de uso concreto».

El diseño de la usabilidad, por lo tanto, debe estar compuesto por el seguimiento de unos principios y por su contexto de actuación. La idea es que el nivel de aceptación de un producto no depende sólo de las características de la apariencia de la interfaz, sino de la capacidad para integrarse en el contexto del propio usuario.

De ahí que la aplicación sistemática y continuada de métodos de técnicas de usabilidad conducirá ineludiblemente a la mejora de un sitio web, tanto desde el punto de vista del diseño inicial como en los sucesivos replanteamientos en el diseño del sitio.

Se deben mantener toda una serie de reglas, directrices y métodos que corrijan los errores muy comunes que nos encontramos en el diseño de una web y que podemos determinar en cuatro ideas:

- Modelo del proyecto. La Web debe entenderse como una nueva forma de trabajo y no como un escaparate en el cual colocamos una información al estilo de un simple folleto.
- Gestión del proyecto. Esto lleva a pensar que esta forma de trabajo se tiene que plantear de forma distinta a un modelo tradicional de trabajo. La cultura web que debe imperar es hacer que se cree una web en la que el usuario sea el que marque la gestión del sitio.
- Arquitectura de la información. Los contenidos y toda la estructuración del sitio deben estar definidos en función de los objetivos de los usuarios. Debemos tener una organización de la información que utilice un sistema de navegación y búsqueda claro y usable. Así como una política de actualización, mantenimiento y crecimiento del sistema que permita tener una información lo suficientemente importante para los objetivos de dichos usuarios.
- Diseño de las páginas. La página web debe atender, en cuanto a su diseño, a las circunstancias reales de lo que el usuario necesita, aunque las páginas puedan ser menos atractivas. La dificultad de entender o comprender los diferentes elementos que constituyen las páginas posibilitará que el usuario acceda más o menos rápidamente a la información; es necesario diseñar páginas que satisfagan las demandas de los usuarios.

Lo importante, en resumen, es destacar que la Web debe ser tratada como un medio nuevo y que requiere unos planteamientos distintos.

10.2. LA PÁGINA WEB

Y en la reflexión y análisis de la Web en cuanto a su diseño partimos del diseño de página como parte más visible del diseño web. Y en nuestra experiencia como usuarios nos damos cuenta de lo importante que es encontrarnos con páginas estructuradas con un esquema de navegación que nos permita, de forma clara, encontrar lo que estamos buscando. Cada vez es más importante que los usuarios puedan aproximarse a unas páginas estructuradas en función de las necesidades del usuario, y con un esquema de navegación que le permita encontrar de forma intuitiva lo que está buscando.

Vamos a ver algunas ideas de cómo estructurar el espacio de la pantalla, el tiempo de respuesta que debería tener la página, los criterios que deberíamos seguir para tratar los enlaces y la posibilidad de ofrecer la impresión de los contenidos ofrecidos en la página a los usuarios.

Espacio de la pantalla

Una de las primeras ideas que deben presidir la creación de una página es la de que el contenido despierte la atención del usuario. Parece obvio, pero nos encontramos con páginas en las que el espacio útil de la información está ocupado para otros menesteres. Por eso, es importante que se tenga claro cómo va a ser la estructuración de la información en la pantalla, líneas, espacios en blanco, agrupaciones, tablas, composición, botones de navegación.

Disponemos de un espacio con unas posibilidades que debemos aprovechar al máximo, teniendo en cuenta que es inevitable perder cierta parte de ese espacio debido al propio diseño del navegador y las características de la propia interface del sistema operativo.

Ya veremos que el contenido es lo primero en cuanto a lo que debe primar en el diseño de la información. Por lo tanto, el espacio utilizable de pantalla debe ser ocupado en un porcentaje alto. Es preferible, como norma, que los contenidos lleguen a ocupar hasta un 80% dejando el restante 20% para las opciones de navegación y diseño.

Podríamos establecer un principio general en el diseño de interfaces eliminando todos los elementos de diseño uno a uno. Si el diseño funciona y no altera los contenidos podríamos prescindir de él. La sencillez, como iremos viendo, es el criterio que debe preponderar en el diseño de páginas web.

Tiempo de respuesta

Las páginas web deben ser diseñadas pensando en la rapidez. Sabemos, en nuestra experiencia de usuario, que la rapidez de respuesta en la Web no depende directamente del diseño de una página. Pero también sabemos que muchas de las páginas que descargamos no están diseñadas para que contribuyan a mejorar el tiempo de respuesta. Por lo tanto podemos observar que el diseño puede contribuir a que ese tiempo de respuesta sea lo más breve posible.

Todo lo que se pueda hacer para estabilizar y reducir los tiempos de respuesta redundará en la mejora de usabilidad del sitio web. El tiempo razonable de respuesta de descarga de una página debe girar alrededor de los diez segundos, ya que es un tiempo límite para mantener centrada la atención del usuario. Tiempos mayores hacen que el usuario se ocupe en otras tareas esperando que el ordenador termine. La velocidad debe ser el criterio principal para el diseño de las páginas.

Por ejemplo, podemos ayudar al usuario a predecir el tiempo de respuesta de páginas extensas o de archivos multimedia, indicando el tamaño de la descarga. Como norma, habría que indicar el tamaño del archivo y cuya descarga se prevea que puede durar más de diez segundos tomando como referencia el ancho de banda medio de los usuarios.

Según el estudio de la empresa Proven Edge Inc. se debe mantener el tamaño de las páginas por debajo de 34Kb. En el análisis de la web de la empresa, las páginas que tenían un tamaño de 32 o 33 K tenían un porcentaje de abandonos del 7 al 10% (proporción de usuarios que no esperan que la carga se complete). Y las páginas que tenían 40 K sufrían un abandono del 25% al 30%. No sabiendo si este porcentaje se debía al tamaño de la página o a la diferencia de información de las distintas páginas, se redujeron los gráficos de las páginas manteniendo la misma información. Tras el cambio, las páginas que solían tener un porcentaje de abandono del 25 al 30% se equipararon a las del 7 al 10%. La lectura subió cuando fueron puestas en línea con el máximo recomendado (Nielsen, 2000: 48).

El dato importante relacionado con el tiempo de descarga, es que los usuarios vayan viendo información útil conforme va llegando esa información a la vez que le permita interactuar sobre ella. Nielsen plantea algunas ideas para que la descarga inicial sea rápida:

- La parte superior de la página debe tener sentido, aunque no se hayan descargado imágenes (es decir, más texto y menos imágenes).
- Utilizar los atributos ALT en las imágenes para que los usuarios sepan lo que va a ocurrir (véase el apartado sobre los atributos ALT).
- El navegador debe dibujar rápidamente la parte superior. Sin embargo, sólo lo puede hacer si el navegador tiene la información necesaria. Se deben incluir los atributos WIDTH y HEIGHT en todas las imágenes y columnas.
- Las tablas complejas suelen tardar más en aparecer. Se debe reducir su complejidad y dividir su información. En concreto, la tabla de la parte superior debe aparecer de una manera rápida y sencilla.

Enlaces

Cuando hablamos de hipertexto irremediablemente tenemos que hablar de enlaces o vínculos: conectan ideas, páginas y sitios web. Es la parte más importante de la fragmentación de hipertexto. Podemos definir dos tipos de vínculos o enlaces:

- Vínculos de navegación. Estructuran el espacio de información de un sitio web y permiten que los usuarios se muevan por las diferentes partes de ese espacio. Un ejemplo son las indicaciones a la página de inicio o los vínculos con las otras páginas del web tanto del mismo nivel como de otras páginas subordinadas.
- Vínculos de contenido de la página. Estos vínculos los vemos en palabras subrayadas dentro de un contenido concreto. Suelen hacer referencia a otros contenidos de la misma web o información relacionada en la Web.

Podríamos decir que los enlaces tienen una función parecida a las llamadas de atención en los textos escritos: es una referencia en la que el lector o usuario puede centrar la vista mientras tiene una visión general del texto. Por lo tanto, si ese vínculo tiene muchas palabras no concentrará el significado con lo que está enlazando y tampoco el usuario tendrá la oportunidad de asimilar el significado de lo que busca.

Una regla importante en la Web, con respecto al uso del vínculo, es la de evitar el uso del «pulse aquí». La información en la Web es hipertextual y deberíamos aprovechar esa posibilidad para que todo lo que se muestre transmita información y «pulse» y «aquí» ofrecen poca información.

Un ejemplo claro sería el siguiente:

En lugar de decir:
Para ampliar información sobre los conceptos de educación y tecnología, haga clic aquí.

Sería mejor plantear.
Podemos encontrar más información sobre los conceptos educación y tecnología.

Y si estos textos subrayados, que indican que podemos enlazar con otros contenidos, proporcionaran una información añadida que dieran una visión preliminar al usuario de dónde puede llevarle el vínculo, tendríamos aún más datos para facilitar al usuario la navegación por los contenidos de la web. Esta información añadida al enlace es lo que se denomina **título del vínculo** y no es muy complicada de codificar

<a href=«*http://www.edutecno.com*» TITLE=«Página web sobre Nuevas Tecnologías en la Educación»> educación y tecnología</a>

Si en el ejemplo anterior de educación y tecnología, al colocar el cursor sobre el vínculo aparece, por ejemplo, la información «Página web sobre Nuevas Tecnologías en la Educación» obtenemos esa información añadida sobre la página o lugar de destino.

Una idea última sobre los vínculos es comentar su color y el subrayado. Debe prevalecer siempre la idea de usabilidad. Hasta ahora la mayoría de los sitios web emplean el azul y el subrayado para mostrar los enlaces y si han sido visitados el azul se torna morado o rojo. Esta codificación ha mantenido y mantiene el sentido de la estructura, ubicación y navegación de un usuario. Si alteramos esta concepción se debe dejar claro el criterio seguido para la navegación por la web porque, de lo contrario, se debilitaría la estructuración del sitio. Se correría el riesgo de que el usuario volviera más de una vez a una parte visitada o, por el contrario, haber tenido la idea de haberlo explorado todo cuando en realidad no lo ha hecho.

Impresión de la página

A pesar de la cantidad de información que podemos leer en las pantallas de ordenador procedentes de la Web, muchos usuarios imprimen mucha de esa información. En principio, la Web tendría que haber acabado con la necesidad de tener la información impresa en papel para leer, pero la realidad es que por diferentes motivos (lectura más fácil que en el monitor, tener la información a mano, imposibilidad de volver a conectar...) se prefiere tener la información en soporte papel.

Por lo tanto, el diseño de una página no debe permanecer al margen de estas necesidades de los usuarios y debe implicarse en proporcionar versiones para la impresión de sus documentos. En la actualidad, los navegadores tienen opciones muy definidas para la impresión de las páginas, pero aún así no deja de ser un proceso engorroso pasar a papel la información de una página web (tamaño de letra, colores, columnas, grafismo, imágenes...). Por eso, es recomendable generar, a la hora del diseño de una web, dos versiones de los documentos de información. Una, la versión fragmentada hipertextual orientada a la pantalla, y otra versión, un diseño lineal optimizado para la impresión.

10.3. EL SITIO WEB

No debemos perder de vista que la Web, aunque ha alcanzado un alto nivel de complejidad, fue diseñada como un entorno de trabajo para el intercambio de información y documentos. Pero desde su creación, su usabilidad no ha evolucionado de forma clara. Como hemos visto y seguiremos repitiendo, el diseño de un sitio web debe orientarse hacia la sencillez; la arquitectura de información y las herramientas de navegación deben en todo momento ayudar a encontrar la información buscada. A simple vista hacerse una idea de un sitio web no es una tarea complicada, pero llegar a una información concreta no es una labor fácil.

Esa concepción de un sitio web nunca viene explicitada en la pantalla. Tendremos un mapa del sitio pero el sentido de cómo está desarrollado desde el punto de vista de la usabilidad es uno de los retos en el diseño de un sitio y más importante que el diseño de una página web.

La página de inicio

En el diseño del sitio, y partiendo de cierta lógica, tenemos que comenzar por la página de inicio del sitio web. No es una página más, sino que podríamos decir que es la más emblemática y representativa de todo el sitio. Obviamente no es una página radicalmente distinta al resto de las páginas, deben compartir el mismo estilo y unidad, pero debe haber diferencias. Un ejemplo claro: la página de inicio no contiene un «enlace a la página de inicio» o, normalmente, el logotipo o lo que constituyamos como parte más identificativa del sitio, que suele tener un tamaño mayor en la página de inicio.

Lo que debe quedar claro en una página de inicio, cuando un usuario accede a una web por primera vez, es la estructura del sitio y sus contenidos: qué ofrece, qué puedo obtener, dónde estoy. El diseño de este comienzo debe ser una declaración de principios de lo que es y qué propone el sitio web.

Esta entrada plantea cuál será el esquema de navegación y un tema clave, cómo está estructurada toda la arquitectura de la información del sitio: niveles y organización de la información, los contenidos que incluye y su búsqueda (el inicio debe contener esta opción para los usuarios que quieran ir directamente a un contenido concreto).

Si la página de inicio debe hacer hincapié en esa visión general de la web, las páginas interiores deben centrarse en los contenidos específicos concretos del sitio. Una idea a tener en cuenta en el diseño de estas páginas interiores es destacar esos contenidos; no hace falta llegar desde la página de inicio, sino que un usuario que entre en la web puede que acceda al punto exacto desde cualquier otra página y que sea de su interés. Es lo que se denomina **vinculación profunda.** Lo importante es que desde ese punto concreto exista un vínculo explícito llamado «inicio».

Navegación

Cuando navegamos por documentos web se emplean unos mecanismos similares a los que se pueden emplear en un entorno real. Pero debido la cultura impresa, la estructuración de la información debe concebirse de distinta forma, ya que lo contrario puede llevar a la desorientación.

La navegación por un documento web se puede definir como el proceso de interacción por el cual, a través de la pantalla, se muestran distintos espacios de información. La navegación en sí misma no es una tarea, es el medio para realizar un proceso en el que se requieren una gran cantidad de referencias para que un usuario pueda acceder a los contenidos que busca.

La interacción básica consiste en que el usuario actúe sobre los enlaces de hipertexto para moverse por un ciberespacio repleto de millones de páginas de información. Este espacio debe ofrecer el suficiente soporte de navegación para que el usuario pueda orientarse y no se pierda.

Por lo tanto, las interfaces de navegación deben ofrecer fundamentalmente tres referencias:

- Dónde me encuentro.
- Dónde he estado.
- Dónde puedo ir.

Dónde me encuentro. Quizá sea la referencia más importante de la navegación. Es el punto de partida para entender la estructura de un sitio. Si un usuario no tiene este dato, tendrá dificultad para interpretar el vínculo de dónde viene y a dónde puede ir. Esta ubicación debe quedar clara en su relación con la Web y en su relación con la estructura propia del sitio. A un sitio web llegamos desde la estructura de navegación del ciberespacio, pero debemos dejar claro, a su vez, las referencias de navegación del área donde se encuentra la página.

Dónde he estado. En los navegadores actuales tenemos muchas referencias sobre «lo que hemos navegado». El historial incluye las páginas recientes visitadas, los vínculos de hipertexto aparecen con un color diferente si hemos visitado esas páginas y también tenemos el botón atrás para volver a la página anterior. Por lo tanto, homogeneizar todas estas referencias ayudará al usuario a aprender la estructura del sitio y a no desorientarse en la búsqueda de información.

Dónde puedo ir. Significaría la propia estructura de navegación de la web y es imprescindible mantener una buena estructura que ayude al usuario a navegar. Sobre todo, las referencias de orientación y las numerosas opciones que puedan remarcar la estructura del sitio.

Estructura del sitio

Nos hemos estado refiriendo a estructura de navegación pero, independientemente de la navegación, debe existir una estructura subyacente que defina el espacio de la información del sitio. Si esta estructura no funciona, el diseño que podamos hacer tampoco lo podrá arreglar.

Para este diseño de la estructura del sitio debemos mantener dos reglas claras: tener una estructura y hacer que ésta refleje el punto de vista del usuario.

Tener una estructura. Puede parecer evidente, pero muchos sitios están desarrollados con una estructura caótica y sin ninguna planificación. El acceso a la información puede llegar a ser una pérdida de tiempo con unas estructuras equívocas, directorios sin una relación sistemática, criterios arbitrarios de navegación, etcétera.

Que la estructura refleje el punto de vista del usuario. Es, quizá, uno de los graves problemas que nos encontramos en los sitios web. En una primera aproximación al diseño de una estructura de un sitio nos acercamos pensando que los contenidos y la información que podemos reflejar está claramente desarrollada en la estructura. Sin embargo, lo que hemos estructurado es «nuestro» punto de vista y no pensamos que un usuario no tiene tantos datos como nosotros o que, en última instancia, algunos datos que podemos ofrecerle no le interesan. Por ejemplo, muchas empresas reflejan en su web toda la estructura organizativa de su funcionamiento, cuando realmente a la mayoría de los usuarios sólo le interesa lo que pueda ofrecer en cuanto a información y servicios. También suelen ocurrir estas circunstancias cuando una estructura de un periódico se traslada a su versión digital. Lo que debemos tener claro es que una estructura de información centrada en el usuario *tiene nueve veces más usabilidad que la arquitectura de la información orientada internamente. La diferencia exacta entre las dos soluciones varía dependiendo del proyecto, pero la diferencia es grande* (Nielsen, 2000: 202).

Hablamos, por lo tanto, de que el usuario controle su navegación. En el diseño tradicional de interfaces de usuario, la navegación del usuario se controlaba por parte del diseñador. En la Web los usuarios pueden ir a lugares que nunca fueron concebidos por el diseñador, llegando incluso a que el usuario controle su propio menú de favoritos y cree una interfaz personalizada de una web.

La posible visión del usuario debe estar recogida por el diseñador constantemente, planteando una libertad de movimiento y una navegación flexible para que el usuario tenga todas las opciones y formas posibles para moverse por un sitio.

Claramente, prever toda una navegación por la Web no tendría sentido, porque podríamos decir que es un género en el que cada uno tiene e interpreta sus reglas. Los usuarios se mueven constantemente de un lugar a otro y los límites que nos encontramos entre los distintos diseños son muy fluidos. El diseño debe contemplarse sobre la base de las convenciones de la Web teniendo en cuenta la experiencia acumulada en el conocimiento de otros sitios, sin la necesidad de que el usuario tenga que leer un manual de instrucciones.

Diseño para intranets

Se debe partir de la idea de que la concepción del diseño de una intranet es prácticamente la misma que la concepción del diseño de un sitio web normal de Internet. Pero aunque las características son iguales, se debe tratar de forma distinta, son dos espacios de información en los que los objetivos son distintos.

La diferencia más obvia es el tipo de usuarios que entran en una intranet y en la Web. Los usuarios que utilizan una intranet son usuarios internos que necesitan información para el desempeño de una labor concreta (alumnos de un curso on-line, actividad laboral, formación interna de una empresa). Una intranet tiene muchas más páginas de información que un sitio web normal, a la vez que suele ser gestionada en múltiples subsitios dependiendo de los departamentos de una empresa. Una web externa normalmente presenta una imagen ante los usuarios y se conforma como un sitio único.

Esa concepción de uso de la intranet para unos usuarios internos posibilita que el entorno sea mucho más unificado, de forma que es posible hacer estándares de plataformas y utilizar una versión determinada de un solo navegador para todos los usuarios, lo que va a permitir unificar el diseño de las intranets ya que todos los usuarios tendrán instalados los mismos tipos de fuentes y una misma configuración de pantalla.

Otra característica de las intranets es que pueden utilizar toda una serie de terminología especializada y acrónimos que no tendrían sentido en la Web. Porque uno de los objetivos de una intranet es que ese enfoque interno permita un mayor entendimiento entre todos sus usuarios.

La intranet debe ser vista como la infraestructura de información de los usuarios (empleados, alumnos...). Puede soportar muchas funciones prácticas y puede ser la forma en que los usuarios se comuniquen con gente de otros grupos y obtengan información necesaria. La intranet puede ser esa herramienta de comunicación si está diseñada con el ánimo de facilitar a las personas que localicen la información cuando lo necesiten.

10.4. LOS CONTENIDOS WEB

Hasta ahora hemos estado desarrollando ideas sobre estructuras, navegación, la primera página... pero lo verdaderamente importante de un sitio web es el contenido. Especialmente cuando tratamos de teleformación. Todo lo demás es accesorio, el diseño que se puede hacer existe en función, en primer lugar, del contenido. Cuando un usuario llega a una página web, lo que primero mira es el contenido que le ofrece. Se buscan palabras e indicaciones para saber de qué trata la página. Por lo tanto, podemos decir que en el diseño de un sitio web el contenido es lo primero.

Escrito para la web

Volvemos a señalar la idea de que la experiencia del usuario es la que debe marcar el criterio de trabajo en el diseño de sitios web. De esta forma, los contenidos deben ser presentados de tal manera que atraigan a los lectores. Los usuarios quieren ir al grano de la información sin rodeos.

Podríamos señalar tres planteamientos clave para la escritura en la Web:

- Ser breve.
- Escribir para encontrar las cosas.
- Utilizar hipertexto para dividir la información extensa.

Textos claros y breves

En las pantallas de ordenador se lee un 25% más lento que en papel; a esto se debe añadir, por diversos factores, que los usuarios no se sienten a gusto cuando leen un texto *on-line*. Como resultado, a la gente no le gusta leer en pantalla.

Por eso, es importante empezar cada página por la conclusión presentando el material significante al principio. A menudo, los usuarios que hojean textos sólo leen la primera frase de cada párrafo. Esto indica que las frases temáticas son importantes, como es la regla de una idea por párrafo. Además, se deben utilizar estructuras de frases sencillas.

Un apunte a tener en cuenta: aunque el texto debe ser breve, no tiene por qué estar exento de personalidad.

Facultad de hojear

La molestia de la lectura de un texto en pantalla hace que, cuando esa lectura se realiza *on-line*, fomente una cierta impaciencia que lleve a los usuarios a no leer por entero los textos. Esto contribuye a que los usuarios hojeen el texto seleccionando las palabras, las frases y los párrafos de interés.

En un estudio realizado por Jakob Nielsen y John Morkes (Nielsen, 2000: 106), encontraron que el 79% de los usuarios siempre hojeaban las páginas nuevas con que se encontraban; sólo unos pocos leían el texto palabra por palabra. ¿Por qué se hojea en lugar de leer?

- Leer en pantalla es cansado para la vista y cerca del 25% más lento. La Web es un medio que el usuario maneja, donde se mueve y hacen «clic» en las cosas.
- La gente quiere sentirse activa cuando está navegando.
- Cada página atrae la atención frente a millones de otras. Si no encuentro lo que busco en esta tengo que ir a otra.
- La llamada vida moderna es agitada y la gente no tiene tiempo de buscar información.

Hojear en vez de leer es una realidad en la Web; por lo tanto, se debe escribir para facilitar el hojeado:

- Estructurando los textos con dos (o incluso tres) niveles de titular (un encabezado de página general más subencabezados donde proceda).
- Utilizando encabezados significativos en vez de «atractivos». Su lectura debe indicar al usuario la página o sección en la que se encuentra.
- Empleando listas con viñetas y elementos de diseño similares para marcar los bloques de texto.
- Aplicando el resaltado y énfasis de palabras clave para que retengan la atención del usuario.

Nielsen y John Morkes probaron la usabilidad de cinco sitios web partiendo de un mismo contenido pero expresado de cinco formas distintas en cuanto a su escritura, poniendo de manifiesto que *hojear en vez de leer es un hecho en la Web* (Nielsen, 2000: 105).

Escritura promocional: utiliza un lenguaje excesivamente comercial.

Nebraska está repleto de atractivos internacionalmente reconocidos que atraen un gran número de personas anualmente. En 1996, algunos de los lugares más visitados fueron el parque Estatal del Fort Robinson (355.000 visitantes), el Monumento Nacional Scotts Bluff (132.166), el Museo y Parque Histórico de Arbor Lodge (100.000), Carhenge (86598), el Museo de la Pradera de Stuhr (60.002) y el parque Histórico del Rancho de Buffalo Bill (28.446).

Mejora de la usabilidad: 0%

Texto conciso: utiliza cerca de la mitad de las palabras de la escritura promocional

En 1996, seis de los lugares más visitados de Nebraska fueron el parque Estatal del Fort Robinson, el Monumento Nacional Scotts Bluff, el Museo y Parque Histórico de Arbor Lodge, Carhenge, el Museo de la Pradera de Stuhr y el parque Histórico del Rancho de Buffalo Bill.

Mejora de la usabilidad: 58%

Diseño con la facultad de hojeado: utiliza el mismo texto que la escritura promocional con un diseño que facilita el hojeado.

Nebraska está repleto de atractivos internacionalmente reconocidos que atraen un gran número de personas anualmente. En 1996, algunos de los lugares más visitados fueron:

- *Parque Estatal del Fort Robinson (355.000 visitantes)*
- *Monumento Nacional Scotts Bluff (132.166)*
- *Museo y Parque Histórico de Arbor Lodge (100.000)*
- *Carhenge (86598)*
- *Museo de la Pradera de Stuhr (60.002)*
- *Parque Histórico del Rancho de Buffalo Bill (28.446).*

Mejora de la usabilidad: 47%

Lenguaje objetivo: utiliza un lenguaje neutral en vez de subjetivo o exagerado.

Nebraska tiene varios atractivos. En 1996, algunos de los lugares más visitados fueron el parque Estatal del Fort Robinson (355.000 visitantes), el Monumento

Nacional Scotts Bluff (132.166), el Museo y parque Histórico de Arbor Lodge (100.000), Carhenge (86598), el Museo de la Pradera de Stuhr (60.002) y el parque Histórico del Rancho de Buffalo Bill (28.446).

Mejora de la usabilidad: 27%

Versión combinada: utiliza las tres mejoras del estilo de escritura: texto conciso, diseño con facultad de hojeado y lenguaje objetivo.

En 1996, seis de los lugares más visitados de Nebraska fueron:

- *Parque Estatal del Fort Robinson*
- *Monumento Nacional Scotts Bluff*
- *Museo y Parque Histórico de Arbor Lodge*
- *Carhenge*
- *Museo de la Pradera de Stuhr*
- *Parque Histórico del Rancho de Buffalo Bill.*

Mejora de la usabilidad: 124%

Fragmentación e hipertexto

Si la Web se constituye por un lenguaje hipertextual, la solución en cuanto a los contenidos es dividir la información en múltiples nodos conectados por vínculos de hipertexto. Es la manera de no sacrificar la profundidad del contenido cuando nos referimos a la brevedad de los textos. Cada página puede ser breve y la construcción hipertextual permite disponer de mucha más información de la que podríamos encontrar en un texto lineal impreso. La fragmentación puede relegar la información larga y detallada a páginas secundarias; de la misma forma que cierta información de interés puede estar disponible a los usuarios a través de un vínculo sin obligar a su lectura.

La estructura de hipertexto no significa la posibilidad de fragmentar con la idea de continuar en la página siguiente, se debe dividir en fragmentos coherentes y que cada uno se centre en un determinado tema. Los lectores seleccionarán su tema de interés y profundizarán en lo que les interese. Es el principio de la «pirámide invertida»: comenzar con una conclusión breve, de forma que los usuarios puedan captar la idea aunque no se lean la página completa, después, gradualmente se van añadiendo los detalles. La idea es que el lector pueda detenerse en cualquier momento y poder seguir leyendo las partes de información que le interesen. Si tenemos un artículo largo, lo mejor es reescribirlo y abreviarlo, o fragmentarlo en páginas más pequeñas.

En la idea de este epígrafe de escritura para la Web nos encontramos con un tema a destacar: el de los titulares de los contenidos. Deben tener un tratamiento distinto al de los titulares impresos, ya que, en general, los titulares *on-line* suelen aparecer fuera de contexto y la información que ofrecen es un microcontenido. Por eso se deben tener en cuenta algunas pautas a la hora de escribir este tipo de textos:

- Explicar claramente de qué trata el artículo. El microcontenido debe ser un resumen muy breve del contenido.
- Escribir con un lenguaje claro, evitando en los titulares las dobles intenciones.
- Evitar el lenguaje de la seducción para convencer a los usuarios a entrar. Las grandes expectativas pueden generar desilusiones y molestar al usuario.
- Saltarse los artículos (un, el...) en los asuntos de correo electrónico y en los títulos de las páginas. Pero se debe incluir en los titulares que se introducen en la página.
- Convertir las primeras palabras en algo importante, lo que hará que los contenidos se puedan ordenar alfabéticamente y facilitar su búsqueda.
- Diferenciar cada titular y que no empiece por una misma palabra.

Legibilidad

Todo lo que hemos visto sobre diseño, tiempo de respuesta y contenidos falla si los usuarios no pueden leer un texto. Se deben seguir una serie de reglas básicas para que todos los sitios web puedan ser leídos correctamente:

- Los colores deben tener mucho contraste entre el texto y el fondo. La legibilidad óptima se obtiene con texto negro sobre fondo blanco (texto positivo). El texto blanco sobre fondo negro (texto negativo) es igual de bueno, pero la inversión de los colores ralentiza un poco la lectura. Lo peor son las combinaciones de colores como el texto rosa sobre fondo verde: muy poco contraste e imposible de que lo lean los daltónicos.
- Los fondos deben tener colores claros. Los gráficos de fondo interfie-

ren extremadamente la capacidad de ver los caracteres y de reconocer las formas de las palabras.

- Las fuentes deben ser lo suficientemente grandes como para que la gente pueda leer el texto, aunque no tenga una visión perfecta. Los tamaños de fuente pequeña deben relegarse a notas a pie de página y a la letra pequeña que la gente no suele leer.
- El texto ha de estarse quieto. Mover el texto, hacer que éste sea intermitente, dificulta mucho la lectura.

Otras normas podrían ser:

- Alineación a la izquierda. Al tener un punto de partida fijo para que el ojo empiece a hojear, el usuario puede leer mucho más deprisa que si encuentra el texto alineado en el centro o la derecha. Claramente es aceptable que se quiera lograr algún efecto visual, pero esto no se debe hacer con bloques de texto.
- Fuente serif. La fuente serif es la que facilita la legibilidad. Y debe establecerse si sigue la tipografía del sitio. Pero cuando el texto es pequeño, debido al detalle en la resolución de pantalla, se debe optar por fuentes sans-serif (digamos con 9 puntos o menos)
- EVITAR EL TEXTO CON LETRAS MAYÚSCULAS. SE LEE UN 10% MÁS LENTO YA QUE ES MÁS DIFÍCIL RECONOCER LA FORMA DE LAS PALABRAS CON LA APARIENCIA UNIFORME Y DE BLOQUE QUE TIENE EL TEXTO EN MAYÚSCULAS.

Componentes multimedia

No cabe duda de que la Web no se mantiene ajena a las tecnologías que soportan el uso de la animación, el vídeo y el audio. Estos medios aumentan sus posibilidades de diseño, pero también requieren una buena disciplina a la hora de trabajar en el diseño. Pensar que la multimedia va a resolver determinadas carencias del diseño lleva a la existencia de interfaces confusos y dispersos que claramente dificultan la compresión de la información.

Además, muchos de estos elementos son archivos de gran tamaño que dificultan su descarga; y gran parte de los usuarios no poseen un ancho de banda adecuado. De ahí que en el uso de este tipo de archivos sea recomendable pensar en el tiempo de descarga para una conexión estándar. Y si ese tiempo dura más de 10 segundos se hace necesario indicarlo para que el usuario sepa el tiempo que va a invertir.

También habría que «anunciar» de forma clara los objetos multimedia en páginas HTML. Por ejemplo, en el caso de los vídeos es bueno incluir una o dos imágenes estáticas. Además, tanto para el audio como para el vídeo, se debe escribir un breve resumen de lo que el usuario va a oír o ver.

La novedad y lo atractivo de unas animaciones, o un vídeo, nos puede llevar a utilizar «lo último» en la tecnología multimedia en cuanto al *software*. Como norma debemos esperar a que el *software* se desarrolle y se extienda. Independientemente de las tecnologías multimedia que se utilicen, siempre es mejor estar un año por detrás en la evolución del *software*. Generalmente suele transcurrir un año hasta que las nuevas versiones son lo suficientemente estables y están difundidas como para depender de ellas.

Es mejor introducir un avance de lo que ofrece el *software* especial con el navegador estándar, en lugar de pedir a los usuarios que lo instalen. Cuando lo hayan visto, puede motivar a que hagan el esfuerzo para conseguir el programa necesario.

10.5. ACCESIBILIDAD PARA LOS DISCAPACITADOS

Los ordenadores han abierto un abanico enorme de posibilidades a las personas discapacitadas. La información *on-line* proporciona toda una serie de ventajas en comparación con la información impresa. Las personas con dificultades en la visión pueden, sin ningún problema, aumentar el tamaño de la fuente; o la conversión de texto a voz funciona mucho mejor *on-line* que en el texto impreso. Muchos usuarios discapacitados pueden realizar tareas que les hubiera sido muy complicado llevar a cabo con la tecnología tradicional.

Y hacer que la Web sea más asequible para los usuarios con discapacidades es una simple cuestión de usar HTML en la forma que fue concebido: para codificar el significado en vez de la apariencia. Mientras una página esté codificada para su significado será posible que los navegadores alternativos presenten ese significado de forma optimizada para las opciones de los usuarios individuales y que faciliten el uso de la Web a los usuarios discapacitados.

Accesibilidad a la web

Para los detalles sobre la accesibilidad y el diseño web pueden consultarse las directrices WAI (Iniciativa de Accesibilidad Web).

El estándar WAI indica lo que se debe hacer. En la práctica se debe planificar la accesibilidad por fases:

- Las páginas de inicio y las páginas que reciban más tráfico deberán ser rediseñadas para que observen inmediatamente las reglas de accesibilidad más importantes.
- A continuación todas las nuevas páginas deben seguir directrices de alta prioridad y baja prioridad, y la comprobación del cumplimiento debe formar parte de los procedimientos de verificación de la organización para el nuevo contenido.
- Después de esto las páginas que reciban un tráfico medio deberán ser rediseñadas gradualmente para seguir las reglas de accesibilidad de alta prioridad.
- Como objetivo a más largo plazo, las páginas que reciben un tráfico muy grande deberán ser rediseñadas para seguir todas las directrices de accesibilidad. Además, las páginas nuevas deberán al final ser hechas teniendo en cuenta el cumplimiento de todas las directrices. Al mismo tiempo, las viejas páginas de poco tráfico pueden dejarse, a menos que aborden temas de interés concreto para los usuarios con discapacidades.

Discapacidades visuales y atributos ALT

La Web es eminentemente visual y los problemas más serios de accesibilidad son los referidos a los usuarios invidentes y a los que tengan otras discapacidades visuales. Por ejemplo, llegamos a ver páginas con unos fondos y unos colores de texto que se leen con una extrema dificultad incluso para las personas con buena vista, imaginemos los problemas para personas que no perciben bien los colores. Para mejorar aún más la accesibilidad, hay que asegurarse en mantener un alto contraste entre los colores de la fuente y del fondo y evitar imágenes de fondo que dificulten la lectura.

Las páginas con texto son razonablemente fáciles de leer para los usuarios ciegos o con deficiencias visuales, ya que el texto puede entrar en un lector de pantalla que lea el texto en voz alta a través de un sintetizador. Las páginas largas son más problemáticas, ya que es mucho más complicado para un invidente hojear las partes más interesantes. Para facilitar el hojeado, se recomienda realizar la estructura de la página con un marcado HTML correcto. Se debe utilizar <H1> como encabezado de alto nivel, <H2> como partes importantes de la información y <H3>

para los niveles inferiores de la información. De esta forma, un invidente podrá obtener una panorámica de la estructura de la página si se leen en voz alta <H1> y <H2>, y podrá saltarse rápidamente una parte que carezca de interés indicando al lector de pantalla que vaya al siguiente nivel (Nielsen, 2000: 302).

Aparte de los usuarios completamente invidentes, también existen usuarios que pueden ver un poco. Este tipo de usuarios suele necesitar que las fuentes sean grandes, que es una función estándar en la mayoría de los navegadores. Nielsen plantea que es recomendable hacer pruebas con diferentes tamaños para garantizar un diseño óptimo en esos tamaños. Primero con fuentes normales de 10, 12 y 14 puntos y luego con fuentes de 18 y 24 puntos para asegurarse de que el diseño sigue funcionando con esta mejora de accesibilidad.

Atributos ALT

No solamente es importante hacer que un texto sea legible, también se deben proporcionar formas alternativas para quien no pueda ver las imágenes. La solución principal es la utilización en el lenguaje HTML del atributo ALT. El código HTML sería el siguiente:

<img src=«BD06790_.gif» width=«190» height=«157» _ALT=«**Chica rubia delante de una pantalla de ordenador**»>

De esta forma los usuarios que no pueden ver la fotografía (bien porque son invidentes o bien porque han desactivado la carga de imágenes) verán u oirán el texto alternativo. Es importante que los textos se refieran a descripciones de utilidad que verbalicen el significado o el papel de la imagen en el contexto referidos a qué comunica la imagen y qué ocurre si se hace clic en ella.

Figura 10.1

No se deben describir absolutamente todas las imágenes. No tiene sentido indicar, por ejemplo, «viñeta azul». Si hay un texto ALT, la mayoría de los lectores se verían obligados a informar de sus contenidos sin saber si esa información es relevante. Los textos ALT deben ser breves e ir al grano, y normalmente no deben tener más de ocho o diez palabras.

Es importante señalar que prestar atención a estas reglas que originalmente pudieron ser concebidas para ayudar a usuarios con discapacidades acaban siendo útiles y beneficiando a todos los usuarios.

Otras discapacidades

Discapacidades auditivas. Rara vez ha sido necesario el sonido para la comprensión en la Web; con frecuencia, el empleo de los efectos de sonido es más bien gratuito. Podemos decir que, en general, la usabilidad de un sitio es casi siempre la misma cuando se prescinde del sonido.

Pero dejando a un lado si es o no es necesario el sonido, se debe pensar en el diseño del sitio en las discapacidades auditivas. Soluciones: transcribir las piezas de audio o realizar versiones subtituladas en el vídeo. Estas soluciones beneficiarían claramente a las personas que no fueran del idioma nativo o a los usuarios que no tuvieran instalados en sus equipos tarjeta de sonido y altavoces.

Discapacidades en el habla. Hasta ahora las relaciones con el ordenador y la Web se realizan mediante el ratón y el teclado. Ya se está experimentando y utilizando las entradas mediante voz que son un complemento muy útil para el trabajo en la Web. Pero, pese a estos avances, los sistemas deben ofrecer a los usuarios poder participar por medio del texto escrito.

Discapacidades motrices. Muchos usuarios tienen problemas con los movimientos de ratón, además de con las pulsaciones de las teclas en el teclado. Todo esto debe tenerse en cuenta, pero no deben afectar al diseño del contenido; exceptuando la idea de no diseñar mapas de imágenes que requieran una colocación del ratón extremadamente precisa.

Discapacidades cognitivas. Conforme se ha ampliado el uso de la Web se han ido acercando usuarios con todo tipo de niveles de inteligencia. La primera idea importante para aumentar la usabilidad es asegurarse de que el contenido es comprensible para un nivel de lectura medio.

Además es necesario tener en cuenta que usuarios con discapacidades cognitivas pueden ser muy inteligentes pero pueden tener problemas especiales. Destacar que las investigaciones de discapacidades cognitivas no han supuesto tanto como las discapacidades físicas, por lo que las directrices para dar soporte a estos usuarios no están muy bien establecidas.

La navegación simplificada ayuda a todos los usuarios. Pero se hace necesaria para los usuarios con más problemas. Para gente que tiene dificultades en visualizar estructuras de información los mapas del sitio les facilitarían la ruta de navegación y la ubicación de la página actual.

A modo de conclusión: sencillez en el diseño

A modo de conclusión y resumen: los sitios web deben procurar que las acciones y las opciones sean sencillas. La base de trabajo para el diseño web es hacer que los usuarios consigan sus objetivos lo más rápidamente posible. Las posibilidades de la Web son enormes y a los usuarios no nos gusta perdernos en detalles que entorpecen las búsquedas de información. La mayoría de los usuarios buscamos la sencillez.

Pero ¿cómo podemos lograr que un sitio web tenga un buen diseño y que el usuario sea fiel al sitio?

Cuatro ideas que constituyen la base de un buen diseño web:

- Contenidos de gran calidad.
- Actualización a menudo.
- Rapidez en el tiempo de descarga.
- Facilidad de uso.

11

Plataformas tecnológicas para la teleformación

M. A. Ballesteros

11.1. ¿QUÉ ES UNA PLATAFORMA TECNOLÓGICA?

Como hemos podido ir describiendo en los capítulos anteriores, muchas han sido las instituciones, públicas o privadas, que se han decidido a elaborar ofertas formativas en ambientes virtuales. Estamos en un momento en el que la formación es vista como un valor. No se concibe el aprendizaje como un período, sino como un ciclo en el que la persona está permanentemente implicada, debido, por un lado, a lo efímero del conocimiento humano, y por otro, a la rapidez con que cambia el mundo en el que nos movemos. Del mismo modo, las ofertas formativas han evolucionado de la mano de las nuevas tecnologías de la comunicación y la información. Así, ha sido necesario desarrollar propuestas formativas que, siendo eficaces, permitan flexibilizar los tiempos de aprendizaje de los formandos, al tiempo que respondan a las necesidades concretas de los mismos, orientadas en muchas ocasiones al mundo laboral.

La respuesta dada a estas exigencias la encontramos en las *plataformas tecnológicas*, que pueden definirse como una respuesta tecnológica que facilita el desarrollo del aprendizaje distribuido a partir de información de muy diversa índole (contenidos elaborados por el profesor o por los alumnos, direcciones URL, etcétera), utilizando los recursos de comunicación propios de Internet (correo, foro, chat, videoconferencia), al tiempo que soportan el aprendizaje colaborativo, en cualquier lugar y en cualquier momento.

Normalmente, las plataformas tecnológicas ofertan varios niveles de utilización: administrador, autor, tutor y alumno. El primero de ellos gestiona los diferentes cursos que se realicen dentro de su espacio web, dando acceso a los tutores y permitiendo que estos autoricen a otros (alumnos) el acceso a un determinado curso. Sólo el administrador tiene la posibilidad de acceder a todos los cursos ofertados dentro de su espacio. El tutor, por su parte, es el encargado de construir su curso, buscar materiales, crear actividades, dar acceso a los alumnos matriculados, gestionar los contenidos, dar el mejor uso a los recursos que oferta la plataforma... En definitiva, es el tutor, como en la clase tradicional, el responsable de su propio curso. El alumno aprovecha la oferta de aprendizaje dada, utilizando los diferentes recursos para construir su propio aprendizaje, además de para colaborar con los compañeros en la construcción de un aprendizaje común.

11.2. ANÁLISIS DE ALGUNAS PLATAFORMAS TECNOLÓGICAS EXISTENTES EN EL MERCADO

En la actualidad han proliferado las aplicaciones informáticas destinadas a la formación a distancia. Las diferencias entre ellas estriban, fundamentalmente, en el precio de las licencias de uso, los recursos ofrecidos a los diseñadores y usuarios del curso o en los requerimientos del sistema para su instalación.

En el presente capítulo pasaremos a describir diferentes productos en los que se ha concretado este concepto de *plataforma tecnológica*. Para ello nos hemos basado en versiones demo de cada herramienta así como en la información obtenida a partir de las páginas de Internet que las publicitan.

Learning Space (http://www.lotus.com/home.nsf/tabs/learnspace

La plataforma Lotus® Learning Space™ ha sido desarrollada por Lotus Education e IBM como un espacio de enseñanza-aprendizaje potente en el que se puede trabajar individual o grupalmente a través de la utilización de las nuevas tecnologías. Está basada en el uso combinado de diferentes bases de datos de Lotus Notes, siguiendo una estructura modular. Estas bases de datos son:

— Schedule
— Media Center
— Course Room
— Profile
— Assesment Manager (sólo para los tutores)

No sólo facilita el diseño y elaboración, por parte del tutor, de los cursos y materiales a publicar en la red, sino que también permite trabajar individualmente, siendo el alumno el que regula y protagoniza su propio aprendizaje; o grupalmente, al integrar recursos propios del aprendizaje colaborativo, sin que por ello tengan que estar envueltos en actividades de enseñanza-aprendizaje presenciales.

Para acceder a los contenidos y recursos de los que dispone la plataforma es necesario ser dado de alta previamente, o lo que es lo mismo, tener un nombre de usuario y una clave de acceso, ya que está restringida su utilización a un número predeterminado de usuarios, lo que garantiza la privacidad de los participantes. Como dijimos anteriormente, esta plataforma está concebida como una combinación de diferentes bases de datos, cada una de las cuales responde a una utilidad dentro de la aplicación. Puede intuirse la estructura de la plataforma al ver la página inicial de la misma.

Figura 11.1

En esta primera página podemos encontrar, de manera iconográfica, el acceso a cada una de las bases de datos que conforman la aplicación, una pequeña descripción de cada una de ellas (Orientation), una descripción del curso al que hemos accedido (Description) o la salida de la aplicación (Exit). Hace intuitiva la utilización de la plataforma lo que, sin lugar a dudas facilitará la navegación a lo largo de las diferentes pantallas que la constituyen. En cualquier caso, esta página de bienvenida puede ser configurada según el criterio del tutor encargado del curso.

Pulsando sobre el icono «schedule» accedemos a un espacio que, a modo de escaparate, muestra el diseño y la estructura del curso: desde documentos creados y organizados por el tutor, al programa que se va a seguir en el des-

Schedule

Fig. 11.2

arrollo del curso, criterios de evaluación, pasando por diferentes utilidades para el profesor y el alumno, como puede ser un calendario en el que señalar fechas de interés (entrega de trabajos, citas en el chat, etcétera), notificación automática de cambios o diferentes botones de acción que faciliten la realización de funciones frecuentes.

Pero ¿qué ventajas tiene este espacio para el alumno y para el profesor? Fundamentalmente, gracias a este espacio, el profesor puede indicar claramente cuál es el sentido de los contenidos y actividades de aprendizaje que se ofertan, al tiempo que puede servir como medio para planificar su propia acción docente, actualizando los contenidos gradualmente en función del desarrollo del propio curso. Por su parte, el alumno podrá conocer qué contenidos se van a desarrollar y qué se le pide en cada una de las actividades, lo que le permitirá organizar su tiempo de aprendizaje, recibir información directa del profesor, o acceder a otros espacios fuera o dentro de la plataforma en función de la actividad propuesta. Sobre todo, en el módulo preliminar «start here» el estudiante obtiene una gran ayuda, ya que es en él donde encontrará la bienvenida al curso, quién es su profesor, qué se va a enseñar y cómo se va a evaluar lo enseñado, y donde podrá comunicarse con el tutor y con los compañeros.

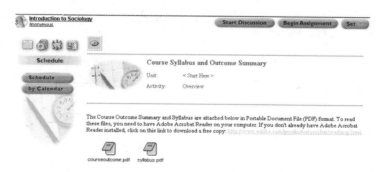

Figura 11.3

MediaCenter

Fig. 11.4

Éste es el lugar desde el que el alumno puede acceder a multitud de materiales propuestos por el profesor, en formatos muy diversos (textos, vídeo, audio, hojas de cálculo, vínculos a otros textos o direcciones URL...), incluso a archivos externos a la plataforma, o en otros soportes (CD-ROM).

La base de datos **Course Room** facilita el trabajo colaborativo entre los participantes en el curso. Fundamentalmente, es un foro destinado a la discusión sobre temas propuestos por el profesor o los alumnos, además de ser aquí donde se presentan los progresos obtenidos en el desarrollo de las actividades propuestas, ya sean individuales o grupales.

CourseRoom

Fig. 11.5

El papel que juega el profesor vuelve a ser decisivo. Actúa como incentivo, motivando a la participación de los alumnos en el foro, iniciando discusiones sobre tópicos específicos, respondiendo a preguntas surgidas en el desarrollo de las tareas o discusiones, siguiendo el desarrollo del trabajo y de las aportaciones individuales y grupales.

Profiles

Fig. 11.6

Esta base de datos funciona a modo de secretaría del curso. Recoge el listado con los alumnos que forman parte del curso, cada uno con su ficha personal, y quiénes son los docentes o el personal de apoyo. Tiene, por lo tanto, información textual y gráfica sobre los participantes, lo que puede facilitar la integración de los miembros en el grupo, conocer cuales son las expectativas de cada uno de ellos, conocer a los compañeros, etcétera.

Aún nos restaría hablar de una última base de datos (Assessment Manager) sólo destinada a los tutores. Esta base de datos está destinada únicamente a la elaboración de evaluaciones en diversos formatos: exámenes rápidos, autoevaluaciones y encuestas. Con este recurso, el profesor puede evaluar los progresos de los alumnos ofreciendo *feedback* sobre su participación en el curso.

El alumno tiene únicamente acceso a los resultados obtenidos en cada prueba, los cuales aparecen en la vista portfolio, siempre de carácter numérico.

Learning Space oferta un medio gráfico bastante intuitivo y de fácil manejo para el usuario, aunque lógicamente la visión tutor es algo más compleja. Aún así, no son necesarios conocimientos previos sobre lenguaje de programación para aprovechar las diferentes bases de datos que componen la aplicación. En cualquier caso, sería recomendable conocer cómo originar, elaborar y trabajar con dichas bases de datos, además de las posibilidades que oferta para aprovechar todo su potencial.

WebCT (http://www.webct.com)

Esta plataforma, al igual que la anterior, es una de las herramientas formativas más potentes y populares. Ha sido desarrollada por la Universidad canadiense British Columbia. Aparece por defecto en lengua inglesa, aunque incorpora una opción por la que puede cambiarse el idioma. Incluye multitud de recursos útiles en toda oferta de educación a distancia, y que en muchos casos coincide con herramientas propuestas por otras plataformas de aprendizaje.

La pantalla principal que muestra al inicio la plataforma es diferente en las visiones del tutor y del alumno. De este modo, al tutor en la página principal del curso se le abre la posibilidad de configurar el curso desde el inicio, mientras que al alumno le aparecen los diferentes apartados y recursos del curso a los que tiene acceso.

El interface puede ser modificado a voluntad del tutor, dándole la posibilidad de cambiar fondos, tipos de letras, etcétera; aunque existen cuatro combinaciones preestablecidas que se identifican de colores, también se puede in-

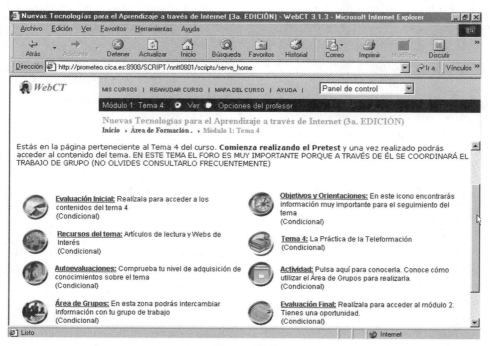

Figura 11.7

cluir una combinación de colores propia del usuario que le permite definir una a su gusto. Cada combinación está formada por los colores que se aplican al fondo, el texto, los enlaces y los enlaces visitados. Así, la página principal está configurada por defecto según la siguiente combinación de colores: fondo blanco, texto en azul, palabras vinculadas en verde y morado en los enlaces visitados.

Assignments

[Print Assignments]

Completion Order	Assignment Title	Assignment Type	Status
1	Assignment 1	Turn in on-line	Turned In: Sat, Feb. 05, 2000
2	Assignment 2	Turn in on-line	Turned In: Thu, Mar. 23, 2000

Figura 11.8

El tutor puede desde configurar la apariencia (titulares, cabeceras, colores, etcétera) de la plataforma, hasta los elementos estructurales de la plataforma (añadir unos u otros recursos, agregar páginas de contenido...).

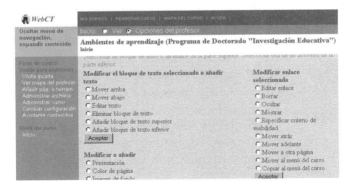

Figura 11.9

WebCT integra multitud de recursos útiles. Desde glosarios, motores de búsqueda, bases de datos, índices, marcadores —que nos lleven al último lugar visitado en sesiones anteriores—, un calendario —en el que se nos anoten citas de interés, entregas de trabajos, sesiones de chat, etcétera. Además, este icono cambia avisando a alumnos y profesores de la existencia de citas nuevas. También es posible insertar anuncios, cambiar el

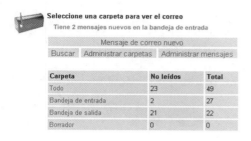

Figura 11.10

idioma, acceder a un CD-ROM complementario a los contenidos dados en el curso, incluir bibliografía, archivos de sonido o vídeo en la misma plataforma y, por supuesto, añadir contenidos textuales o referencias a direcciones URL de interés para el alumno del curso, entre otras posibilidades. Incluye, además, diferentes herramientas de comunicación como son los chats, foros de discusión o el correo electrónico —estos dos últimos iconos cambian, como le ocurre al icono del calendario, al existir mensajes nuevos—; herramientas de trabajo colaborativo como la pizarra o la posibilidad de organizar grupos de trabajo on-line. Otro recurso de la plataforma lo constituyen las fichas personales de los alumnos, donde estos se dan a conocer al resto de sus compañeros. También pueden insertarse

Figura 11.11

exámenes o pruebas de autoevaluación, consultar los progresos del alumno en el curso o entregar los trabajos en una bandeja de recepción creada para tal fin, herramienta útil para alumnos y tutores participantes en el curso. Por último, otro de los recursos útiles, a todas luces, para los alumnos matriculados, es la posibilidad de conocer cuáles son los objetivos de cada uno de los módulos formativos integrados en el curso, al tiempo que se da la posibilidad de, mientras se va navegando por los contenidos del curso, ir tomando notas dentro de la misma plataforma, apuntes que luego pueden ser almacenados o incluso imprimirse.

Figura 11.12

El tutor puede decidir cuáles de estos recursos son los más adecuados para llevar a cabo el proceso formativo de la mejor manera posible, incluirlos en su curso, eligiendo dentro de los iconos que aparecen o añadir otros creados por él mismo dándoles la función deseada.

Al final del proceso de creación, el alumno encontrará una pantalla en la que el tutor habrá dispuesto qué iconos han de aparecer en la página principal del curso, la existencia de páginas intermedias a las que se

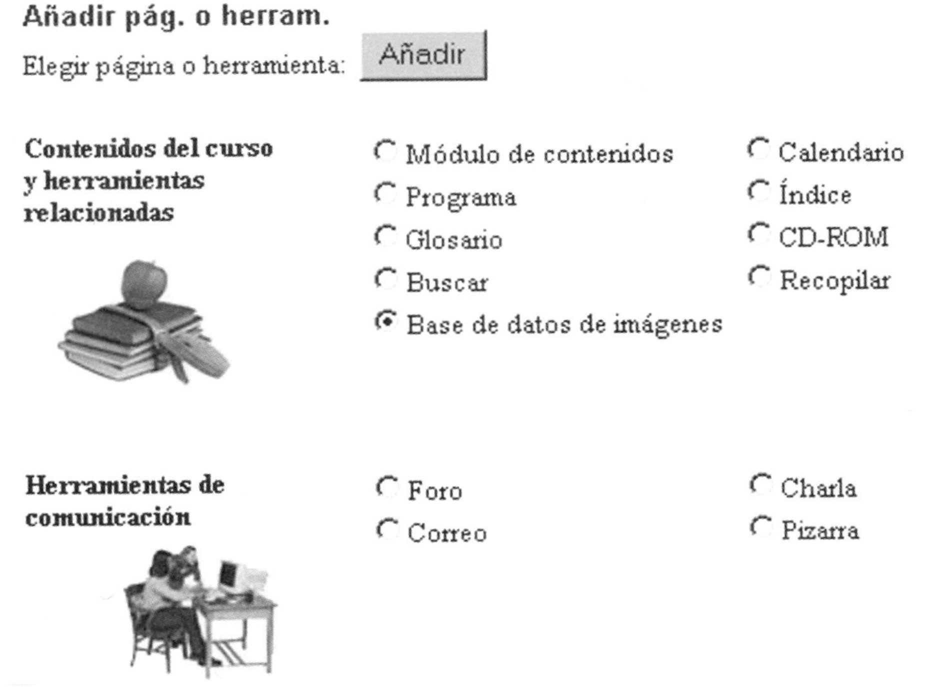

Añadir pág. o herram.
Elegir página o herramienta:
Añadir
Contenidos del curso y herramientas relacionadas
Módulo de contenidos
Programa
Glosario
Buscar
Base de datos de imágenes
Calendario
Índice
CD-ROM
Recopilar
Herramientas de comunicación
Foro
Correo
Charla
Pizarra

Figura 11.13

accede desde la principal con el objeto de organizar los recursos según su función, etcétera. Esto da indudables ventajas tanto a profesores, a la

WebCT
Web Course Tools
Geografía e Historia
Para mover, editar o eliminar un bloque de texto o un enlace:
1. Selecciónelo
2. Elija una opción de la parte inferior de la página
Área de Comunicaciones
Área de Recursos
Mapa del Curso
Área de Formación

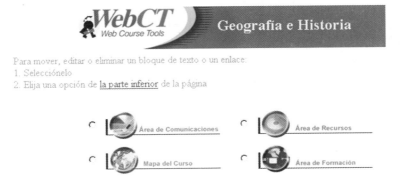

Figura 11.14

hora construir su curso, como a los alumnos, al utilizar los recursos del propio curso.

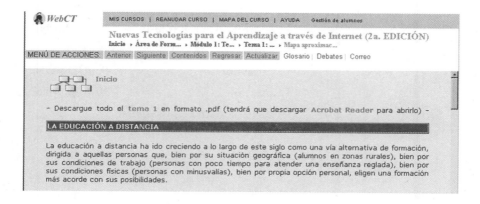

Figura 11.15

Un ejemplo de la facilidad con que se pueden usar las funciones de WebCT la encontramos en la página de contenidos textuales en la que pueden insertarse «marcos» en los que integrar diferentes recursos de la plataforma como un menú de navegación, el cuaderno de notas, un acceso al correo del profesor para consultar dudas sobre el contenido... Aunque esta disposición puede ser alterada según el criterio del creador del curso.

Para concluir, podemos decir que una de las cualidades más importantes de WebCT es la versatilidad y variedad de recursos que la plataforma incluye para la elaboración de un curso en la red. Al tiempo que da la posibilidad de ampliar las oportunidades de aprendizaje de los alumnos a través de la utilización de estas herramientas. Aunque, como ocurre con todos los recursos, su aprovechamiento pasa por desarrollar la creatividad tanto del que construye el curso como del que participa en él.

Cyberclass (http://www.cyberclass.com)

Esta aplicación ha sido creada por HyperGraphics Corporation, y desarrollada por eInstruction. Esta plataforma en lengua inglesa, nos ofrece una apariencia bastante armónica en cuanto a la distribución de espacios y colores. Pone una condición a aquéllos que acceden a su interior: no pueden estar más de cuatro horas seguidas utilizando la plataforma.

La distribución de los elementos es bastante similar a la de anteriores aplicaciones. En el «marco» superior encontramos varios indicadores que nos muestran qué plataforma estamos utilizando, qué curso visualizamos y un vínculo a los creadores de la plataforma, aunque en ningún lugar aparece cuál ha sido la ruta de navegación seguida por el usuario, lo que puede ser motivo de desorientación.

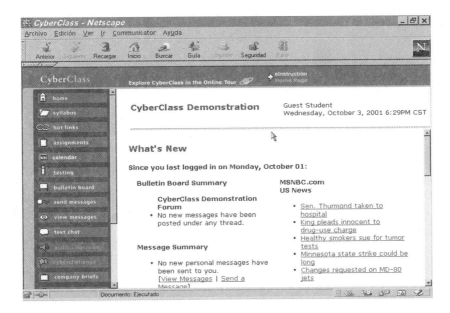

Figura 11.16

El menú principal aparece siempre visible en el «marco» izquierdo. Está compuesto por una amplia columna de botones que permite al usuario navegar por todos y cada uno de los distintos elementos que componen la plataforma. Podemos distinguir dos partes en esta botonera, la dedicada a las herramientas y diversas utilidades propias de un curso, y una segunda, en la parte más baja del «marco», que constituye el área de administración.

Cada botón presenta una imagen iconográfica además de una palabra que describe su función, lo que facilita la navegación intuitiva por la boto-

Figura 11.17

nera. Si observamos esta columna de botones con detenimiento, encontramos recursos de bastante interés. El primer botón, si comenzamos desde la parte superior del «marco», es «Home» (Página principal), éste nos lleva a la página de inicio del curso. En esta página se encuentran destacados, si existen, novedades o no en los contenidos, el foro, el correo, etcétera.

«Syllabus» (Sumario), nos permite acceder al programa del curso. Desde aquí se tiene la opción de imprimirlo o navegar de un módulo a otro dentro de la plataforma.

«Hot links» (Vínculos), nos muestra un listado de vínculos a páginas web relacionadas con el tema sobre el que se está trabajando en el módulo. Éstos pueden ser externos a la plataforma.

«Assignments» (Tareas), nos da acceso a una página en la que aparecen tabuladas las tareas previstas para ese curso, con información respecto a la fecha de entrega, orden de realización previsto, con qué materiales realizarlas, etcétera; dando la posibilidad de mandarlas desde aquí al profesor junto con un mensaje referente al trabajo.

«Calendar» (Calendario) da acceso al usuario a una hoja de calendario similar a las que colgamos en nuestras paredes, que corresponde al mes en que se acceda a la plataforma y apareciendo destacado el día en curso. En esta hoja de calendario, y de un solo golpe de vista, podremos distinguir qué citas (chat,

Assignments

[Print Assignments]

Completion Order	Assignment Title	Assignment Type	Status
1	Assignment 1	Turn in on-line	Turned In: Sat, Feb. 05, 2000
2	Assignment 2	Turn in on-line	Turned In: Thu, Mar. 23, 2000

Figura 11.18

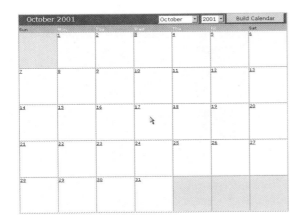

Figura 11.19

entrega de actividades, exámenes...) están señaladas gracias a un código de colores, expresado en la parte inferior de la página. El usuario puede navegar por los diferentes días o meses, editando o modificando los eventos señalados, o pidiendo que estos le sean comunicados vía e-mail. Lógicamente, la visión alumno sólo permite incluir citas personales, frente a la visión tutor, que puede incluir multitud de eventos.

«Testing» (Evaluación), permite a los alumnos acceder a las diferentes modalidades de pruebas de evaluación que el tutor ha construido para el curso. Estas pruebas pueden ser de muy diversos tipos: verdadero o falso, opción múltiple, respuestas cortas o ensayos. El tutor tiene la posibilidad de incluir más de cincuenta tests y elegir los tiempos y fechas en que los alumnos pueden efectuarlos.

Con «Bulletin board» comenzamos a acceder a las herramientas de comunicación del curso. Ésta se refiere concretamente al foro o lista de distribución en el que el alumno puede recibir o enviar mensajes o incluso abrir nuevas líneas de discusión. Dentro de las herramientas de comunicación encontramos el correo y el chat, a los que accede desde «Send messages» (Enviar mensajes), «View messages» (Ver mensajes) y «Text chat» (Chat). El correo permite mandar un mensaje a uno o a varios participantes en el curso, con o sin un archivo adjunto, o ver los mensajes recibidos. El chat nos da la posibilidad de realizar sesiones on-line sincrónicas con el tutor, con otros compañeros, etcétera.

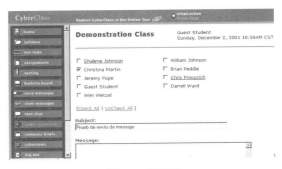

Figura 11.20

Otra herramienta de comunicación incluida en la plataforma es la «Audio classroom» (Clase en audio) que permite comunicarse a alumnos y profesores vía audio. Para ello el ordenador ha de cumplir ciertos requisitos lógicos (procesador pentium, tener tarjeta de sonido...).

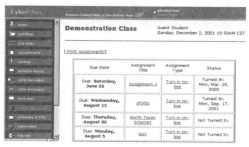

Figura 11.21

El botón «Company brief» (Breves sobre compañías) está vinculado a una página que recoge una relación de compañías que el alumno puede conocer, aprovechar sus ofertas...

«Cybernews» (Cibernoticias), bajo el mismo formato que el anterior botón, nos da una relación de vínculos a periódicos, magazines, etcétera, que el alumno puede consultar. «Cyberchallenge» (Ciberdesafío), incluye juegos en los que los alumnos y el tutor pueden participar jugando entre ellos, en grupos o con otras clases. El área de administración está compuesta por dos botones, el primero, «Student» (Estudiante), nos informa obviamente sobre los alumnos, sus progresos..., y el segundo, «Support» (Apoyo), nos permite consultar sobre cuestiones técnicas del curso.

En el «marco» central de la plataforma es donde aparece la información vinculada desde la botonera que ocupa el «marco» izquierdo de la pantalla. Además, en la parte superior siempre está presente el nombre del curso, quién es el estudiante que accede a la plataforma, así como la fecha y la hora en la que lo hace.

IT Campus Virtual 1.0 (http://www.solucionesinternet.com)

La IT Campus Virtual es una plataforma en castellano desarrollada por Ingeniería Tecnova S.L. que, como las anteriores, permite la realización de cursos vía Internet una vez que el alumno ha sido dado de alta en el mismo.

Al acceder a la plataforma IT Campus Virtual la organización espacial de la web es similar a la de anteriores plataformas. En la parte superior encontramos varios elementos situacionales (en qué plataforma nos encontramos, título del curso, etcétera), mientras que en el «marco» izquierdo aparecen los diversos apartados a los que se puede acceder como usuario de la plataforma. Combina colores naranjas y negros, que contrastan con un «marco» central blanco que facilita la lectura del texto. Es en la parte superior de este «marco» central donde aparece en todo momento una sucesión de palabras que indican al usuario cuál ha sido la ruta seguida hasta llegar a la página que esté utilizando en ese momento. El usuario puede navegar de una a otra a voluntad facilitándole la navegación.

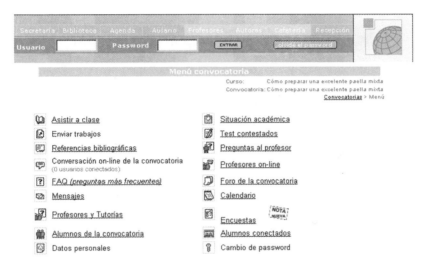

Figura 11.22

Las palabras vinculadas del «marco» izquierdo nos llevan a la secretaría del curso, la biblioteca, la agenda, el aula, a los profesores, la cafetería o a la recepción. También se incluye un vínculo al espacio dedicado al creador del curso. Pasaremos a continuación a describir someramente cada uno de ellos.

En el lugar denominado «Secretaría», el alumno puede realizar consultas *on-line* al responsable de la secretaría vía correo electrónico o, si dispone del *software* adecuado, *on-line* a través de un chat.

La «Biblioteca» consignará multitud de documentos, referencias o simplemente direcciones URL organizadas temáticamente y que podrán ayudar al usuario a cumplimentar su formación sobre los temas tratados en el curso.

La «Agenda» nos proporciona tanto la relación de cursos o módulos formativos, como las convocatorias a tener en cuenta a lo largo de la puesta en acción del curso. Podemos encontrar el temario, la relación de profesores

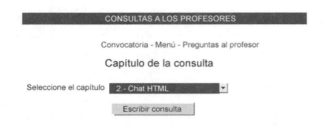

Figura 11.23

o la preinscripción (que puede realizarse a través de correo electrónico mediante un formulario).

«Aulario» nos abre la página personal del usuario, donde aparece la relación de cursos en los que se está matriculado. Pulsando sobre cualquiera de ellos accedemos a una página, desde la que podremos realizar multitud de tareas: asistir a clase (acceso a contenidos), enviar trabajos, acceder a las evaluaciones, contactar con el profesor por correo electrónico o tener una tutoría a través del chat para hacerle preguntas o revisar anteriores consultas, mandar mensajes, conocer quiénes son los compañeros de clase chatear con ellos, o qué pruebas de evaluación se han realizado.

Figura 11.24

También desde el aulario se accede al foro de discusión o al calendario del curso, podemos realizar encuestas, cambiar nuestra clave o conocer cuántos y quiénes son los compañeros que están conectados en la misma sesión.

La «Cafetería» es un espacio en el que los usuarios del campus pueden chatear, ya que no todo en un campus es instrucción, también existe un espacio para el esparcimiento y para poder conocer virtualmente a los compañeros. Esto es posible gracias al uso del chat integrado en las versiones de Internet Explorer 4.0 o superiores, o a través del Netmeeting.

También existe un área restringida a los alumnos del campus, dedicada a aquellos encargados de gestionar los cursos. Así, el lugar denominado «Profesores» está destinado a los tutores de cada uno de los cursos. Ellos son los encargados de realizar el seguimiento de los alumnos, contestar a sus preguntas, corregir los exámenes, etcétera. Para ello han de identificarse previamente como tales a través de una clave de acceso. La otra área de acceso restringido es la de «Autores», ya que abre el espacio destinado a los creadores de los diferentes contenidos del curso.

Cualquiera de las páginas abiertas al utilizar el aulario contiene, en la parte inferior de las mismas, una relación de todos los lugares que se han ido visitando hasta llegar a la página actual, lo que facilita la navegación del usuario.

Figura 11.25

Virtual-U (http://www.vlei.com)

Virtual-U comenzó a desarrollarse en 1995 por iniciativa de los doctores Linda Harasim y Tom Calvert, de la Universidad Simon Fraser (Canadá), dentro de su investigación «The TeleLearning Network of Centres of Excellence» (TL-NCE). La TL-NCE es una red de investigadores canadienses implicados en el estudio de las posibilidades de la aplicación de las nuevas tecnologías a la formación en procesos colaborativos de aprendizaje.

Virtual-U puede ser utilizada en castellano, francés o inglés, e integra diversos recursos de aprendizaje y apoyo en línea. Pretende ser una herramienta de aprendizaje colaborativo y para ello incluye, como en casos anteriores, diversas herramientas de comunicación como foros de discusión, correo...

Virtual-U tiene un importante componente gráfico así, desde su comienzo, utiliza la metáfora de un campus en una facultad real.

A través del mapa del campus, el alumno tiene acceso a los distintos «edificios» a los que le son asignadas variadas funciones. De este modo encontramos la cafetería, la biblioteca, la galería, cursos, la administración, el foro, trabajo, o la ayuda. Más adelante pasaremos a comentar cada uno de ellos.

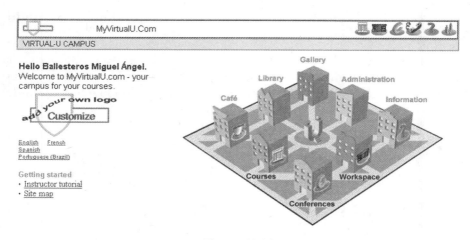

Figura 11.26

En primer lugar, queremos describir brevemente esta página principal. Virtual-U permite contextualizar las acciones formativas dando descriptores que informen en qué herramienta estamos trabajando. De este modo, además del mapa del campus que aparece en el «marco» central, distinguimos en la parte superior derecha un espacio destinado al logo de la

Figura 11.27

institución organizadora del curso junto a otro en el que se consigna el título del curso. En el mismo «banner» pero a la izquierda aparecen una serie de botones que están presentes durante toda la navegación y que tienen diversas funciones: acceso a los cursos, al área de trabajo, a los foros de discusión, al chat, la ayuda, o a la página principal del campus virtual. Estos iconos permiten al alumno pasar de un «edificio» a otro del campus, bien sea directamente o a través de la página de principal del curso.

Fig. 11.28

Si nos dirigimos al interior de los edificios encontramos que, desde el destinado a «administración», puede accederse a todos y cada uno de los cursos en los que se está matriculado, pudiendo cambiarse el perfil de usuario, obtener la lista de los miembros de cada uno de los cursos, enviar retroalimentación, dar de alta alumnos, etcétera. Lógicamente, las posibilidades de uso de este edificio son diferentes para profesores y alumnos, de modo que estos últimos sólo podrán cambiar sus preferencias sobre el curso y poco más.

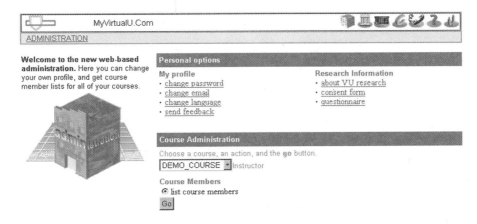

Figura 11.29

El acceso a los foros se realiza entrando en el edificio del mismo nombre. Desde allí se accede a las diferentes discusiones suscitadas en el curso. La Cafetería nos abre un espacio más informal donde intercambiar opiniones e interactuar con otros compañeros. Esto se hace dando acceso a diversos foros de discusión, cuyos mensajes pueden ser ordenados de muy diversos modos y sobre los que podemos realizar distintas acciones (mandarlos, imprimirlos o guardarlos).

Como en un campus real, al entrar en el edificio de la Biblioteca, se nos muestran multitud de vínculos a diversas bibliotecas, motores de búsqueda u otros accesos de interés. La galería será el lugar donde encontraremos diversas imágenes. El edificio destinado a «Ayuda» incluye aspectos técnicos sobre el uso de la plataforma, respuestas a preguntas frecuentes, tutoriales, etcétera; dependiendo de si se accede como tutor o como alumno.

El edificio donde se imparten los «cursos» da acceso a las diferentes acciones formativas en las que esté participando el alumno o el tutor. Los primeros pueden navegar por los contenidos del curso mientras que los segundos, además, pueden modificarlos.

El edificio de Conferencias Building se vincula a un listado de conferencias, en el que, a semejanza del foro de discusión, en torno a las diferentes temáticas de las conferencias propuestas pueden enviarse mensajes entre los participantes adscritos a cada una de ellas. De este modo se entabla interacción entre los estudiantes.

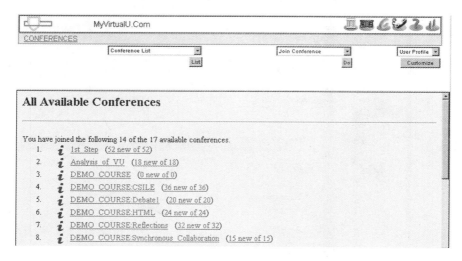

Figura 11.30

El usuario puede decidir cuáles son las conferencias que pueden aparecer en su pantalla, ya que este apartado integra diversos elementos de clasificación de las conferencias existentes. Al dirigirnos al listado y pulsar sobre cualquiera de las conferencias se nos informa sobre quién es el moderador, qué tema centra dicha conferencia, descripción de la misma, etcétera.

Figura 11.31

El edificio consignado como «Trabajo», es el área personal de cada usuario de la plataforma o, como establecen metafóricamente los creadores de la plataforma, la mesa de trabajo del alumno o el instructor. Desde allí, tiene a mano muchos de los elementos que componen la plataforma: el programa, las tareas, el calendario, el glosario, la biblioteca, la cafetería, etcétera.

Como decíamos al comienzo de este apartado, la plataforma pretende desarrollar procesos de aprendizaje colaborativos con la utilización de los recursos de la aplicación, fundamentalmente el foro, el correo y el chat, como en el caso de las plataformas anteriormente citadas. Para desarrollar la colaboración sugiere utilizar actividades de indagación, o de asociación, que se desarrollen en grupos de trabajo, en pequeños grupos de discusión, utilizando simulaciones o *role-playing* diversos.

A nuestro juicio, establecer la metáfora del campus virtual ha sido una idea bastante acertada a la hora de elaborar la plataforma Virtual-U, ya que orienta y disminuye la incertidumbre de alumnos y profesores en un ambiente de enseñanza y aprendizaje que difiere en gran medida del tradicional, aunque conserve algunos principios básicos.

Virtual Profe (http://www.ingenia.es)

La plataforma VirtualProfe ha sido desarrollada por la empresa andaluza Ingenia S.A. con la colaboración con el grupo de investigación IDEA! de la Universidad de Sevilla. Desde la pantalla de acceso a la plataforma ya podemos intuir la potencialidad de la herramienta ya que, sin tener que entrar en ella, se nos permite tomar parte en algunos foros, aunque no se esté dado de alta en la plataforma. Lógicamente, de este modo la utilización de los recursos es bastante limitada: obtener información diversa sobre el centro o sobre la plataforma, conocer la oferta formativa o participar en algún foro de discusión.

Figura 11.32

Desde la página principal de la plataforma podemos, de un solo vistazo, acceder a multitud de herramientas ofertadas por la plataforma. La estructura de las pantallas que la componen suele ser clásica, un «marco» superior en el que aparecen diversos datos descriptivos como son el título del curso, el nombre del alumno o la fecha en que se accede. El «marco» central va cambiando en función de las opciones que se activen en el «marco» izquierdo, que está compuesto por una serie de botones que despliegan diferentes funciones que componen la estructura y recursos de la plataforma.

La pantalla principal nos muestra en un calendario cuáles son las tareas para el día de hoy, permitiéndonos actualizar las entradas correspondientes para éste u otros días. El alumno puede conocer cuál es el plan del cur-

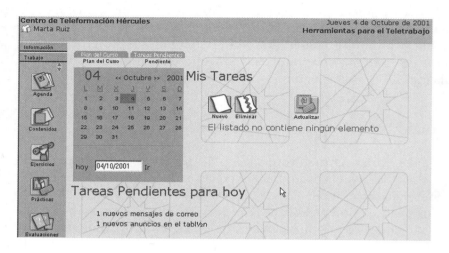

Figura 11.33

so o las tareas pendientes de realizar. Todo ello en un ambiente gráfico agradable y claro.

Aunque ésta sea la pantalla que aparece por defecto al iniciar nuestro curso, también puede accederse a ella desde el conjunto de botones que están situados en el «marco» de la izquierda. Estos aparecen como iconos, bajo los que se ubica un descriptor que nos habla de cuál es su función. Dichos iconos no aparecen todos al unísono sino que, más bien, se encuentran agrupados en cinco menús desplegables en forma de botones que, al ser activados, muestran varios iconos a un tiempo. Estas agrupaciones se refieren a Información, Trabajo, Comunicación, Centro y Pública.

El primero de ellos, Información, despliega dos iconos denominados «Descripción» y «Participantes». Con el primero se accede a la descripción del curso, los objetivos del mismo, así como los contenidos que puede encontrarse en su desarrollo. El segundo, Participantes, nos muestra la relación de alumnos matriculados con un acceso a su correo electrónico, nos permite acceder a la configuración de la página personal, así como a lo que podríamos denominar como carpeta del usuario, donde aparecen reflejados los contenidos del curso, prácticas realizadas, o el aprovechamiento del curso por parte del alumno en formatos diversos (gráficos, tablas...) y siguiendo varios criterios.

Fig. 11.34

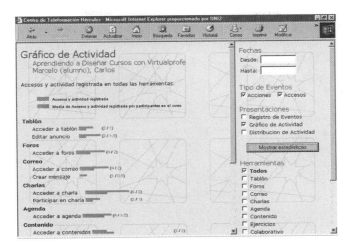

Figura 11.35

De esta manera, puede verse cuántas visitas ha hecho el alumno a los contenidos, a las actividades, a las prácticas, etcétera, lo que es de gran utilidad para el tutor como un criterio más a la hora de evaluar a sus alumnos.

El botón «Trabajo» nos despliega cinco iconos con diversas funciones, todas ellas aspectos que han de ser tenidos en cuenta por cualquier estudiante. Éstas son: la agenda, contenidos, ejercicios, prácticas y evaluaciones. Desde la agenda volvemos a la página de inicio del curso donde aparecía el calendario con las tareas pendientes. El icono de contenidos nos muestra una página en la que aparece la relación de materias que se imparten en el curso. Desde ahí se puede comenzar la navegación a lo largo de los contenidos del curso. Otro de los iconos que aparecen en el menú desplegable corresponde a ejercicios, donde el alumno encontrará las actividades correspondientes a los contenidos que se están desarrollando. Aquí aparecen automáticamente señaladas las tareas pendientes del usuario. Si continuamos nuestra revisión, encontramos un cuarto icono denominado prácticas, aquí las actividades están orientadas a la realización de tareas a través de materiales vinculados a tal efecto. Evaluación, es el último de los iconos de esta relación, que nos adentra en diversas pruebas de evaluación que utilizan un motor de inferencia que organiza las preguntas en función de las respuestas de los alumnos, personalizando el grado de dificultad de la prueba.

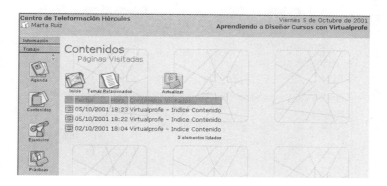

Figura 11.36

Otro de los elementos desplegables que aparecen en el «marco» de la izquierda es el que se refiere a las herramientas de comunicación. En él se integran diversos recursos clásicos en todas las plataformas, tales como el foro, el correo, el tablón o el chat, a los que se accede a partir de cada uno de los iconos que aparecen en la imagen de la derecha. El correo, como en casos anteriores, puede dirigirse al tutor, a los compañeros o a ambos a un tiempo. El foro puede ser abierto, es decir, sobre cualquier tema, o a partir de preguntas realizadas por el tutor. El tablón publica fechas de interés, recordatorios, comunicación de eventos, etcétera. Las charlas *on-line* son llevadas a cabo mediante un chat, en el que pueden participar un alumno y el profesor, varios alumnos con el profesor, o entre alumnos para llevar a cabo actividades en grupo.

Fig. 11.37

«Centro» despliega varios iconos que comparten funciones con otros utilizados anteriormente, ya que su uso viene matizado por su orientación hacia la propia institución organizadora del curso. De este modo, al pulsar sobre el botón aparecen iconos de agenda, foro, tablón y charla.

Como decíamos al principio del apartado, la plataforma incluye también la opción de utilizar algunos de

Fig. 11.38

sus recursos con personas no inscritas en la dinámica del curso, y que, por lo tanto, son ajenas al desarrollo del mismo. Sin embargo, puede ser útil conocer la opinión de expertos, o de otros profesionales respecto a algún contenido del curso. Para ello VirtualProfe permite realizar charlas, foros y un tablón en el que tanto usuarios inscritos, alumnos del curso como otros no inscritos puedan comunicarse e intercambiar opiniones.

Fig. 11.40

Fig. 11.39

Didascalia *(http://www.didascalia.com)*

Desarrollada por Formación e Integración de Servicios Empresariales, S.L., la plataforma Didascalia integra varios perfiles de utilización de la aplicación, como viene siendo habitual en anteriores casos. De este modo, podemos diferenciar:

- Centro de administración del sistema, con acceso a todos los espacios del sistema, y encargado del buen funcionamiento del mismo así como de su administración.
- Panel del Formador, desde el que el formador diseña su curso, elabora los contenidos y actividades de evaluación, etcétera.
- Panel del tutor, este perfil sería el de un docente que se ocuparía de colaborar con el formador.
- Espacio de trabajo del asistente, donde el alumno puede acceder a los contenidos teóricos del curso, así como enlaces a páginas web externas al mismo.

Una vez que el alumno accede al curso a través de su nombre de usuario y clave personal, el entorno que encontrará puede ser menos elaborado aparentemente que en el caso de plataformas anteriores, aunque la página web sigue un patrón estructural similar.

De este modo, el espacio se organiza en tres «marcos». El superior, con información descriptiva del curso, nombre del alumno, ruta seguida... El «marco» izquierdo con los vínculos a los diversos recursos integrados en la plataforma, que se abren en el «marco» central. Estos vínculos son los que se dirigen a:

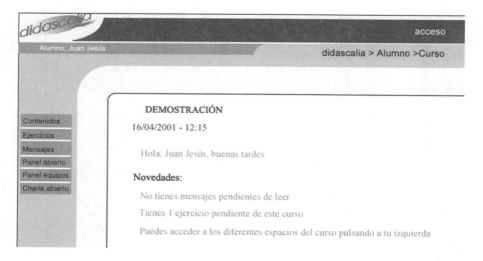

Figura 11.41

- Contenidos
- Ejercicios
- Mensajes
- Panel abierto
- Panel equipo
- Charla abierta

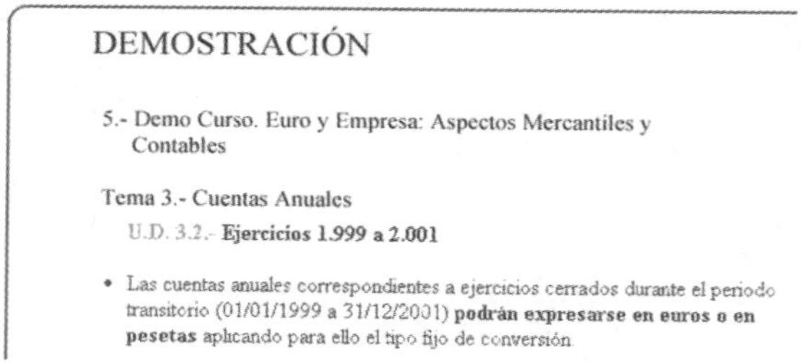

Desde el apartado «Contenidos» el alumno puede acceder a todo el componente teórico que da cuerpo al curso, por el que puede ir navegando a través de las diversas páginas de contenido. El alumno es ayudado en ello por la información que va encontrando en el «marco» superior donde se indica cuál ha sido la ruta seguida por el alumno.

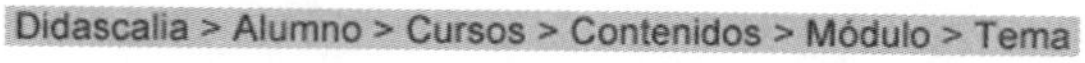

Figura 11.42

Didascalia > Alumno > Cursos > Contenidos > Módulo > Tema

Figura 11.43

«Ejercicios» nos lleva a la zona en la que el alumno podrá realizar los ejercicios propuestos para el contenido teórico sobre el que en ese momento se esté trabajando.

Los cuatro vínculos siguientes dan acceso a la zona de comunicaciones del curso. De este modo, «Mensajes» nos da acceso al correo electrónico, una de las herramientas de comunicación ya clásicas en cualquier plataforma de aprendizaje virtual. Desde aquí pueden mandarse o recibirse mensajes, consultas, etcétera, tanto a profesores/tutores como a alumnos, consultar los mensajes pendientes, los enviados o recibidos con anterioridad, etcétera.

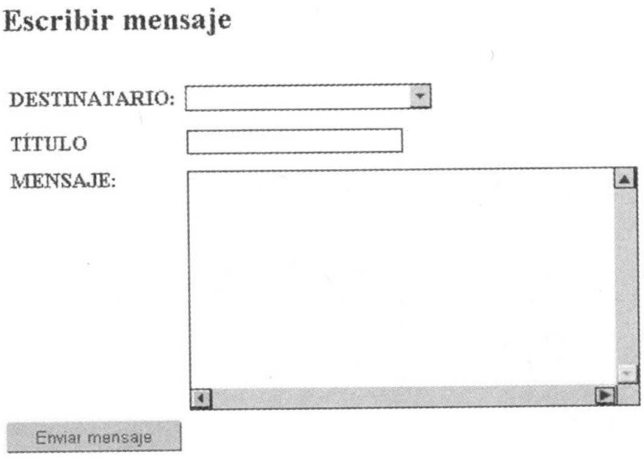

Escribir mensaje

DESTINATARIO:

TÍTULO

MENSAJE:

Enviar mensaje

Figura 11.44

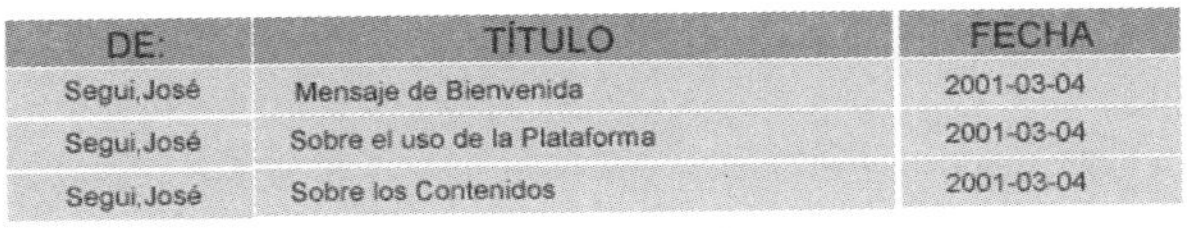

DE:	TÍTULO	FECHA
Segui,José	Mensaje de Bienvenida	2001-03-04
Segui,José	Sobre el uso de la Plataforma	2001-03-04
Segui,José	Sobre los Contenidos	2001-03-04

Figura 11.45

Los paneles, tanto el «abierto» como el de «equipo», corresponden también a otra herramienta clásica y común a cualquier oferta formativa a distancia, como lo es el foro de discusión. El primero será usado por todos los adscritos al curso, mientras que el segundo se reserva a un grupo de ellos.

Por último, el vínculo a «Charla abierta» nos permite realizar actividades o consultas sincrónicas a través de una sala de chat.

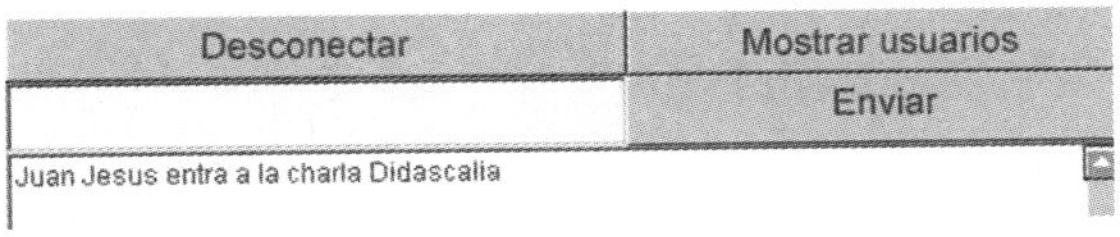

Desconectar	Mostrar usuarios
	Enviar
Juan Jesus entra a la charla Didascalia	

Figura 11.46

Con todo lo visto hasta el momento, Didascalia es una oferta más a la hora de decidirnos a realizar nuestra actividad de formación en un campus virtual, principalmente por su fácil manejo.

Taskstream *(http://www.taskStream.com)*

El entorno en el que se desarrolla TaskStream es bastante elaborado y atractivo. Como en el caso de plataformas anteriores, se organiza de manera muy similar, es decir, desde un «marco» izquierdo se da acceso a los diferentes componentes de la aplicación que van apareciendo en otro central.

Figura 11.47

Se estructura en varios espacios ya típicos a todas las aplicaciones orientadas a la formación en ambientes de aprendizaje virtual. En el «marco» izquierdo podemos encontrar, organizados bajo tres grandes epígrafes, los diferentes accesos que oferta la plataforma:

- Contenido del sitio (*Site content*)
- Comunicaciones (*Communications*)
- General (*General*)

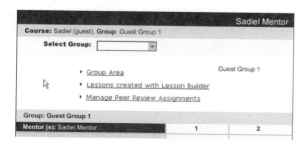

Figura 11.48

Dentro del «Contenido del sitio» podemos encontrar vínculos a la página principal del curso insertado en la plataforma, un acceso a la agenda del curso —similar a una hoja de calendario como en plataformas anteriores— y a las herramientas para el de-

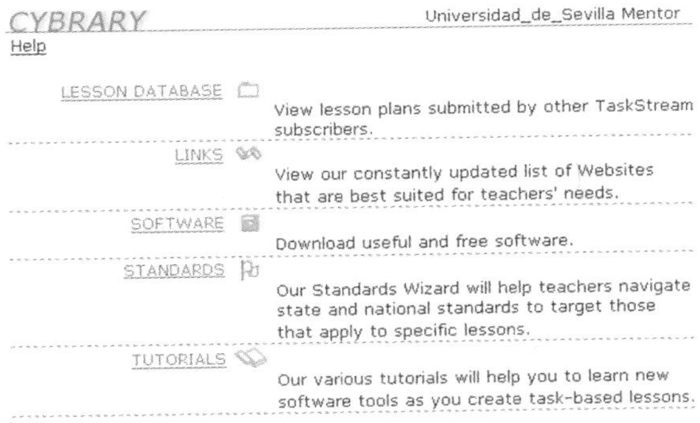

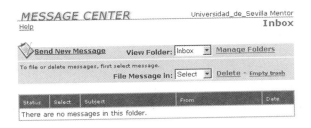

Figura 11.49

sarrollo de la formación, desde donde se accede al área de los grupos, al espacio destinado a la creación de las lecciones y a la revisión de los trabajos.

También, podemos acceder desde aquí a una biblioteca virtual (*Cybrary*) que contiene los diversos recursos digitales de apoyo al desarrollo de la materia tales como vínculos a direcciones de interés, *software*, base de datos de las lecciones, etcétera), o documentos elaborados *ad hoc* o escogidos por el tutor sobre el tema.

«Comunicaciones» (*Communications*) es el área en la que se concentran las diversas herramientas destinadas a la comunicación entre los participantes en el curso. De este modo, podemos encontrar tres herramientas para co-

Figura 11.50

municarnos con nuestros compañeros o profesores: Centro de mensajes, la lista de discusión y, por último, un espacio dedicado a la inserción de anuncios en el calendario del curso.

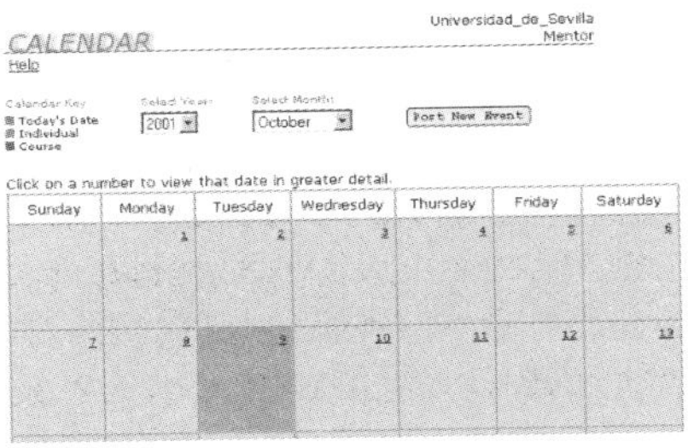

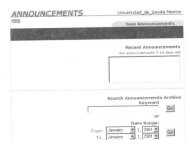

Figura 11.51   *Figura 11.52*

Otro espacio dedicado a la comunicación, insertado en la parte superior del «marco» izquierdo pero no incluido dentro del área de comunicaciones, es el *TaskStream instant messenger*, que no es otra cosa que un acceso directo al correo electrónico del curso.

El tercer grupo de vínculos, «General», tiene una funcionalidad diversa. Aquí encontramos desde la posibilidad de acceder a información personal o sobre la utilización de la herramienta, la ayuda, cambiar la contraseña, hasta salir de la aplicación.

Task Stream está concebido para combinar las metodologías presencial y no presencial, una muestra de ello la encontramos en la metodología que propone para la creación de actividades en la red basada en ocho momentos:

1. Elegir y describir los tópicos.
2. Aprender una nueva actividad.
3. Crear la actividad.
4. Probar nuestra actividad.
5. Realizar la actividad en el aula.
6. Autoevaluarla.
7. Revisarla.
8. Editarla y publicarla.

La tendencia actual no es ya sólo la realización de recursos útiles para la formación exclusivamente no presencial, sino que sean utilizables dentro de dinámicas formativas que combinen, siempre que sea posible, sesiones no presenciales con sesiones presenciales, en las que los compañeros toman contacto físico, discuten problemas, realizan estudios de casos conjuntos, etcétera.

Netcampus *(http://www.comunet-netcampus.com)*

La apuesta de Comunet Education Solutions en la carrera por la construcción de la plataforma de aprendizaje más adecuada ha sido Netcampus. Comunet es una empresa española, instalada en el País Vasco. Presenta un entorno gráfico que simula un campus universitario, con varios edificios a los cuales asigna diversas funciones.

Como observamos en la Figura 11.53, podemos distinguir ocho espacios dentro del campus virtual:

1. *Seguridad:* desde aquí se regula el acceso al campus o a determinadas áreas del mismo.

Figura 11.53

2. *Secretaría:* a semejanza de una secretaría convencional, es la encargada de la gestión de los «carnets de estudiante» de los alumnos matriculados, dar información general, sobre eventos o gestionar la inserción de publicidad en el campus.

3. *Administración:* su cometido es realizar diversas tareas de gestión (cursos, alumnos, usuarios invitados a entrar en la aplicación)...

4. *Centro documental:* a modo de la biblioteca de una universidad real, en este edificio podemos encontrar multitud de documentación, referencias (digitalizadas o impresas), así como diversos recursos.

5. *Aulas:* aquí encontraremos los diferentes cursos, con sus contenidos teóricos, objetivos, herramientas de comunicación y evaluación del progreso de los alumnos, etcétera.

6. *Auditorio:* es un espacio en el que se realizarán actividades de formación complementarias como debates, conferencias, demostraciones, sesiones de trabajo, etcétera.

7. *Cafetería:* fundamentalmente está concebida como un espacio de comunicación informal y esparcimiento.

8. *Centro informático:* es donde se centralizan todas las cuestiones técnicas del campus virtual como la instalación de *software*, gestión de los recursos informáticos, etcétera.

Figura 11.54

En la parte inferior de la página principal también aparece una barra de navegación que nos da acceso al campus, nos avisa si tenemos nuevos mensajes en nuestro correo, al parpadear un icono destinado a tal fin, o si tenemos pendiente a algún compañero en una cita en el chat. También nos permite activar o no la ayuda de Netcampus, o simplemente entrar o salir del mismo.

Netcampus es un espacio virtual muy logrado gráficamente, sumando la representación icónica a la textual, lo que hace muy fácil e intuitiva la navegación por la aplicación. El alumno puede acceder a multitud de recursos útiles para su participación en el curso. Podemos diferenciar espacios dedicados a:

- Identificar al usuario, ya que existe un espacio en el margen superior donde aparece indicado el nombre del usuario conectado en ese momento y al que pertenece dicho escritorio.
- La configuración del usuario al pulsar el icono con apariencia de disquetes.
- La agenda personal, que nos permite realizar va-

Figura 11.55

rias funciones relacionadas con este recurso. Desde aquí podemos llevar cuenta de nuestros contactos, bien sean grupos o personas individualmente, enlaces de interés de Internet, un calendario en el que señalar eventos citas, etcétera, o realizar anotaciones.

- Un acceso al correo electrónico y a las listas de correo del curso desde el sobre que aparece en el escritorio. Las listas de correo son buzones compartidos por varios usuarios del curso; sería el equivalente a hacer foros privados, lo que puede ser muy útil en el trabajo en pequeño grupo.
- Conversaciones *on-line*, es el acce-

Figura 11.56

so al chat del curso. Permite la comunicación sincrónica entre los usuarios del campus, y que incluye la novedad de un sistema de control de presencia que facilita la búsqueda de usuarios conectados. Uno de los detalles que los diseñadores de Netcampus no han pasado por alto es el carácter social de la comunicación virtual, de este modo, al pulsar sobre los miembros conectados aparece el espacio de escritura sobre el cual se destacan los datos de usuario al que mandamos el mensaje además de una imagen fotográfica del mismo, lo que permite al emisor identificar en

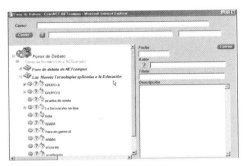

Figura 11.57

Figura 11.58

todo momento con quién se está comunicando.

La plataforma Netcampus ofrece diversas propuestas a los tutores a la hora de configurar las actividades de

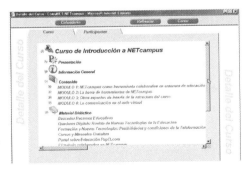

Figura 11.59

evaluación de cada curso. Además de los formatos ya tradicionales (preguntas abiertas, opción múltiple, etcétera.) Netcampus permite configurar, de manera muy gráfica, la elaboración de trabajos grupales.

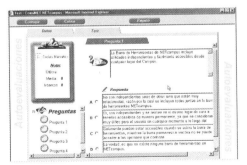

Figura 11.60

NetCampus aporta una plataforma de aprendizaje virtual que avanza, en gran medida, en cuanto a la configuración de un espacio lo más cercano posible al alumno, facilitándole la comprensión de la herramienta con la que trabaja. Sin duda, esto permite un mejor aprovechamiento de la misma, ya que cada espacio está pensado para facilitar la navegación del usuario por el entorno virtual.

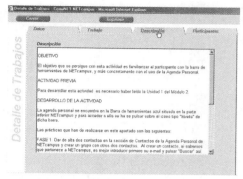

Figura 11.61

Blackboard 5™ *(http://www.blackboard.com)*

Esta plataforma es resultado del trabajo de multitud de colaboradores con experiencia en áreas como el diseño instruccional, tecnología o el desarrollo de *software* para Internet. Han colaborado en su desarrollo empresas como KPMG, Apple, ZIF-Davis, Datatel, The Princeton review y Oracle.

La licencia de uso de Blackboard 5™, como administrador, puede aparecer según tres niveles de utilización:

- *Administrador de curso:* permite el uso de herramientas muy potentes para la administración de cursos, que capacitan a los instructores para proveer materiales del curso, foros de discusión, chat, asesoramiento virtual, además de un centro de recursos virtual a sus estudiantes.

- *Administrador de curso y portal:* permite la configuración de un portal para la facultad, alumnos o empleados, con acceso para más de 150 news personalizados y servicios de información a través de Internet. La apariencia de la plataforma puede ser modificada para insertar la imagen de la institución organizadora del curso de formación.

- *Administrador avanzado de curso y portal:* que, además de los anteriores, permite el uso de aplicaciones java para unificar diversos campus online de manera integrada.

Si observamos la imagen que aparece a la derecha, podemos describir brevemente el entorno gráfico de la plataforma.

Bajo el aspecto de un fichero compuesto por un conjunto ordenado

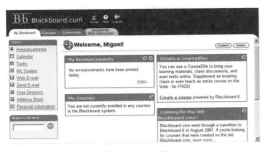

Figura 11.62

de carpetas, Blackboard 5 nos permite el acceso a diversos elementos y recursos, la mayoría comunes al resto de plataformas ya revisadas con anterioridad.

Como vemos, la parte superior de la página se ha de configurar con los datos de la institución (nombre, logo...) organizadora de la oferta formativa. Bajo este espacio aparecen una serie de pestañas, semejantes a las de una carpeta clasificadora. Cada una de ellas corresponde a un espacio específico, como son:

- Mi institución
- Cursos
- Comunidad
- Servicios
- Recursos académicos en la web

Al pulsar sobre cada pestaña, ésta nos abre su contenido. De este modo «Mi institución», página principal de la plataforma, nos da acceso a multitud de recursos internos para el desarrollo y gestión de cursos a través de la red. Esta página puede ser configurada por el administrador. Además, en la parte superior de cada una de las carpetas visitadas el usuario puede reconocer en todo momento cuál es la ruta seguida en su navegación, lo que facilita la orientación del mismo.

A grandes rasgos, la página principal de Blackboard 5 cuenta con un «marco» a la izquierda donde se localizan multitud de recursos propios de la plataforma, como muestra la figura 11.63, comunes a casos anteriores, como son: el acceso a anuncios, calendario, tareas propuestas, progresos, mandar correo electrónico, directorio del usuario, agenda de direcciones, información personal, además de un motor de búsqueda.

Por su parte, en el «marco» central, en cuya parte superior aparece el nombre del usuario, es donde se visualizan dichos recursos, aunque por defecto aparece

Figura 11.63

distribuida en múltiples espacios a los que se les asignan diversas funciones, muchas de ellas coincidentes, en principio, con las propuestas en el «marco» de la izquierda: calendario, cursos en los que se está trabajando —ya sea como tutor o como alumno—, multitud de news, anuncios, tareas para el día de hoy, vínculos de interés...

La estructura de la plataforma se va repitiendo a lo largo de las diversas secciones que la componen. Muestra de ello la tenemos en las páginas correspondientes al calendario o al correo electrónico, que pasamos a describir a continuación.

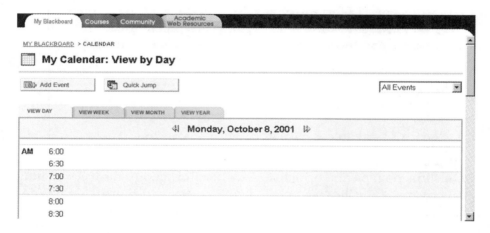

Figura 11.64

La página de «calendario» se organiza también a modo de subcarpetas, permitiendo su visualización por día, semana o mes, lo que permite al usuario ser consciente en todo momento de cuáles son sus tareas, eventos a los que tiene que asistir, etcétera. De este modo, la agenda puede incluir automáticamente información personal o de la administración del curso.

Como decíamos con anterioridad, desde el «marco» izquierdo de «Mi institución» se accede a otro recurso clásico dentro de las plataformas de aprendizaje como es el correo electrónico. El sistema de correo electrónico de Blackboard 5 en su configuración se basa en los datos POP o IMAP del usuario, lo que le permite acceder a su correo desde cualquier ordenador y en cualquier momento, esto supone otra ventaja en el uso de la plataforma.

Quizá el componente más importante en las acciones formativas acome-

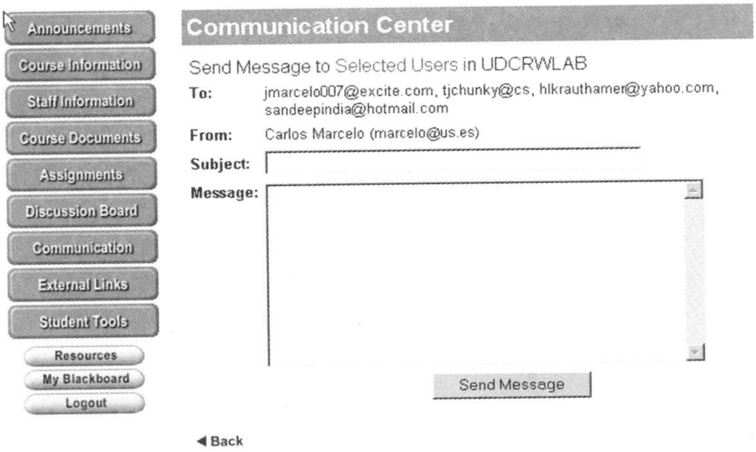

Figura 11.65

tidas en entornos virtuales de enseñanza-aprendizaje, junto al área de comunicaciones, es el que se refiere a los contenidos. A ellos se accede a través de la segunda solapa que aparece en la pantalla principal.

Este espacio aparece distribuido en tres grandes áreas. Por un lado, el usuario puede hacer uso de diversos recursos como son buscadores para la web o internos para acceder a determinados cursos; por otro lado, aparece el listado de cursos en los que se está participando activamente, ya sea como tutor o como alumno; y por último, también se muestra al usuario la oferta de cursos insertados en la plataforma y en los que, previa inscripción, podría participar.

Al acceder a uno de los cursos, el alumno tiene al alcance de su cursor múltiples accesos y recursos relacionados con la materia que se esté trabajando en ese momento. La organización espacial de la página es ya clásica: un «marco» a la izquierda que integra los diversos vínculos que van desplegándose en un «marco» central, donde, por defecto, aparecen anuncios, a modo de recordatorios, con la estructuración de carpetas clasificadoras que pueden permitir visualizarlos por día, sema-

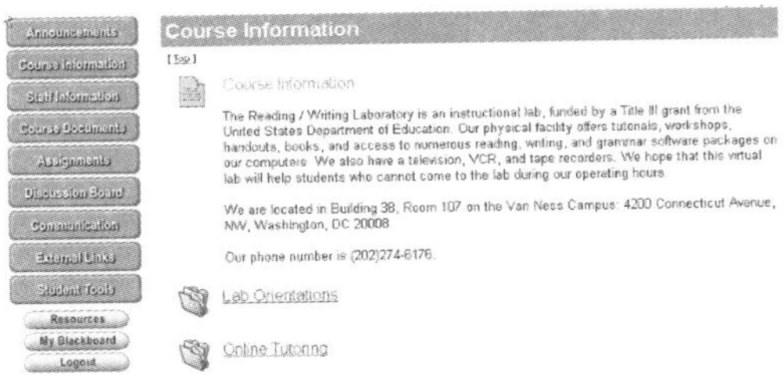

Figura 11.66

na, mes o en su totalidad, lo que orienta en todo momento al alumno de las tareas, plazos, etcétera, en relación con la materia del curso al que se está accediendo.

El «marco» de la izquierda, como ya hemos mencionado, muestra varios botones —figura 11.67— que facilitan la navegación del alumno por los contenidos, así como el acceso a diversos recursos. En esta área encontramos vínculos a los recordatorios del curso, información sobre el mismo (objetivos, programa, tutores...); documentos electrónicos, que pueden ir desde un simple glosario de la materia hasta artículos de ampliación, pudiendo ser insertados por el instructor en diversos formatos; trabajos propuestos a los alumnos, herramientas de comunicación como los ya tradicionales correo y foro, pasando por trabajos de grupo, hasta la pizarra de trabajo sincrónico con el profesor en el aula virtual, además de tener la posibilidad desde aquí de consultar cuál es el orden del día en el calendario; también desde aquí se puede acceder a vínculos en Internet, externos a la plataforma, a herramientas y recursos del estudiante, un mapa del curso, además de a un panel de control.

Figura 11.67

Figura 11.68

Integrados entre las páginas de contenido del curso, el instructor puede insertar diversos tests o cuestionarios *on-line* para los alumnos, que pueden ir

Figura 11.69

desde ensayos, pruebas de opción múltiple, tests verdadero/falso, relacionar términos o rellenar espacios en blanco. El alumno con ello cuenta con un *feedback* casi instantáneo de sus progresos. Estas cuestiones pueden incluir diversos archivos en variados formatos.

Esto puede ser de gran ayuda para el profesor del curso, ya que puede permitirle realizar estadísticas y gráficos sobre el resultado de las actividades de autoevaluación, del acceso a los contenidos del curso, etcétera.

De este modo, el instructor del curso puede realizar un seguimiento exhaustivo de los alumnos consultando el apartado de «Progresos de los alumnos», además de poder configurar los aspectos estructurales y de contenido a través del «Panel de control», sin necesidad de tener conocimiento alguno de lenguajes de programación para ello.

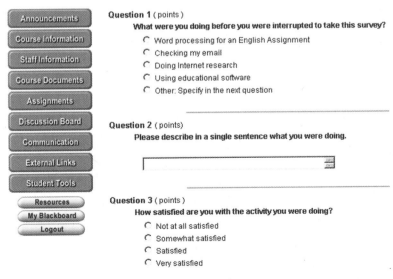

Figura 11.70

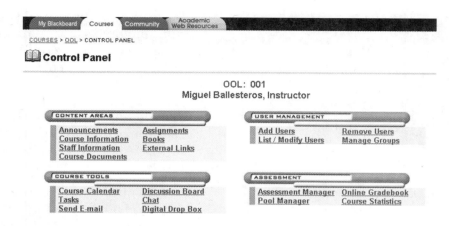

Figura 11.71

Una de las preocupaciones que se observa en los diseñadores de Blackboard 5 es la creación de comunidades de aprendizaje. Para ello contemplan el espacio «Comunidad», la tercera de las carpetas que aparecen en la página principal de la plataforma, como un lugar de interacción e implicación en la vida de un campus fomentando la interacción entre los usuarios. Así, los estudiantes disponen de multitud de foros de discusión, actividades en las que participar o vínculos de interés que visitar. Los creadores de Blackboard 5 lo definen como *el edificio del Servicio de Asistencia al Estudiante* de una universidad real.

Otro de los grandes espacios desplegables desde la página de inicio de

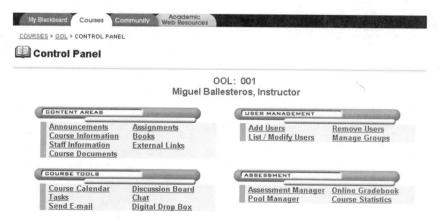

Figura 11.72

Blackboard 5 es la de «Servicios», donde el alumno encontrará información académica o sobre la administración de la institución en la cual se esté formando, temas financieros, centro de recursos, etcétera.

El último espacio que nos resta por describir es el dedicado a los «Recursos académicos en la web», donde además de los materiales, informaciones y recursos dispuestos dentro de la plataforma, tanto profesores como alumnos pueden acceder a informaciones y recursos variados en relación con la temática de curso que se esté realizando. De este modo, puede tenerse acceso a news, artículos electrónicos, vínculos de interés, diccionarios...

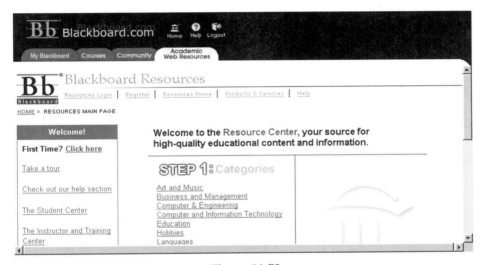

Figura 11.73

Como podemos observar, Blackboard 5 es una herramienta útil y muy completa para el desarrollo de actividades a través del uso de las nuevas tecnologías de la información y la comunicación. Ha sido muy positivo el esfuerzo de sus diseñadores en la creación de un ambiente organizado de aprendizaje, creado dentro de un entorno que facilita en gran medida su utilización.

Syfadis *(http://www. syfadis.com)*

La plataforma de Antalis denominada Syfadis, en lengua francesa, entra en el espacio de las plataformas de aprendizaje, sostenida por un entorno gráfico menos elaborado en comparación con plataformas anteriormente citadas. Sin embargo, Syfadis sí comparte el mismo patrón estructural con todas ellas.

Como en casos anteriores, la estructura se compone de un «marco» a la izquierda, uno superior y otro central, que pasamos a describir brevemente. En el de la izquierda podemos encontrar varias áreas claramente diferenciadas.

La primera de ellas, el «Área de navegación», es la que nos va a permitir navegar por los contenidos fundamentales del curso. Aquí encontraremos diversos apartados:

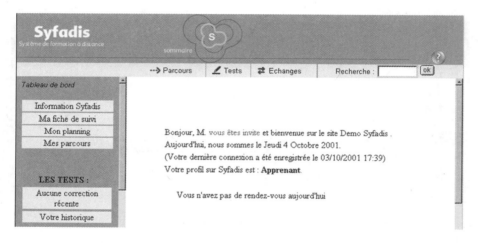

Figura 11.74

— El primero de ellos nos informa sobre la plataforma, sus características y funciones.
— La ficha personal incluye información del alumno. Aquí pueden obtenerse estadísticas del proceso seguido por el alumno a lo largo del contenido del curso, incluso se tiene la posibilidad de obtener gráficos explicativos.
— El alumno puede tam-

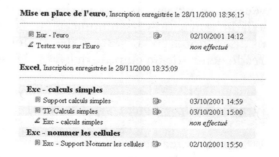

Figura 11.75

bién acceder a su plan de trabajo.

— Por último, también le permite acceder a la descripción de las tareas pendientes, fecha de su publicación, tutor responsable y posibilidad de comunicarnos con él a través del correo electrónico.

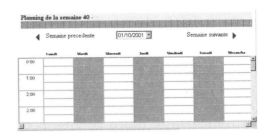

Figura 11.76

El segundo espacio diferenciado en el «marco» izquierdo de la plataforma es el que incluye diversos tests de evaluación, que pueden aparecer en ocho formatos diferentes y ofrecer sus resultados gráficamente.

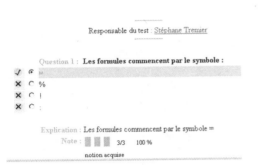

Figura 11.77

La parte inferior del «marco» izquierdo de la plataforma Syfadis está dedicada a los «Responsables» del curso en el que trabajamos, es decir, el alumno puede conocer quiénes son los administradores, redactores y tutores, pudiendo, desde aquí, contactar con ellos a través de su ficha personal, que presenta información variada: correo, fotografía, teléfono...

Auteur	Sujet	Reçu le
vous êtes invite	RE : RE : RE : stylisme et mode	02/10/2001 14:42:44
Stéphane Tremier	test	07/09/2001 10:42:40
vous êtes invite	RE : RE : RE : RE : Je propose un forum Cinéma	17/08/2001 03:46:56
vous êtes invite	Je propose un forum Cinéma	17/07/2001 14:38:16
Stéphane Tremier	Test	04/07/2001 15:16:58
vous êtes invite	RE : RE : RE : Je propose un forum Cinéma	19/06/2001 16:15:34
vous êtes invite	RE : RE : RE : stylisme et mode	19/06/2001 16:13:55
vous êtes invite	RE : RE : RE : stylisme et mode	19/06/2001 16:13:30

Figura 11.78

Como decíamos, Syfadis también presenta un «marco» superior desde el que se puede acceder a la página principal, a los tests de evaluación, a un buscador interno, a un apartado con preguntas frecuentes sobre la utilización de la plataforma y, por último, a diversas herramientas de comunicación, que sirven al usuario para comunicarse con otros compañeros o con los responsables del curso. Dentro de este último apartado, Syfadis ofrece a sus usuarios la posibilidad de usar el correo electrónico, foros de discusión —con opciones de visualización de mensajes o no, de ordenarlos, etcétera—, y del chat, en el que aparecen diferenciados por colores los alumnos de los tutores, y estos de los administradores, que participan en la charla.

SUMA. Servicio de la Universidad de Murcia Abierta (*http://www.um.es/atica/suma/aviso-suma.htm*)[8]

SUMA (Servicios de la Universidad de Murcia Abierta) es una plataforma desarrollada por la Universidad de Murcia con el objetivo de servir de soporte a la formación no reglada, así como para complementar la oferta de enseñanza presencial. Los factores diferenciadores y el valor añadido de SUMA

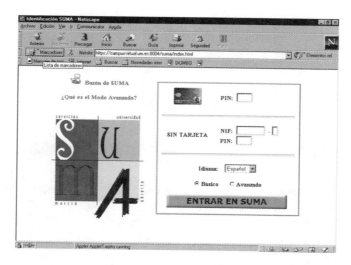

Figura 11.79

8. Agradecemos a Juan José González Sánchez la información aportada para realizar la revisión de SUMA.

respecto a otros proyectos similares de Campus Virtual (de los que lógicamente se deriva) son, por un lado, su concepción integral de proyecto único e integrador de aplicativos de todo tipo —docentes y de gestión con una visión y plataforma única— y el acceso totalmente personalizado y seguro a través de la tarjeta inteligente, lectores de chip y tecnología SSL.

El objetivo al desarrollar SUMA ha consistido en disponer de una plataforma:

— Basada en Tecnologías de la Información.
— Que posibilite el acceso remoto a una mayoría de alumnos desde sus hogares y aulas de libre acceso (alas), facilitando el acceso a discapacitados.
— *Software* completamente gratuito, desarrollado íntegramente en la Universidad de Murcia y, por lo tanto, sin coste extra de licencias para el usuario.
— Basada en una plataforma técnica abierta (UNIX) y relacional (Oracle).

Módulos de suma

— *Administrativo*: secretaria virtual.
— *Extracurricular*: reserva de actividades de ocio, chat, foros, tablón de anuncios.
— *Docente*: acceso a contenidos, correo, tutorías, chat, tablón de anuncios, foros, faq's, fichas de alumnos, autoevaluación.
— *Comercial*: acceso a información financiera y comercial.

Figura 11.80

Área Administrativa

En el área administrativa, SUMA ofrece las funciones de una Secretaría Virtual:

Consulta de Convocatorias

Permite a los alumnos conocer las fechas, horarios y ubicación de las aulas donde se realizarán los exámenes de las diferentes asignaturas, organizados por convocatorias.

Consultas de expedientes

Ofrece la posibilidad de consultar el expediente del alumno, tanto para docencia reglada como para no reglada.

Consulta nóminas del PAS y PDI

Permiten al PAS y PDI de la Universidad de Murcia el acceso a la información existente sobre su Curriculum Vitae y así como a datos económicos de su nómina. Uso restringido al PAS y PDI.

Solicitud de certificados

Mediante este módulo los alumnos pueden realizar la solicitud de certificaciones, tanto académicas como administrativas, a las secretarías de sus respectivos centros.

Información de Ordenación Docente

Posibilidad de acceder a información generada por la aplicación de Ordenación Docente de la Universidad de Murcia (para docencia reglada), tal como: departamentos, centros, titulaciones, horarios, etcétera.

Gestión de administración de cursos

Funcionalidades destinadas al gestor de cursos, que le permite dar de alta cursos, profesores y alumnos asociados al mismo, de forma rápida y sencilla.

Área Extracurricular

Dentro de este módulo, los usuarios de SUMA tienen acceso a actividades extracurriculares, no relacionadas con la docencia, y que complementan la oferta de servicios que ofrece SUMA a sus usuarios.

Reserva Alas

Las Alas (Aulas de libre Acceso), son salas informáticas donde los alumnos, a través de su carnet inteligente, pueden hacer uso de los equipos disponibles para uso particular, trabajos, acceso a Internet, etcétera, de forma totalmente gratuita.

Reservas deportivas

Este módulo permite efectuar reservas de las diferentes zonas deportivas de ámbito universitario. Tanto de actividades como de las distintas instalaciones de las que la Universidad de Murcia dispone. Permite también conocer la oferta de actividades deportivas que la Universidad de Murcia ofrece: cursos de iniciación a disciplinas deportivas, cursos de perfeccionamiento, etcétera.

Reservas médicas

Este módulo permite efectuar reserva de los servicios ofrecidos por el Centro Médico de la Universidad de Murcia, posibilitando la privacidad, comodidad y confidencialidad que herramientas de este tipo ofrecen.

Chat (Genérico)

Esta herramienta permite a todos los usuarios de SUMA conversar en modo *on-line*, con la posibilidad de guardar la sesión, crear nuevos canales, etcétera.

Tablón de Anuncios (Genérico)

Esta herramienta permite comunicar a todos los usuarios de SUMA información de carácter general.

Foros de Discusión (Genérico)

Esta herramienta permite crear temas a debatir para la participación de cualquier usuario de SUMA. Permite incluir conceptos gráficos como rechazo, opinión, respuesta...

Área docente

En este apartado se incluyen todos aquellos desarrollos relacionados con la docencia, en todos sus aspectos. Campus Docente se convertirá en un lugar donde puede obtenerse información general sobre las asignaturas, cursos, desarrollos complementarios (incluidos desarrollos multimedia) y pruebas de autoevaluación sobre las mismas. Dentro de este módulo se encuentran las siguientes herramientas:

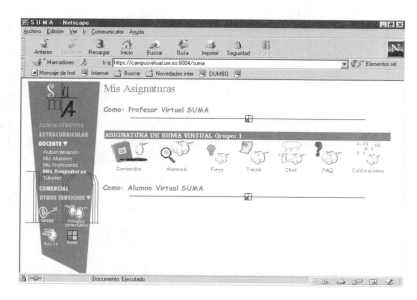

Figura 11.81

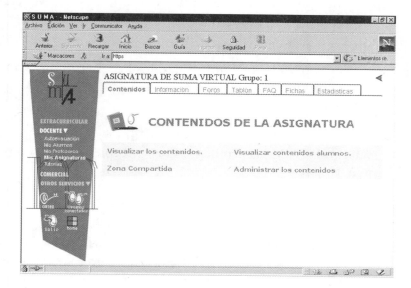

Figura 11.82

— Editor de Contenidos. Una herramienta que le permitirá al profesor:
  — Crear nuevos contenidos.
  — Añadir documentos y carpetas al contenido.
  — Previsualización de los contenidos.
  — Opciones sobre los formatos: fuentes, tamaño, estilo, color...
  — Posibilidad de insertar tablas, imágenes, referencias, etiquetas.
— Administrador de contenidos. Herramienta que permite al profesor trasladar sus contenidos desde su equipo local al servidor de SUMA y viceversa, de forma sencilla. Dispone de funcionalidades del tipo: copiar, cortar, pegar, refrescar, subir directorio, borrar, renombre, etcétera.

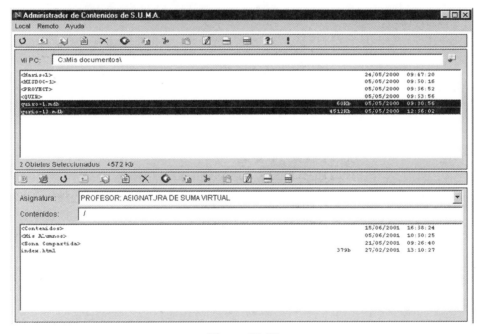

Figura 11.83

— Mi espacio Virtual. Herramienta que permitirá a los alumnos dejar aquellos trabajos que los profesores les soliciten en el servidor de SUMA, para que los profesores puedan evaluar.
— Faq's (Frecuently Answer Questions). Cuestiones más frecuentes ya resueltas. Que permiten al alumno disponer de soluciones a posibles problemas que se le puedan plantear sobre una determinada mate-

ria. El profesor, por lo tanto, evita tener que resolver preguntas que
año tras año se repiten sobre determinados temas. Posibilidad de:
crear, modificar, borrar, buscar, ordenar, consultas en línea, etcétera.
— Foros de discusión. Espacio donde se plantean temas a debatir y en
los que tanto profesores como alumnos pueden participar. Posibilidad de crear, borrar, participar, responder, buscar, ordenar, consultas en línea, etcétera.
— Mensajería. Considerando tres módulos:
   — Correo. Servicio de correo dentro del entorno SUMA, donde po-
     dremos tener todas las funcionalidades de un cliente de correo.

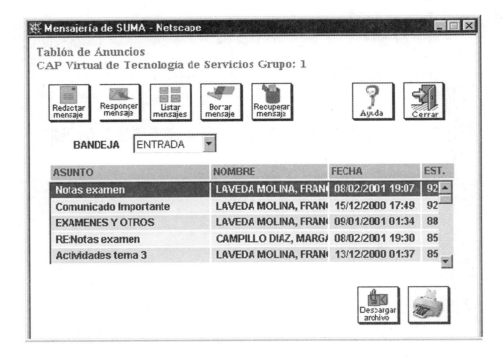

Figura 11.84

— Tablones de anuncios. Servicio que permitirá publicar información general para colectivos de usuarios. Las funcionalidades serán similares a las del correo.
— Tutorías. Herramienta para comunicación profesor-alumno, tanto *on-line* como *off-line*. El profesor tendrá la posibilidad de crear fa-

q's a partir de cuestiones que se le puedan plantear a través de las tutorías, además de las funcionalidades de las que dispone, similares al correo.

— Chat. Herramienta para la comunicación *on-line* entre alumnos y profesores. Podremos contar con las funcionalidades siguientes:

— Pruebas de Autoevaluación. Herramienta que permite al profesor definir pruebas tipo test para que sean resueltas por los alumnos. Permitirá al profesor:

— Crear una nueva prueba.
— Crear una prueba a partir de otra ya existente.
— Importar una prueba, con o sin adjuntos (formato XML).
— Configurar parámetros de corrección.
— Lanzar proceso de corrección.
— Obtener resultados estadísticos y pormenorizados de los alumnos.
— Incluir adjuntos a cada una de las cuestiones de la prueba. Imágenes, audio, vídeo.

VUPA. Universidad Politécnica Abierta *(http://online.upa.upv.es/LearningSpace4/student)*

La última plataforma que analizamos es la desarrollada por la Universidad Politécnica de Valencia para el desarrollo de cursos de postgrado y doctorado. La plataforma presenta, al igual que las anteriores que hemos revisado, un menú inicial a la izquierda a partir del cual a veces se abren ventanas sucesivas y en otras ocasiones un menú a la derecha. Ésta es la página de inicio de uno de los cursos:

Cada uno de los temas del curso está estructurado en los términos que aparecen en la Figura 11.85: una declaración de objetivos que se pretenden alcanzar con el tema, un resumen de las ideas claves más importantes del tema, el acceso a los contenidos, la evaluación, un resumen de los aprendido en el tema, las actividades y material complementario.

Al acceder a los contenidos, los alumnos encuentran una relación de documentos que incluyen generalmente una página de texto con imágenes y sin hipervínculos a otros archivos de contenido.

Como se puede observar en la Figura 11.87, las páginas de contenido se inician con unas orientaciones en las que se pide a los alumnos que realicen una lectura activa de los documentos que se les presentan, anotando, subrayando, reflexionando, etcétera.

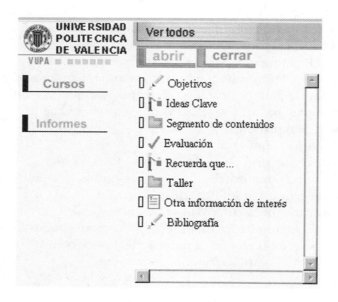

Figura 11.85

Junto a los contenidos, los alumnos se encuentran con unas evaluaciones en forma de pregunta de respuesta múltiple que deben responder y cuyos resultados se acumulan en el dossier del alumno. No hemos podido observar otros tipos de pruebas de evaluación salvo la aquí comentada.

Avanzando un poco más en las características de esta plataforma, hay un

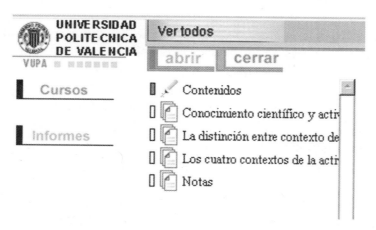

Figura 11.86

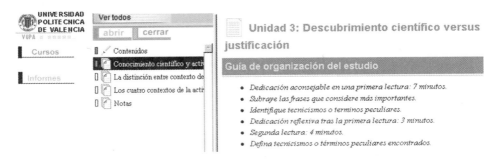

Figura 11.87

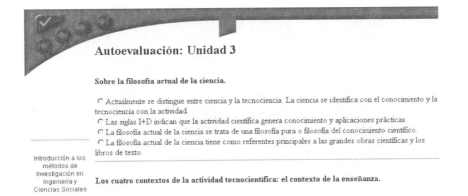

Figura 11.88

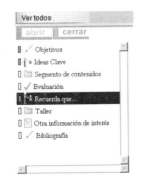

Figura 11.89

espacio reservado a resumir la información más importante que los alumnos deben haber aprendido. A este resumen siguen las posibles actividades
de desarrollo en el módulo denominado «Taller»:

El Taller es el espacio de realización de actividades, como la que aparece
en la figura 11.104, así como para ofrecer a los estudiantes más información en forma de artículos y bibliografía complementaria.

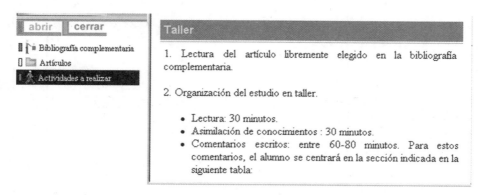

Figura 11.90

11.3. COMPARANDO ALGUNAS PLATAFORMAS TECNOLÓGICAS

Las comparaciones entre plataformas viene siendo una práctica habitual. La abundancia de plataformas (entiéndase que en este capítulo hemos hecho sólo una selección) obliga a las universidades y a las empresas a tomar en consideración valoraciones expertas a la hora de escoger
entre distintas plataformas. Uno de los estudios más recientes en español es el realizado por el Grupo Tadel (2001). También el GATE (Gabinete de TeleEducación) de la Universidad Politécnica de Madrid ha
elaborado una página comparativa. En el Anexo de este libro incluimos
una amplia relación de direcciones de plataformas, así como de páginas
que ofrecen comparaciones entre ellas. Tras la revisión realizada, trataremos de establecer algunas comparaciones entre las plataformas ya
descritas anteriormente. Lo haremos basándonos en varios criterios: aspectos técnicos (requisitos del sistema y conocimientos del usuario), características de la plataforma (licencia y acceso, ambiente de aprendizaje, herramientas de comunicación), diseño y evaluación del curso. Una

vez hecha esta precisión pasemos a continuación a establecer la comparación.

1. ASPECTOS TÉCNICOS

1.1. Requisitos técnicos del sistema para su utilización

	Blackboard 5	FirstClass	Learning Space	Netcampus	Virtual-U	WebCT
El servidor ha de trabajar en Windows NT	*	*	*	*	*	*
El servidor ha de trabajar en Unix	*	*	*		*	*
El servidor soporta CGI	*	*	*	*	*	*
Puede trabajar en sistema operativo Microsoft Windows	*	*	*	*	*	*
Puede trabajar en sistema operativo Linux	*	*	*	*	*	*
Puede trabajar en sistema operativo Macintosh		*	*	*	*	*
Navegador soporta aplicaciones java	*		*	*		*
Soportado por Internet Explorer 4.x o superiores	*	*	*	*	*	*

1.2. Conocimientos técnicos para su uso

	Blackboard 5	FirstClass	Learning Space	Netcampus	Virtual-U	WebCT
Los contenidos pueden crearse en ordenadores cuyo sistema operativo es Windows	*	*	*	*	*	*
Los contenidos pueden crearse en ordenadores cuyo sistema operativo es Macintosh	*	*	*	*	*	*
Los contenidos pueden trabajarse en ordenadores cuyo sistema operativo es Windows	*	*	*	*	*	*

Los contenidos pueden trabajarse en ordenadores cuyo sistema operativo es Macintosh	*	*	*	*	*
El lenguaje HTML es usado para la creación de los contenidos	*	*	*	*	*
No precisa de conocimientos de programación con HTML para el diseño de un curso	*	*	*	*	*

2. CARACTERÍSTICAS DE LA PLATAFORMA

2.1. Gestión de cursos: Licencias y acceso

	Blackboard 5	FirstClass	Learning Space	Netcampus	Virtual-U	WebCT
Acceso de usuarios previa clave suministrada por el administrador del curso	*	*	*	*	*	*
El nivel de acceso dentro del sistema depende del perfil que se asuma (administrados, instructor, alumno...)	*	*	*	*	*	*
Los alumnos pueden ver el listado de cursos en los que están matriculados	*	*	*	*	*	*
El perfil administrador puede dejar en manos de otros usuarios del curso la labor de gestión de altas y bajas	*		*		*	*
El administrador puede usar archivos externos al sistema para dar de alta a alumnos del curso	*	*	*	*	*	*

2.2. Ambiente de aprendizaje

	Blackboard 5	FirstClass	Learning Space	Netcampus	Virtual-U	WebCT
El interface del curso es principalmente gráfico	*		*	*	*	*

	Blackboard 5	FirstClass	Learning Space	Netcampus	Virtual-U	WebCT
Los distintos elementos que componen una propuesta formativa (objetivos, contenidos, etcétera) tienen un espacio definido	*	*	*	*	*	*
Es fácil insertar cambios en los contenidos del curso	*	*	*	*	*	*
El profesor puede regular el aprendizaje de los alumnos	*	*	*	*	*	*
La plataforma tiene algún recurso para que el profesor envíe recordatorios o avisos a los alumnos	*	*	*	*	*	*
La aplicación tiene algún sistema de ayuda para los usuarios del sistema	*	*	*	*	*	*
Presenta un servicio de ayuda *on-line*	*		*	*	*	*
La plataforma incluye motores de búsqueda	*		*	*		*

2.3. Sobre las herramientas de comunicación

	Blackboard 5	FirstClass	Learning Space	Netcampus	Virtual-U	WebCT
El alumno puede hacer uso de una página personal en la que incluye sus datos y fotografía	*	*	*	*	*	*
Presenta la función de agenda o calendario donde aparezcan señalados eventos o citas de interés	*	*	*	*	*	*
Permite la comunicación asincrónica entre los alumnos a través de correo electrónico	*	*	*	*	*	*
Permite la comunicación asincrónica entre los alumnos a través del foro	*	*	*	*	*	*
Estas herramientas de comunicación pueden usarse como medio de transmisión de ficheros adjuntos en diversos formatos	*	*	*	*	*	*
Permite la comunicación sincrónica entre los alumnos a través del chat	*	*		*	*	*
Permite la comunicación sincrónica entre la institución y los alumnos a través del chat	*	*		*	*	*
Las sesiones de chat pueden ser grabadas por la propia plataforma	*	*		*		*

	Blackboard 5	FirstClass	Learning Space	Netcampus	Virtual-U	WebCT
Pueden usarse herramientas síncronas de audio y vídeo como medio de comunicación	*	*		*	*	*

3. DISEÑO DEL CURSO

	Blackboard 5	FirstClass	Learning Space	Netcampus	Virtual-U	WebCT
Existen plantillas para la creación del contenido dentro de la plataforma		*	*		*	*
El sistema incluye una herramienta para la elaboración automática de un índice de contenidos	*		*	*	*	*
El sistema incluye una herramienta para la generación automática de un glosario			*	*	*	*
La plataforma permite realizar vínculos a páginas externas a la aplicación	*	*	*	*	*	*
Pueden utilizarse elementos multimedia en la confección de los cursos	*	*	*	*	*	*
Pueden utilizarse elementos Shockwave de Macromedia en la confección de los cursos	*	*	*	*	*	*

4. EVALUACIÓN DE ALUMNOS

	Blackboard 5	FirstClass	Learning Space	Netcampus	Virtual-U	WebCT
Es posible realizar pruebas y test *on-line*	*	*	*	*	*	*
Es posible realizar pruebas y test *on-line* cronometradas	*		*			*
Las pruebas cronometradas pueden ser puntuadas *on-line*	*		*			*
Pueden importarse pruebas confeccionadas previamente	*	*	*		*	*
Pueden ser creadas y puntuadas *on-line* pruebas de respuesta abierta	*	*	*	*	*	*

Pueden ser creadas y puntuadas *on-line* pruebas de respuesta breve	*	*	*		*	*
Pueden ser creadas y puntuadas *on-line* pruebas en las que hay que rellenar un espacio en blanco	*	*	*			*
Pueden ser creadas y puntuadas *on-line* tests de opción múltiple	*		*	*	*	*
Pueden ser creadas y puntuadas *on-line* tests de respuesta verdadero o falso	*	*	*	*	*	*
Pueden ser creadas y puntuadas *on-line* pruebas de relación	*	*	*		*	*
El profesor tiene recursos para realizar el seguimiento de sus alumnos a lo largo del curso	*	*	*	*	*	*
El alumno puede conocer sus progresos y calificaciones	*	*	*	*	*	*
La plataforma genera automáticamente informes sobre el progreso de los alumnos	*		*	*	*	*
Tras la elaboración de los tests el sistema genera automáticamente informes de evaluación de la prueba	*		*	*	*	*

Direcciones de las plataformas descritas

Plataforma	Dirección electrónica
Blackboard 5	http://www.blackboard.com
Netcampus	http://www.comunet-netcampus.com/
Cyberclass	http://www.cyberclass.com/
Didascalia	http://www.didascalia.com/
IT Campus Virtual	http://www.solucionesinternet.com
Learning Space	http://www.lotus.com/home.nsf/tabs/ learnspace
SUMA	http://www.suma.es/atica/suma/ aviso-suma.htm
Syfadis	http://www.syfadis.com/
TaskStream	http://www.taskStream.com/
Virtual Profe	http://www.ingenia.es
Virtual U	http://www.vlei.com/
VUPA	http://www.online.upa.upv.es/ learningspace4/student
WebCT	http://www.webct.com/

12

El Trabajo colaborativo y las Aplicaciones de Trabajo en Grupo (ATGs) a través de Internet

D. Puente

12.1. LA COLABORACIÓN EN INTERNET: ¿PASADO O PRESENTE?

Aunque los términos colaboración, comunidades virtuales y trabajo colaborativo a través de Internet puedan resultarnos muy actuales, no hay nada más lejano de la realidad. Internet nació como un proyecto con un claro enfoque colaborativo con la idea de conectar ordenadores a través de una red.

Katie Hafner y Matthew Lyon aclararon el verdadero origen de Internet como un proyecto en el que la colaboración jugó un papel decisivo:

Robert Taylor, nombrado director de la IPTO (Oficina para las Tecnologías de Procesado de la Información) en 1966, tuvo una brillante idea basada en las ideas propuestas por J. C. R. Licklidder en un artículo llamado «Man-Computer Symbiosis»[9]: ¿Por qué no conectar todos esos ordenadores? Al construir una serie de enlaces electrónicos entre diferentes máquinas, los investigadores que estuvieran haciendo un trabajo similar en diferentes lugares del país podrían *compartir recursos y resultados* más facilmente. En lugar de gastar el dinero en media docena de caros ordenadores distribuidos por todo el país, la ARPA (Agencia para Proyectos de Investigación Avanzados, agencia de la que dependía la IPTO de Roberts) podría concentrar sus recursos en un par de lugares instalando allí ordenadores muy potentes y crear una forma en la que todo el mundo pudiera acceder a ellos.

---

9. *http://gatekeeper.dec.com/pub/DEC/SRC/research-reports/abstracts/src-rr-061.html*

¿Qué es «compartir recursos y resultados» sino colaboración? Todo lo que ha rodeado y rodea a Internet es, en su más amplio sentido, un recurso dirigido a la colaboración. Ahora bien, llevando este capítulo a aspectos concretos y evitando caer en la tentación de teorizar sobre la teoría, debemos concretar que actualmente la colaboración en Internet atraviesa un periodo realmente atractivo:

- En la administración: partiendo del origen de Internet en el que el Ministerio de Defensa de los Estados Unidos pilotó la primera experiencia con Internet, todas las administraciones de los países avanzados del mundo son conscientes de su incalculable valor en la gestión de todas sus actividades.
- En el mundo empresarial: la incorporación de las tecnologías en el ámbito empresarial, el aumento experimentado por medianas y grandes empresas a lo largo de la geografía mundial y la economía global, etcétera. han dado como resultado la necesidad y la demanda de soluciones que hagan posible dicha globalización.
- En el mundo educativo: si bien la empresa ha tenido un papel relevante en los avances de Internet, la investigación también ha generado en el ámbito universitario una labor de incalculable valor. La comunicación entre centros de investigación ubicados en las universidades se ha desarrollado de una manera extraordinaria.

12.2. LA COLABORACIÓN ELECTRÓNICA COMO EVOLUCIÓN DEL TRABAJO COLABORATIVO TRADICIONAL

La colaboración es un proceso por el cual diferentes personas pueden trabajar juntas en una actividad intelectual, social, cultural o empresarial. Antes de la aparición de Internet, la colaboración entre personas de un grupo de trabajo se concretaba fundamentalmente en la realización de actividades presenciales organizadas de una forma más o menos estructurada, en la cual se establecían las pautas de trabajo de cada uno de los miembros del grupo, se debatían las ideas y se diseñaba y editaba un proyecto común. Como complemento a dichas actividades presenciales, recursos tales como el correo postal o el teléfono servían al objetivo de mantener en contacto a todos los miembros del grupo sin necesidad de estar reunidos en el mismo lugar.

Actualmente, la colaboración electrónica conecta a todos los miembros de un grupo a través de Internet utilizando herramientas tales como el correo electrónico o la WWW. El trabajo basado en Internet permite a un grupo comunicarse en cualquier momento y en cualquier lugar si se dispone de una conexión a Internet. Personas de diferentes partes de un edificio, provincia, país o continente pueden compartir información, colaborar en documentos comunes e ideas, estudiar o reflexionar sobre sus propias prácticas.

La colaboración electrónica puede llevarse a cabo de diferentes formas. A continuación describimos las más comunes[10].

- **Grupos de discusión o foros**: están centrados en asuntos, objetivos, proyectos o actividades concretas. Existen grupos abiertos en los que sus miembros se pueden solicitar información sin ningún tipo de moderación. Otros grupos, más estructurados, pueden usar un moderador para guiar la discusión y filtrar los mensajes.
- **Bases de datos** para organizar y recuperar información relevante cuando y donde sea necesaria. Los datos pueden ser insertados por todos los miembros de un grupo y ser recogidos por cualquiera de ellos para obtener información sobre referencias bibliográficas, proyectos, investigaciones, directorio de contactos...
- **Sistemas de archivos/documentos compartidos** para permitir que un grupo trabaje sobre estos simultáneamente de forma que puedan mostrar los documentos en tiempo real y discutir los contenidos a través del correo electrónico, la videoconferencia o el chat. A veces pueden llegar a tener sistemas de anotaciones y herramientas de edición para editar los documentos en línea.
- **Sistemas de comunicación a tiempo real** como chats y videoconferencias permiten la comunicación síncrona. En el chat los participantes pueden ver en la pantalla del ordenador lo que otra persona está escribiendo en el suyo. En la videoconferencia se combina la ventaja de la transmisión del audio con la de la imagen. Estos sistemas permiten a los usuarios discutir ideas, debatir problemas y compartir información cuando la comunicación cara a cara no es posible.

10. Electronic Collaboration: A Practical Guide for Educators is based upon work supported by the Office of Educational Research and Improvement (OERI), U.S. Department of Education, under Contract Number RJ96006401; the National Science Foundation (NSF), under Grant Numbers REC-9454769 (NSN) and ESI-9355605 (TEECH); and GTE Internetworking-Powered by BBN.

12.3. EL TRABAJO EN GRUPO. ALGO MÁS QUE COLABORACIÓN

La posibilidad de colaborar entre dos o más personas en algunas ocasiones puede dar lugar a interacciones esporádicas y espontáneas. En otras ocasiones, la colaboración puede concretarse en actividades o proyectos comunes en los cuales un número determinado de individuos trabajan juntos tras la consecución de un objetivo común, intercambiando información y conocimientos y contribuyendo activamente al logro del mismo.

Bases del trabajo en grupo

Un trabajo grupal, sea tradicional o basado en las tecnologías de la información, debe basarse en cuatro pilares que garantizan las bases sólidas de la actividad grupal y el desarrollo y finalización de un proyecto común.

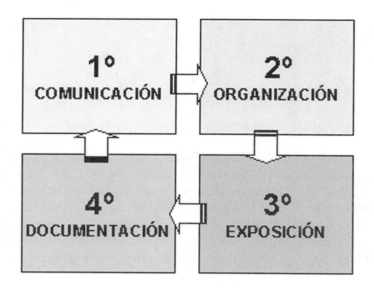

Figura 12.1

En primer lugar, la **comunicación** favorece la interacción entre los miembros de un grupo. Interacción que puede concretarse de diversas formas:

- Comunicación a tiempo real en la que los interlocutores participan activamente en el mismo momento en el que tiene lugar la comunicación.
- Comunicación diferida, en la que hay un período de tiempo más o menos largo entre la emisión del mensaje y la recepción del mismo.

En segundo lugar, la **organización** es un elemento que favorece la temporalización y la asignación de roles a todos sus miembros:

- La temporalización es necesaria para establecer días y horarios de reunión, tiempos de ejecución concretos y metas a corto, medio y largo plazo.
- La asignación de roles es fundamental para conocer quiénes forman parte del grupo y qué papel o rol tendrá cada uno dentro de él.

En tercer lugar, la **exposición** facilita la transmisión de determinadas ideas entre uno de los miembros de un grupo y los demás.

Por último, la **documentación** permite la concreción del trabajo en un soporte único que recoja las ideas de todos los miembros del grupo. Este único soporte sólo será alcanzado tras haberse superado un proceso de creación, maduración, edición y desarrollo de una o más fuentes de información.

12.4. INTRODUCCIÓN AL CONCEPTO DE APLICACIONES DE TRABAJO EN GRUPO (ATG)

Una Aplicación de Trabajo en Grupo (ATG) es aquélla que posibilita la creación y/o edición de archivos entre dos o más personas utilizando Internet o una red local como principal recurso sin precisar del apoyo de otras aplicaciones[11].

Como vemos, existen fundamentalmente dos características en toda ATG:

- La existencia de archivos (documentos de texto, hojas de cálculo, bases de datos...) susceptibles de ser modificados por un grupo.

---

11. Putting Learning at the Centre of the Web. *http://olt-bta.hrdc-drhc.gc.ca/download/79188final_e.pdf*

- Su autonomía, ya que una ATG debe contemplar todos los recursos necesarios para llevar a cabo un trabajo en grupo eficientemente, dotando al mismo de herramientas de organización, comunicación y edición, evitando la utilización de múltiples aplicaciones.

Una ATG no es:

- Una herramienta de comunicación que posibilita únicamente el contacto entre dos o más personas a tiempo real o diferido (sincrónica o asincrónicamente). Un foro, un grupo de news o un canal de chat, no es una ATG.
- Un entorno de formación basado en Internet. Estas aplicaciones (tales como WebCT, BlackBoard, TaskStream, LearningSpace...), como hemos visto en el capítulo anterior, en ocasiones disponen de módulos integrados que posibilitan el trabajo en grupo, pero habría que diferenciarlas de las ATG porque no todas estas aplicaciones disponen de dichos módulos.
- Cualquier aplicación destinada a cubrir de forma aislada una parte de los pilares de un trabajo grupal (organización, comunicación, exposición y/o documentación).
- Una aplicación destinada principalmente al ocio y a los encuentros esporádicos entre usuarios, que permite la comunicación entre varias personas en un momento dado pero que no dispone de la capacidad de organizar un trabajo en grupo (no disponen de agenda, de espacios de trabajo restringidos o de archivos susceptibles de editarse por cualquier miembro del grupo). Estas aplicaciones suelen tener en el chat su herramienta más importante, aunque suelen disponer de herramientas complementarias que hacen más atractivo el uso de las mismas. Un buen ejemplo de este tipo de aplicaciones es ICQ *(http://www.icq.com)*.

Principales recursos asociados a las ATG

Los recursos comunes a todas las ATGs pueden dividirse en cuatro categorías atendiendo a los pilares del trabajo en grupo a los que anteriormente nos referimos:

- Recursos para la comunicación.
- Recursos para la organización.
- Recursos para la transmisión de ideas.
- Recursos para la documentación.

Recursos para facilitar la comunicación:

Las ATGs disponen de sistemas propios de comunicación equivalentes al correo electrónico ordinario o a las listas de distribución. Además, en algunos casos pueden llegar a disponer de sistemas de videoconferencia integrados.

El correo personal

A diferencia del correo electrónico ordinario, el sistema de mensajería de una ATG recoge todos los mensajes en un único espacio restringido a la ATG. En este espacio no existen mensajes procedentes de personas ajenas al grupo de trabajo y sólo se visualizan los que son enviados dentro del grupo.

Un miembro del grupo podrá leer, responder o reenviar mensajes a los demás, con posibilidad de adjuntar ficheros. También podrá realizar búsquedas de mensajes según diferentes criterios y ordenarlos según el asunto, el remitente o la fecha de recepción.

Además, existen aplicaciones que mandan una copia del mensaje de la ATG al correo electrónico ordinario (cuenta POP) de forma que duplica las vías para llegar a los miembros de un grupo.

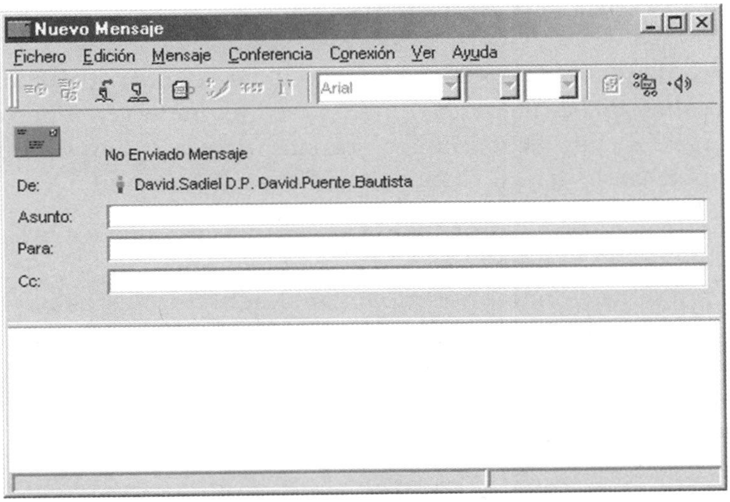

Figura 12.2

Los foros

Al igual que el correo personal, los foros ofrecen un espacio restringido para los miembros de una ATG, de forma que queda sujeto a la temática de la ATG y no a otras ajenas a la misma. El foro permite la emisión de mensajes a todos los miembros del grupo fácilmente y probablemente es la herramienta de comunicación más potente de una ATG, pues de una forma muy sencilla se llega a todos sus miembros.

El chat y la videoconferencia

Ambos recursos permiten la comunicación a tiempo real entre los miembros de una ATG. Actualmente, ambos recursos (chat y videoconferencia) tienen públicos distintos. En aquellos lugares en los que la transmisión de datos es fluida, se decantan claramente por la segunda opción, mientras que la primera queda sujeta a quienes tienen problemas de acceso a buenas conexiones o, simplemente, no disponen de equipos suficientemente dotados y equipados para acceder a la videoconferencia.

Principales recursos para facilitar la organización del trabajo:

Agenda personal / calendario

En el trabajo en grupo, la existencia de un calendario facilita la ubicación y localización de fechas de entrega de documentos y ficheros de trabajo y la organización de reuniones grupales o eventos importantes para el grupo, aportando un sencillo acceso a dicha información.

En algunas ATGs, esta utilidad es reemplazada por los avisos/mensajes a través del foro o del correo personal, aunque ambos recursos pueden ser poco funcionales porque normalmente no hace fácil la localización de dicha información al coexistir con mensajes de diferentes temáticas.

Centrados en la exposición de ideas

Este tipo de recursos permite la fácil transmisión de ideas entre los miembros de un grupo de trabajo a través de dibujos, imágenes, mapas e

Figura 12.3

incluso simulaciones y demostraciones tanto síncronas como asíncronas. En muchas ocasiones puede ser muy eficaz una sesión que combine este tipo de recursos con otros recursos como el chat o la videoconferencia.

Pizarra-e

Esta herramienta tiene una funcionalidad semejante a la pizarra tradicional posibilitando que uno o varios de los miembros de un grupo puedan, a tiempo real, representar sus ideas en la pantalla del espacio de trabajo siendo visualizadas por todos en ese mismo momento desde sus monitores.

El aspecto de la pizarra electrónica suele parecerse al Microsoft Paint (programa instalado por defecto en casi todas las versiones de Windows) y su utilización es muy sencilla. En algunas ocasiones, dependiendo de la aplicación, la imagen dibujada puede llegar a ser guardada en formato gráfico para ser retomada en una reunión posterior.

Aplicaciones de acceso a escritorios remotos (Remote Desktop Sharing)

Compartir la visualización del ordenador con un compañero del grupo puede ser una ayuda muy importante para la consecución de los objetivos del trabajo en grupo ya que puede permitir una mayor identificación del trabajo y de su nivel de elaboración. Además, si también incorporamos la posibilidad de que este compañero pueda interactuar con nuestro ordenador, posibilitando el uso de aplicaciones compartidas (Word, Excel, Access, etcétera) podemos ahorrarnos muchos esfuerzos en la puesta en común de los trabajos.

Si esta visualización y uso de aplicaciones compartidas se realiza a través de diferentes ordenadores sin la presencia física de los miembros del grupo, estamos haciendo mención a las aplicaciones de acceso a escritorios remotos.

Recursos centrados en la documentación

Probablemente el eje central de una ATG es el trabajo sobre archivos o documentos concretos. Para lograr dicho objetivo todas las ATGs generan un sistema de archivos con permisos de acceso según el perfil del miembro de un grupo. Generalmente, permitirá discriminar entre los siguientes perfiles de usuarios:

- Un perfil definido por la ATG podrá hacer que un miembro del grupo sólo lea los documentos, pero no los modifique (perfil con permiso de lectura).
- En otras ocasiones, un perfil podrá leer y modificar documentos, aunque no podrá crear otros nuevos documentos (perfil con permiso de lectura y escritura).

Ficheros compartidos

Es el elemento que mejor define a una ATG ya que en la mayoría de los casos el objetivo de la misma consiste en el trabajo sobre ficheros (generalmente documentos).

Todo fichero de una ATG dispone de permisos que hacen posible o no su modificación, borrado o lectura por un determinado grupo de usuarios. Por ejemplo:

en un grupo de trabajo pueden coexistir diferentes roles o perfiles:

— Administradores, que pueden crear y borrar ficheros de trabajo.
— Técnicos, que pueden modificar (editar) los ficheros creados por el administrador.
— Invitados, que sólo pueden abrir o leer los ficheros.

Puede ocurrir, además, que el administrador de una ATG disponga de diferentes grupos de trabajo, por lo que puede disponer de varios proyectos grupales con diversos miembros y ficheros en cada uno de ellos.

A continuación representaremos con un ejemplo la funcionalidad de una ATG en el trabajo con ficheros compartidos:

«En un curso de doctorado se han formado dos grupos de cinco alumnos (grupo A y grupo B) para la realización de un proyecto de investigación. El profesor de este curso ha abierto en una ATG dos espacios de trabajo (uno para cada grupo), de forma que los alumnos puedan trabajar desde casa de forma colaborativa.

El grupo A y el grupo B disponen a su vez de un coordinador que crea los documentos necesarios para desarrollar el trabajo y que serán susceptibles de edición por parte de los demás miembros de su grupo. Sin embargo, el grupo B no tiene acceso al espacio de trabajo del grupo A y viceversa.

Además, un alumno puede bloquear un documento imposibilitando que otro pueda modificarlo hasta que lo desbloquee, para evitar que existan diferentes versiones del mismo.

El profesor que, como administrador, tiene acceso a ambos espacios de trabajo, le ha abierto la posibilidad a un compañero de su departamento de acceder a los mismos con permiso de lectura, ya que su compañero no necesitará editar ni borrar documento alguno.»

Éste es un ejemplo de caso en el que la ATG puede ser de valiosa utilidad. No obstante, las ATGs avanzan rápidamente y cada vez son más las prestaciones que ofrecen.

Bases de datos

En algunos casos, la ATG perseguirá la creación de una base de datos de referencias, libros, direcciones webs, profesionales... de interés a los miembros del grupo.

Es especialmente interesante la utilidad de organizar la información según campos previamente fijados que permitan la fácil búsqueda y utilización de los registros que contenga y en algunos casos una ATG llega a disponer de herramientas que posibilitan dicho trabajo.

12.5. TIPOS DE APLICACIONES DE TRABAJO EN GRUPO

Ante todo este abanico de posibilidades y de recursos es evidente que el mercado ofrece soluciones distintas según el tipo de demanda a la que esté orientada. Las soluciones variarán según:

- El lugar y tipo de conexión utilizada: la ATG puede ser más o menos adecuada en función del lugar en el cual sus usuarios se conectan a la misma. Probablemente será distinta la solución si va dirigida a personas conectadas desde su puesto de trabajo o desde un sitio fijo que si va dirigida a personas conectadas desde diferentes sitios y con diferentes conexiones.
- El tamaño del grupo de trabajo: existen ATGs que facilitan una mayor robustez y experiencia en la gestión de grandes grupos de trabajo, mientras que otras, por diversos factores, van más dirigidas a un número menor de miembros.

A continuación clasificaremos las ATGs en función de tipo de acceso para el usuario (miembro de un grupo de trabajo). En cada categoría comentada se recogen, al menos, dos aplicaciones que pueden ser, en mayor o menor medida, representativa de la misma.

> **Nota:** la selección de dichas aplicaciones ha sido realizada en función de su facilidad de acceso a demostraciones y/o versiones de evaluación/demostración.

ATGs en WEB
Definición

Las ATGs en Web son entornos de trabajo en grupo instalados en servidores web y accesibles a través de un navegador de Internet. Estas ATGs son susceptibles de ser utilizadas tanto en una red local (Intranet) como en

Internet, requiriendo en ambos casos de un *hardware* y *software* adaptados a las características específicas de la aplicación.

Las ventajas

- Al ser instaladas en servidores, están siempre operativas y accesibles para todo el grupo, independientemente del momento en el que se conecten sus miembros.
- Facilidad de acceso para los miembros del grupo, ya que sólo precisan de un navegador de Internet.
- Son muy adecuadas para quienes, principalmente por motivos de movilidad, necesitan acceder a Internet desde cualquier lugar que tenga conexión a la red.
- Son multiplataforma, es decir, un mismo espacio de trabajo puede ser accesible desde un PC con Windows, un Mac con OS2 o un Linux / UNIX.
- Las actualizaciones del *software* sólo deben realizarse en el servidor. Los miembros del grupo verán las actualizaciones automáticamente.

Las desventajas

- Las ATGs en Web precisan de un servidor web para ser accesibles. Dicha necesidad puede ser ventajosa, como antes mencionamos, pero implica un coste económico añadido que variará según numerosos factores.
- En el caso en el que la ATG esté instalada en un servidor propio, precisa de un profesional que administre la instalación del *software* en dicho servidor.
- Difícil compatibilidad entre todos los navegadores. Actualmente, esto es cada vez más complicado y las compañías u organismos que desarrollan este tipo de ATGs se ven obligados en numerosas ocasiones, a implementarlas en un único navegador.

En algunas ocasiones se da el caso en el que una ATG puede ser visualizada y utilizada únicamente en determinadas versiones de un navegador (por ejemplo, es accesible desde el Netscape 4.7 pero no desde el Netscape 6.0).

Como consecuencia, los usuarios de este tipo de herramientas se ven obligados a utilizar, dependiendo del *software*, un navegador u otro y en algunas ocasiones esta decisión puede llegar a colisionar con los intereses de su empresa (por ejemplo, una empresa puede contemplar el uso de Iexplorer en sus equipos pero puede ser reacia a instalar Netscape).

Ejemplos de ATGs en Web

BSCW *(http://bscw.gmd.de)*

BSCW ofrece «Espacios de trabajo compartido» que los grupos utilizan para almacenar, editar, compartir y manejar sus documentos. En un espacio de trabajo compartido, los grupos de trabajo pueden compartir documentos, independientemente de los diversos sistemas operativos que utilicen.

BSCW mantiene informado a todos los miembros de un grupo de todos los eventos relevantes en su espacio de trabajo compartido, de forma que un miembro puede programar que BSCW le remita un mensaje de correo avisándole de cualquier novedad o modificación. Se facilita la tarea de cargar documentos con un pequeño programa cliente denominado «Ayudante BSCW» que aumenta la capacidad de su explorador de web.

Para cooperación a tiempo real, BSCW también proporciona herramientas de:

- Planificación y organización de reuniones.
- Inicialización de reuniones «virtuales» empleando programas de videoconferencia o por teléfono.
- Comunicación *ad hoc* con cooperadores que han iniciado una sesión y actualmente están en un espacio de trabajo compartido trabajando, quizá con una tarea compartida.

Herramientas complementarias:

BSCW JBrowser: es una aplicación Java integrada con BSCW que permite la carga y edición de archivos en un entorno semejante al explorador de Windows.

Figura 12.4

BSCW Monitor: permite visualizar si algún miembro del grupo de trabajo está dentro del espacio de trabajo.

Otras aplicaciones que utilizan la WWW para el trabajo en grupo son:

- **GroupLounge:** *http://www.grouplounge.net/*
- **Same-Page eStudio:** *http://www.vrtual1.com/studio/v2/*

FICHA TÉCNICA BSCW

URL: http://bscw.gmd.de
IDIOMA: alemán, castellano, catalán, francés, inglés, italiano
NAVEGADORES: Netscape (v. 3 y sup.), Internet Explorer (v. 4 y sup.)
SOFTWARE CLIENTE: ayudante de BSCW: facilita determinadas tareas relacionadas con la carga de archivos
SERVIDOR: UNIXs, NT/2000
ACCESO A DEMOS / DESCARGA *SOFTWARE*:
en *http://bscw.gmd.de* existe la posibilidad de acceder al BSCW instalado en Alemania.
Software servidor. 90 días / 200 usuarios
MANUAL / INSTRUCCIONES:
http://bscw.gmd.de/bscw_help-3.2/spanish/contents.html
PRECIO: gratuita para colegios, institutos y universidades. Consultar precio para otro tipo de entidades.

Aplicaciones de Trabajo en Grupo con tecnología cliente/servidor

Definición

Son ATGs que precisan de la instalación de dos aplicaciones específicas para su funcionamiento, una en el ordenador del usuario y otra en un servidor de red.

- Al tener cada miembro del grupo de trabajo una aplicación cliente para acceder al espacio de trabajo colaborativo, son independientes de un navegador y no están sujetas a las variaciones que los mismos realizan entre sus propias versiones.
- La velocidad de acceso a la información suele ser alta.
- El acceso a la ATG requiere una conexión a la red, esta conexión puede ser realizada sólo para determinadas operaciones, ya que en algunos casos el usuario puede trabajar en modo local (con su apli-

cación cliente) y conectarse sólo para recibir o remitir la información nueva.

Desventajas

- Precisan un servidor con un sistema operativo concreto ya que no es corriente localizar el mismo *software* disponible para diferentes plataformas (UNIXs, Windows...)
- Los miembros de un grupo necesitan ordenadores que tengan instalado el *software* de acceso al servidor, ya que de lo contrario no es posible acceder a su información.

Ejemplos de ATGs con tecnología cliente/servidor

FirstClass (http://www.softarc.com/)

Es un sistema reconocido a nivel internacional, y utilizado por entidades tan importantes como la Open University (primer centro que desarrolló un sistema de teleformación basado en una plataforma de teleformación). Este sistema ha sido desarrollado por la compañía SoftArc, siendo la versión 6 la última versión existente.

En general, con FirstClass es posible enviar y recibir mensajes de correo electrónico, transferir textos y ficheros gráficos a otros usuarios, navegar y enviar mensajes a los foros de discusión, organizar determinados apartados o utilidades para un fácil acceso, así como publicar contenidos de un curso.

Además, a través de las conferencias se puede:

- Delegar trabajo en otros usuarios.
- Poner en práctica trabajos colaborativos.
- Enviar mensajes a un grupo genérico de personas.
- Enviar documentación a determinados usuarios.
- Guardar mensajes y crear calendarios personales.

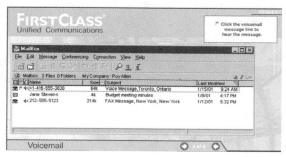

Figura 12.5

La herramienta calendario (individual y de grupo, y visualizable por días, semanas o meses), también se integra en esta plataforma, pudiéndose almacenar determinados eventos como reuniones y tareas que el alumno debe realizar.

La herramienta síncrona de comunicación existente en FirstClass es el chat, existiendo dos tipos: públicos y privados. Los chat públicos los puede establecer solamente el tutor o administrador del curso, mientras que los chat privados los pueden iniciar los alumnos. En ambos tipos, las conversaciones pueden ser grabadas en un fichero de texto.

FICHA TÉCNICA FIRSTCLASS (Versión 6)

URL   *http://www.softarc.com/*
IDIOMA: la aplicación cliente de FirstClass está traducida a alemán, castellano, francés, finlandés, portugués, inglés, danés, noruego e italiano.
NAVEGADORES: Netscape e Internet Explorer (v. 4 y superiores)
***SOFTWARE* CLIENTE**: aunque se puede acceder a través de la WWW, es recomendada su utilización ya que mejora notablemente la velocidad de transmisión y las posibilidades de FirstClass.
***SOFTWARE* SERVIDOR**: NT/2000 y actualmente preparan la versión para UNIXs.
ACCESO A DEMOS / DESCARGA *SOFTWARE*:
se puede descargar el cliente de FirstClass para acceder a un servidor de pruebas desde *http://www.softarc.com/downloads/client.html*.
MANUAL INSTRUCCIONES: *http://www.softarc.com/downloads/doc.html*
PRECIO: consultar

TeamWave (http://www.teamwave.com)

Es una aplicación que lleva desarrollándose y ampliando sus funcionalidades desde 1997. Se fundamenta en la creación de espacios (rooms) en los que se pueden insertar numerosos recursos tales como libreta de direcciones, foros, chat, enlaces a URLs, ficheros compartidos, etcétera. Además, incorpora la posibilidad de realizar votaciones, insertar notas y poner en marcha lluvias de ideas a través del entorno.

TeamWave puede ser modificado y personalizado según lo que el grupo de trabajo necesite. Para ello cuenta con una aplicación que permite ampliar sus posibilidades a través de Tcl/Tk (un conocido lenguaje de scripts).

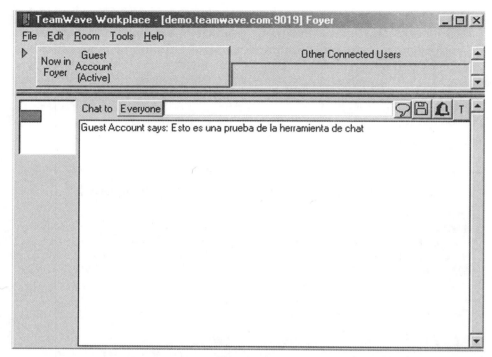

Figura 12.6

FICHA TÉCNICA DE TEAMWAVE (Versión 4.3)

URL: *http://www.teamwave.com*
IDIOMA: inglés
NAVEGADORES: no
CLIENTE: dispone de *software* cliente para Windows, Machintosh y UNIXs.
SERVIDOR: NT/2000
ACCESO A DEMOS / DESCARGA *SOFTWARE*:
se puede descargar el cliente de TeamWave desde *http://www.teamwave.com/demo_server* para acceder a un servidor de pruebas.
MANUAL INSTRUCCIONES: *http://www.teamwave.com/help*
PRECIO: existen precios distintos según el comprador de la licencia sea un organismo educativo o no.
10 usuarios / 299$ (O. Educativo) — 399$ (Licencia regular)
50 usuarios / 899$ (O. Educativo) — 1499$ (Licencia regular)

Aplicaciones de Trabajo en Grupo cliente/cliente o de bases de datos distribuidas

Definición

Son aquellas que, instaladas en un grupo de dos o más ordenadores, permiten la carga, descarga, visualización y/o edición de archivos localizados en cualquier ordenador del grupo, siempre y cuando éste haya permitido la visualización o edición de los mismos.

Probablemente, la más conocida de este tipo de aplicaciones es la aplicación de Microsoft llamada Windows NetMeeting (actualmente por la versión 3.01) la cual, como la mayor parte de las ATGs, incorpora chat, pizarra y transferencia de ficheros. Además, permite el uso de aplicaciones externas ubicadas en cualquier ordenador del grupo.

Ventajas

- La sencillez de instalación y configuración: estas aplicaciones generalmente suelen ocupar poco espacio de disco duro y no necesitan excesivos conocimientos técnicos para su funcionamiento.
- No precisan un servidor para su funcionamiento: tal y como hemos mencionado, al tener repartidos los datos entre varios ordenadores personales, únicamente precisa que éstos estén conectados con la aplicación abierta para poder realizar el trabajo colaborativo.

Figura 12.7

Desventajas

- Fuerte dependencia del espacio temporal: al basarse en un sistema de datos distribuidos por diferentes ordenadores personales, para algunas facetas del trabajo colaborativo se precisa un trabajo en el mismo espacio de tiempo.
- Poca relevancia de los diferentes roles entre los miembros de un grupo de trabajo. Mientras que en otras ATGs existen perfiles dentro del grupo con diferentes privilegios (unos pueden crear documentos, otros sólo leerlos, etcétera) en este tipo de ATGs generalmente la relación está fundamentada entre iguales.

Ejemplos de ATGs

Groove *(http://www.groove.net)*

Groove es una herramienta de colaboración y compartición de conocimiento. A diferencia de las herramientas típicas de este tipo, está basada en tecnología *peer-to-peer* (entre iguales).

Un *software* como Groove (peer-to-peer) implica la no existencia de diferentes privilegios entre los usuarios que están trabajando con un espacio de trabajo compartido ya que todos pueden aportar información, comunicarse y realizar actividades del espacio de trabajo sin más limitación que la pertenencia o no a dicho espacio.

En la página siguiente transcribimos un comentario de un usuario que utiliza Groove en el desarrollo de proyectos.

«Yo lo estoy usando para colaborar con colegas en proyectos. Genero "Espacios Compartidos" en los que incluyo los documentos en preparación y los enviados al cliente, una discusión (para intercambiar ideas). Luego invito a mis colegas al espacio, por e-mail. Ellos instalan Groove y cada uno aporta su parte al proyecto.»

NetMeeting 3.01 *(http://www.microsoft.com/windows/netmeeting)*

Probablemente es el más conocido de las ATGs que en este capítulo se comentan. Su principal característica, que la diferencia de las demás, es su

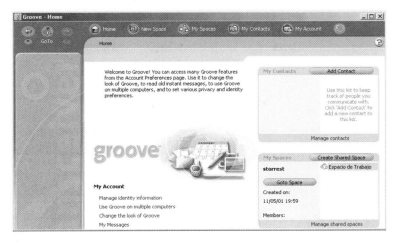

Figura 12.8

FICHA TÉCNICA GROOVE

URL: *http://www.groove.net*
IDIOMA: inglés
NAVEGADORES: no
***SOFTWARE* CLIENTE**: Groove Preview Edition o Groove 1.0
***SOFTWARE* SERVIDOR**: no existe
ACCESO A DEMOS / DESCARGA SOFTWARE:
groove se descarga de *http://www.groove.net/products/*
MANUAL INSTRUCCIONES: en *http://www.groove.net/products/whitepapers*
se pueden localizar artículos y documentación suficiente para conocer en profundidad las posibilidades de Groove (en inglés).
PRECIO:
 — Groove Preview Edition es un producto gratuito y puede ser utilizado sin límite alguno.
 — Groove 1.0 tiene un coste de 49$ por usuario y dispone de mejoras en las características de seguridad.

caracter totalmente síncrono, pues necesita la presencia en línea de más de un miembro del grupo de trabajo para ser operativo.

Su integración con MSN Messenger y con las aplicaciones de Microsoft hacen de NetMeeting un buen recurso para comunicarse y trabajar colaborativamente sobre documentos comunes.

Cabe destacar la posibilidad de acceso a escritorios remotos, de forma que una persona puede visualizar el escritorio de un compañero y acceder a todas sus aplicaciones de forma fácil y rápida.

Figura 12.9

FICHA TÉCNICA NETMEETING (Versión 3.01)

URL: *http://www.microsoft.com/windows/netmeeting*

IDIOMA: alemán, castellano, francés, finlandés, portugués, inglés, danés, noruego, italiano...

NAVEGADORES: no

SOFTWARE CLIENTE: necesario

SOFTWARE SERVIDOR: no es necesario

ACCESO A DEMOS / DESCARGA SOFTWARE:

aunque viene instalado con las últimas versiones de los diferentes sistemas operativos de Windows, se puede descargar la última versión de:

http://www.microsoft.com/windows/netmeeting/download/

MANUAL INSTRUCCIONES: *http://www.microsoft.com/windows/ netmeeting/features*

PRECIO: gratuito e incorporado a Windows 98, Millenium y 2000.

Referencias

Abbey, B. (2000). *Instructional and Cognitive Impacts of Web-Based Education*. Londres, IDEA Group Pub.

ADGA Group (1998). *Instruction and Design Principles for Multimedia Computer Based Training. Http://www.adga.ca/aim_docs/gd2sect6.htm.*

Asociación de Usuarios de Internet et al. (2001). *Informe sobre el Estado de la Teleeducación en España. Http://www.aui.es/biblio/libros/mi_2001/ponencia16.zip.*

Barron, A. (1998). Designing Web-based Training. *British Journal of Educational Technology.* Vol. 29, Nº 4, pp. 355-370.

Bou Bouzá, Guillem, *El guión multimedia,* Madrid, Anaya Multimedia, 1997.

Cachón, L. Et al. (1998). *Nuevos yacimientos de empleo en España.* Madrid, Ministerio de Trabajo y Asuntos Sociales.

Castells, M. (1997). *La era de la información. Economía, sociedad y cultura. Vol. 1. La Sociedad Red.,* Madrid, Alianza.

Chang, E. and Simpson, D. (1997) The Circle of Learning: Individual and Group Processes. *Educational Policy Analysis Archives,* 5 (7). *http://olam.ed.asu.edu/epaa.*

Collins, A. (1998). *El potencial de las tecnologías de la información para la educación.* En C. Vizcarro y J. León. (Eds.). *Nuevas tecnologías para el aprendizaje,* Madrid, Pirámide, pp.29-51.

Collis, B. (1996). *Tele-learning in a digital world. The future of distance learning.* London, International Thomson Computer Press.

Cornella, Alfons, *Infonomía.com. La empresa es información,* Bilbao, Ediciones Deusto, 2000.

Delicado, Javier, *Sistemas Multimedia,* Madrid, Editorial Síntesis, 1996.

Delors, J. (1996). *La educación encierra un tesoro.* Madrid, Santillana/Ediciones UNESCO.

Díaz, Paloma / Catenazzi, Nadia / Aedo, Ignacio, *De la multimedia a la hipermedia*, Madrid, Ediciones RA-Ma, 1998.

European Experts Network for Educational Technology. *How learning is changing: information and communications technology across Europe. http://www.eenet.org/news/ documentation/report.pdf.*

Fernández-Coca, Antonio, *Producción y diseño gráfico para la Worl Wide Web*, Barcelona, Paidós, 1998.

Fortune (2000). *E-learning strategies for executive education and corporate training*

Fundesco (1998). *Teleformación. Un paso más en el camino de la Formación Continua.* Madrid: fundesco.

García Aretio, L. (2001). *La educación a distancia. De la teoría a la práctica.* Barcelona, Ariel.

García Fraile, J.A. (2000). Educación y formación para el nuevo milenio: el caso de los nuevos yacimientos de empleo. En A. Monclús Estella (coord.). *Formación y Empleo: Enseñanza y competencias*, Granada, Comares, pp. 281-306.

Gil, Philippe (2000). *E-Formation. NTIC et reegineering de la formation professionnelle.* París, Dunod.

Gros, B (Coord) (1997). *Diseños y programas educativos. Pautas para el diseño de software educativo*, Barcelona, Ariel.

Grupo Tadel (2001). Estudio de los sistemas informáticos de formación basados en *Internet. http://www.telematicotransportes-ftcm.org/contenidos/contenidos.html.*

Hafner, K.; Lyon, M. *Where Wizards Stay Up Late: The Origins of the Internet.* Edit. Simon and Schuster.

Hannum, W. (2001). Web-Based Training: Advantages and Limitations. En B. Khan (Ed.). *Web-Based Training*, New Jersey, Educational Technology Publications, pp. 13-20.

Hedberg, J., Brown, C. and Arrighi, M. (1997). Interactive Multimedia and Web-Based Learning: Similarities and Differences. En B. Khan (Edit.) *Web-Based Instruction.* Nueva Jersey, Englewood Cliffs, pp. 47-58.

Horton, W. (2000). *Designing Web-Based Training.* New York, John Wiley.

Hrabe, M., Kinzie, M. and Julian, M. (2001). Web-Based Case Studies: A Multipurpose Tool for the Training Toolkit. En B. Khan (Ed.). *Web-Based Training*, Nueva Jersey, Educational Technology Publications, pp. 451-458.

Informe de la Comisión al Consejo y al Parlamento Europeo (2000): Concebir la educación del futuro. Promover la innovación con las nuevas tecnologías. *http://prometeus.org/eEurope/COM2000_23final/td.es.html*

Jonassen, D. et al. (1997). Cognitive Flexibility Hypertexts on the Web: Engaging Learners in Meaning Making. En B. Khan (Edit.) *Web-Based Instruction*. Nueva Jersey, Englewood Cliffs, pp. 119-133.

Jonassen, D. (2000). Toward a Design Theory of Problem Solving. *Educational Technology Research and Development*. Vol. 48, N° 4, pp. 63-85.

Keegan, D. (1988). On defining Distance Education. Distance Education: International Perspectives (Eds. Sewart, D., Keegan, D. and Holmberg, B.). Mueva York: Routledge, Chapman & Hall, Inc.

Khan, B. (1997). Web-Based Instruction (WBI): What Is It and Why Is It?. En B. Khan (Edit.) *Web-Based Instruction*. Nueva Jersey, Englewood Cliffs, pp. 5-18.

Khan, B. (2001). Web-Based Training: An introduction. En B. Khan (Ed.). *Web-Based Training*, Nueva Jersey, Educational Technology Publications, pp. 5-12.

Khan, B. (2001). A Framework for Web-Based Learning. En B. Khan (Ed.). *Web-Based Training*, Nueva Jersey, Educational Technology Publications, pp.75-98.

Kommers, P. and Lanzing, J. (1998). Mapas conceptuales para el diseño de sistemas de hipermedia. Navegación por la Web y autoevaluación. En C. Vizcarro y J. León. (Eds.). *Nuevas tecnologías para el aprendizaje*, Madrid, Pirámide, pp.103-127.

Kristof, Ray / Satran, Amy, *Diseño interactivo*, Madrid, Anaya, 1998.

Leflore, D. (2000). Theory Supporting Design Guidelines for Web-Based Instruction. En B. Abbey (Ed.). *Instructional and Cognitive Impacts of Web-Based Education*. Londres, IDEA Group Publishing, pp. 102-117.

Marx, R. Et al. (1998). New Technologies for Teacher Professional Development. *Teaching and Teacher Education*. Vol. 14, N° 1, pp. 33-52.

Massy, J. (2000). How Digital Learning Differs in Europe. *ASTD. Learning Circuits*. March. *http://www.learningcircuits.com/mar2000/massy.html*.

McCormack, C. and Jones, D. (1998). *Building a Web-Based Education System*. Nueva York, Wiley Computer Publishing.

McCrea, F., Gay K. and Bacon, R. (2000) Riding the Big Waves: A White Paper on the B2B e*Learning Industry. *http://www.tweisel.com/client/public/white/ mccrea.pdf*.

Marcelo, C. (2000). Formación y Nuevas Tecnologías: Posibilidades y condiciones de la teleformación como espacio de aprendizaje. En A. Estebaranz (coord.). *Construyendo el cambio: Perspectivas y propuestas de innovación educativa*, Sevilla, Servicio de Publicaciones de la Universidad, pp. 429-444.

Moore, M. and Kearsley, G. (1996). *Distance Education. A System View*. Londres, Wadsworth Pub. Co.

Moreno Muñoz, Antonio, *Diseño ergonómico de las aplicaciones hipermedia*, Barcelona, Paidós, 2000.

Morgan, C. and O´Reilly, M. (1999). *Assessing Open and Distance Learners*. Londres, Kogan Page.

Nielsen, Jakob, *Usabilidad. Diseños de sitios web*, Madrid, Prentice Hall, 2000.

Palloff, R. and Pratt, K. (1999). *Building Learning Communities in Cyberspace*. San Francisco, Jossey-Bass.

Peña, Jaime / Vidal, Mª del Carmen, *Diseño de páginas web*, Madrid, Anaya Multimedia, 2000.

Reigeluth, C. (1999). ¿En qué consiste la teoría de diseño educativo y cómo se está transformando? En Ch. Reigeluth (Ed.). *Diseño de la Instrucción. Teorías y modelos*, Madrid, Santillana, pp. 15-40.

Relan, A. and Gillani, B. (1997). Web-Based Instruction and the Traditional Classroom: Similarities and Differences. En B. Khan (Edit.) *Web-Based Instruction*. Nueva Jersey, Englewood Cliffs, pp. 41-46.

Revolutionizing corporate training and strategy. A Revolution Is Under Way - A Revolution in the Way People Learn. *http://www.fortune.com/fortune/sections/online-learn/onlinelearn.htm*

Romiszowki, A. (1997). Web-Base Distance Learning and Teaching: Revolutionary Invention or Reaction to Necessity?. En B. Khan (Edit.) *Web-Based Instruction*. Nueva Jersey, Englewood Cliffs, pp. 25-37.

Santos Guerra, M.A. (1993). *La evaluación. Un proceso de diálogo, comprensión y mejora*, Málaga, Aljibe.

Siegel, David, *Técnicas avanzadas para el diseño de páginas WEB*, Madrid, Anaya Multimedia, 1997.

Silberman, M. (1998). *Aprendizaje activo. 101 estrategias para enseñar cualquier tema*. Buenos Aires, Troquel.

Steiner, Virginia. *Distance Learning Resource Network. http://www.wested.org/tie/dlrn.*

Stevens, G. And Stevens, E. (1995). *Designing electronic performance support tools*. Englewood Cliffs, Educational Technology Pub.

The United States Distance Learning Association.

Universidad Politécnica de Madrid. Gabinete de TeleEducación. «Informe sobre Tele-Educación en la formación de Postgrado». *http://www.gate.upm.es/informeg.htm*

Urdan, T. and Weggen, C. (2000). *Corporate e-learning: Exploring a New Frontier.*

WR.Hambrecht+Co. *http://www.wrhambrecht.com/research/coverage/elearning/ir/ir_explore. html.*

Wasserman, S. (1994). *El estudio de caso como método de enseñanza,* Buenos Aires, Amorrortu.

Welsh, T. (1997). An Event-Oriented Design Model for Web-Based Instruction. En B. Khan (Edit.) *Web-Based Instruction.* Nueva Jersey: Englewood Cliffs, 159-165.

Zhang, J. et al. (2001). Review of Web-Based Assessment Tools. En B. Khan (Ed.). *Web-Based Training,* Nueva Jersey, Educational Technology Publications, pp. 287-295.

ANEXO. Navegando por la web: direcciones de interés sobre teleformación

ASOCIACIONES RELACIONADAS CON LA EDUCACIÓN A DISTANCIA

Adult Education Network (AEN)	*http://home.global.co.za/~proplib/*
Adult Literacy and Technology Network	*http://www.otan.dni.us/webfarm/alt/home.html*
African Distance Learning Association	*http://www.physics.ncat.edu/~michael/adla/*
American Association for Higher Education (AAHE)	*http://www.aahe.org/*
American Center for the Study of Distance Education (ACSDE)	*http://www.cde.psu.edu/ACSDE*
ANCED	*http://www.anced.es/*
Annenberg-CPB Project	*http://www.learner.org/aboutacpb/*
Arab Network For Open & Distance Education	*http://www.anoded.org/*
Asian Association of Open Universities (AAOU)	*http://www.ouhk.edu.hk/~AAOUNet/*
Asociación de Educación y Formación Virtual por Internet (AEFVI)	*http://www.aefvi.org/*
Asociación de Televisión Educativa Iberoamericana (ATEI)	*http://roble.ptnic.mec.es/atei*
Asociación de Usuarios de Internet (AUI)	*http://www.aui.es/*
Asociación de Usuarios Españoles de Satélites para la Educación (EEOS)	*http://www.uib.es/depart/gte/eeos.html*
Asociación Iberoamericana de Educación Superior a Distancia (AIESAD)	*http://www.uned.es/aiesad/*
Asociación Mexicana de Educación a Distancia	*http://www.amed.org.mx/amed/index.html*
Associação Brasileira de Educação a Distância (ABED)	*http://www.abed.org.br/*
Associação Brasileira de Tecnologia Educacional (ABT)	*http://www.intelecto.net/abt/*
Association for Applied Interactive Multimedia (AAIM)	*http://www.aaim.org/*
Association for Computer Professionals in Education, Inc. (ACPE)	*http://www.netc.org/acpe/*
Association for Computing Machinery (ACM)	*http://www.acm.org/*
Association for Educational Communications & Technology (AECT)	*http://www.aect.org/*
Association for Learning Technology (ALT)	*http://www.csv.warwick.ac.uk/alt-E/index.html*
Association for Media and Technology in Education in Canada (AMTEC)	*http://www.amtec.ca/*

Association for the Advancement of Computing in Education (AACE) — http://aace.virginia.edu/AACE/home.html

Association of European Correspondence Schools (AECS) — http://www.xxlink.nl/aecs/index.htm

Asynchonous Learning Network (ALN) — http://www.aln.org/

Australasian Teleconferencing Association (ATA) — http://www.telstra.com.au/press/event/ata/

British Association for Open Learning (BAOL) — http://www.baol.co.uk/

Canadian Association for Distance Education - Association canadienne de l'education a distance (CADE - L'ACED) — http://www.cade-aced.ca/

Center for Distance Learning Research (CDLR) — http://www.cdlr.tamu.edu/

Center for Educational Leadership and Technology (CELT) — http://www.celtcorp.com/

Coalition for Networked Information (CNI) — http://www.cni.org/

Commonwealth of Learning (COL) — http://www.col.org/

Computer-Using Educators (CUE) — http://www.cue.org/

Consortium for School Networking (CoSN) — http://www.cosn.org/

Consortium of College and University Media Centers — http://www.indiana.edu/~ccumc/

Corporation for Research & Educational Networking (CREN) — http://www.cren.net/

CREAD - Consorcio Red de educación a distancia — http://www.outreach.psu.edu/CREAD

Distance Education and Training Council (DETC) — http://www.detc.org/

Distance Education Consortium (ADEC) — http://www.adec.edu/

EDUCAUSE — http://cause-www.colorado.edu/

Ethiopian Distance Learning Association — http://unicorn.ncat.edu/~michael/edla/

EuroPACE 2000 — http://www.europace.be/

Europe - SADE (Swedish Association for Distance Education) - Information — http://www-icdl.open.ac.uk/icdl/database/europe/sweden/sade/

European Association for Distance Learning (EADL) — http://www.eadl.org/

European Association for Telematic Applications (E.A.T.A) — http://www.res-center.teipir.gr/eata

European Association of Distance Teaching Universities (EADTU) — http://www.eadtu.nl/

European Council of International Schools (ECIS) — http://www.ecis.org/

European Distance Education Network (EDEN) — http://www.open.ac.uk/Partners/EDEN/

European Federation for Open and Distance Learning (E.F.ODL) — http://www5.vdab.be/vdab/test/efodl/top.htm

European Universities Continuing Education Network (EUCEN) — http://www.eucen.org/

Fédération Interuniversitaire de l'Enseignement à Distance (FIED) — http://telesup.univ-mrs.fr/

Finnish Association for Distance Education (FADE) — http://oyt.oulu.fi/fade/

Forum français pour la formation ouverte et à distance — http://www.fffod.org/frindex.htm

Fundación Educación a Distancia de la República Argentina (FEDRA) — http://www.fedra.org.ar/

Information Network of the Society for Information Technology and Teacher Education (InSITE) — http://telematics.ex.ac.uk/InSITE/

Institute for the Transfer of Technology to Education (ITTE) — http://www.nsba.org/itte/

Instructional Telecommunications Council (ITC) — http://www.itcnetwork.org/

Inter-American Distance Education Consortium (CREAD) — http://www.cde.psu.edu/DE/CREAD/cread.html

International Council for Educational Media (ICEM)	*http://www.oph.fi/icem/*
International Council for Open and Distance Education (ICDE)	*http://www.icde.org/*
International Education and Resource Network	*http://www.iearn.org/home.html*
International Interactive Communications Society	*http://www.iics-sf.org/index.htm*
International Multimedia Teleconferencing Consortium (IMTC)	*http://www.imtc.org/*
International Society for Technology in Education (ISTE)	*http://www.iste.org/*
International Teleconferencing Association (ITCA)	*http://www.itca.org/*
International Television Association (ITVA)	*http://emporium.turnpike.net/l/itva/index.htm*
International University Consortium (IUC)	*http://www.umuc.edu/iuc/overview.html*
Internet Society	*http://www.isoc.org/*
LearnNet	*http://ftp.fcc.gov/learnnet/*
Mid-Atlantic Network for Teaching Learning Enterprises (MANTLE)	*http://web.gmu.edu/departments/mantle/Welcome.html*
National Association of Distance Education Organisations of South Africa (NADEOSA)	*http://www.saide.org.za/nadeosa/index.htm*
National Council for Educational Technology (NCET)	*http://www.ncet.org.uk/*
National Council for Open and Distance Education (NCODE)	*http://www.ld.swin.edu.au/ncode/*
National ITFS Association	*http://www.itfs.org/*
Norwegian Association for Distance Education (NADE)	*http://www.nade-nff.no/nade-nff/nadeindx.html*
Open and Distance Learning Association of Australia (ODLAA)	*http://www.usq.edu.au/dec/decjourn/odlaa.htm*
Open and Distance Learning Quality Council, UK (ODL QC)	*http://www.odlqc.org.uk/*
Open University	*http://www.open.ac.uk*
Organización de Estados Iberoamericanos para la Educación, la Ciencia y la Cultura	*http://www.oei.es/homepage.htm*
Pacific Islands Regional Association for Distance Education (PIRADE).	*http://www.col.org/pirade/*
South African Committee for Higher Education (SACHED)	*http://www.icdl.open.ac.uk*
Standing Conference of Presidents of Open and Distance Learning Institutions (SCOP)	*http://www.icde.org/AboutICDE/SCOP/SCOP.html*
Svenska Riksorganisationen för Distansutbildning (SVERD)	*http://www.sverd.org/*
The Education Coalition - Distributed Learning Systems and Services	*http://www.tecweb.org/eddevel/eddevel.html*
The South African Institute for Distance Education (SAIDE)	*http://www.saide.org.za/*
UNESCO - United Nations Educational, Scientific and Cultural Organization	*http://www.unesco.org/*
United States Distance Learning Association (USDLA)	*http://www.usdla.org/*
Universidad Nacional de Educación a Distancia	*http://www.uned.es*
Universitat Oberta de Catalunya	*http://www.uoc.es*
Universities and Colleges Information Systems Association (UCISA)	*http://www.ucisa.ac.uk/*
University Continuing Education Association (UCEA)	*http://www.nucea.edu/*
US Distance Learning Association	*http://www.usdla.org/*
Web-Based Training Information Center (WBT)	*http://www.webbasedtraining.com/*
Western Cape Home Schooling Association.	*http://www.grobler.co.za/wchsa/index.htm*
World Association for Online Education (WAOE)	*http://www.waoe.org/*

PLATAFORMAS PARA LA TELEFORMACIÓN

A2zClass	*http://www.a2zclass.com/*
ABC Academy	*http://www.probe.dk/ABCSoftware.htm*
Above Learning Center	*http://www.abovelearning.com/*
Addeo	*http://www.addeo.com/*
Almagesto	*http://www.almagesto.com*
Allaire Forums	*http://www.allaire.com/*
Anemalab	*http://www.anemalab.org/*
Antalis	*http://www.syfadis.com/*
Arc-en-WEB (AFNIC)	*http://www.arc-en-web.fr/*
Archimed	*http://www.archimed.fr/*
ARIADNE	*http://ariadne.unil.ch/tools/*
Asymetrix ToolBook	*http://www.asymetrix.com/*
Atlantis Formation	*http://www.atlantis-formation.com/*
AulaWeb	*http://aulaweb.etsii.upm.es*
Authorware	*http://www.macromedia.com/*
Axisa (FAST)	*http://www.axisa.fr/*
BlackBoard	*http://www.blackboard.com/*
Campus Ingenia	*http://www.ingenia.es/*
Campus Virtual Teleformedia	*http://www.garben.com*
Centra	*http://www.centra.com/product/index.html*
Class Leader	*http://www.classleader.com/*
Click2.learn	*http://www.asymetrix.com*
Collegis	*http://www.collegis.com*
CoMentor	*http://comentor.hud.ac.uk/*
Concept Formul@	*http://www.conceptformula.com/fr/v*
Convene.com	*http://www.convene.com/demo/default.asp*
Convene	*http://www.convene.com*
CoSE	*http://www.staffs.ac.uk/cose*
CourseInfo	*http://www.softarc.com/*
Cu-Seeme	*http://www.wpine.com/*
Cyberclass	*http://www.cyberclass.com/*
Digital Trainer	*http://www.micromedium.com/*
DigitalThink	*http://www.digitalthink.com/*
DK Systems Online	*http://www.dksystems.com/Index.html*
Docent	*http://www.docent.com*
Docutek	*http://docutek.com/*
Dover	*http://www.doversw.com/campus.htm*
EAdministrator	*http://www.crescentstudio.com*
eCollege.com	*http://www.ecollege.com/*
E-com inc	*http://www.theorix.com/*
Editions ENI	*http://www.mediapluspro.com/*
Education-to-Go	*http://www.course.com*
Eduprise.com	*http://www.eduprise.com*
EduSystem	*http://www.mtsystem.hu/edusystem/*
E-education	*http://www.e-education.com*

EFE	*http://www.efetv.com/0201/default.asp*
Element K	*http://www.elementk.com/*
Eloquent	*http://www.eloquent.com/*
Embanet	*http://www.embanet.com*
EPath Learning	*http://www.epathlearning.com/*
E-teach	*http://www.e-teach.ch/*
FirstClass Classrooms	*http://www.softarc.com/*
Flex Training	*http://www.flextraining.com/*
Generation 21	*http://www.gen21.com/*
Geolearning	*http://www.geolearning.com/index.cfm*
GeoMetrix	*http://www.trainingpartner2000.com/*
	tp2000_online.html
Gforce	*http://www.gforce.com/*
Global Learning	*http://www.globallearningsystems.com/*
Groupes Initiatives	*http://www.groupe-initiatives.com/pages/jdc-sylf.htm*
Gyrus Systems	*http://www.gyrus.com/*
Headlight	*http://www.headlight.com/home/*
IBM Global Campus	*http://www.hied.ibm.com/igc*
Integrity E-learning	*http://www.ielearning.com/*
Intellinex	*http://www.intellinex.com/*
InterWise	*http://www.interwise.com/*
IntraKal	*http://www.anlon.com*
IntraLearn	*http://www.intralearn.com/*
IT Campus Virtual 1.0	*http://www.solucionesinternet.com/*
IVLE	*http://www.openivle.com*
JenzaEducator	*http://www.jenzabar.com*
KnowledgePlanet	*http://www.knowledgeplanet.com*
Knowledgesoft	*http://www.knowledgesoft.com/*
KoTrain	*http://www.mindwise.com/kotrain.htm*
Learning Landscapes	*http://toomol.bangor.ac.uk/*
Learning Space	*http://www.lotus.com/home.nsf/tabs/learnspace*
LearnLinc	*http://www.learnlinc.com/*
LearnLinc4.0	*http://www.ilinc.com*
LUVIT	*http://www.luvit.com/*
Mentorware	*http://www.mentorware.com/default.htm*
NetCampus	*http://www.comunet-netcampus.com/*
Norton Connect	*http://www.wwnorton.com/connect*
OLI	*http://www.empower-co.com/*
Pathware	*http://www.macromedia.com/*
Phoenix Pathlore	*http://www.pathlore.com/index_flash.asp*
PlaceWare	*http://www.placeware.com/*
PREP Online	*http://www.computerprep.com*
Quest	*http://www.allencomm.com/*
QuestionMark	*http://www.questionmark.com/*
RealEducation	*http://www.ecollege.com*
Rotor Learning System	*http://www.rotorcom.com*
Saba	*http://www.saba.com*

SEPAD	*http://216.72.25.18:8022*
Serf	*http://www.udel.edu/serf/*
SiteScape Forum	*http://www.sitescape.com/*
Status 2.0	*http://www.ejb.net/indice.htm*
Symposium	*http://www.centra.com/*
Systems	*http://www.globallearningsystems.com/*
Team Wave	*http://www.teamwave.com/*
The Learning Manager	*http://thelearningmanager.com/*
Thinktanx	*http://www.viviance.com*
Toolbook	*http://www.click2learn.com*
TopClass	*http://www.wbtsystems.com/*
Trainersoft	*http://www.trainersoft.com*
Training 24	*http://www.training24.net/es/online.htm*
Trellis Web Express	*http://www.trellix.com*
Ucompass	*http://www.ucompass.com/*
UniLearn	*http://www.unilearn.com/*
VCampus	*http://www.uol.com/webuol/index.cfm/*
Virtual Profe	*http://www.ingenia.es/*
Virtual Training	*http://www.v-training.com*
Virtual -U	*http://virtual-u.cs.sfu.ca/*
Virtual-U (TeleLearning)	*http://www.vlei.com*
Web Course in a Box	*http://www.madduck.com/*
WebBoard	*http://www.webboard.ora.com/*
WebCT	*http://www.webct.com/*
Webmentor	*http://avilar.adasoft.com/avilar*

COMPARATIVAS ENTRE PLATAFORMAS

Evaluación de Plataformas de Teleenseñanza	*http://www.gate.upm.es*
Estudio de los sistemas informáticos de formación basados en Internet. Elaborado por Grupo Tadel (en español)	*http://www.telematicotransportes-ftcm.org/contenidos/contenidos.html*
Entornos virtuales y plataformas para el aprendizaje a través de Internet. Elaborado por Cátedra UNESCO de Educación a Distancia	*http://www.uned.es/catedraunesco-ad/cursos.htm#ENTORNOS*
Online Educational Delivery Applications	*http://www.ctt.bc.ca/landonline/index.html*
Boletín Learnet (en español)	*http://euroforum.cicei.ulpgc.es/learnet/recursos3-agosto.htm*
Web Based Learning Resources Library	*http://www.outreach.utk.edu/weblearning/*
WebReview.com	*http://webreview.com/pub/webtools*
103 plateformes de e-formation : le répertoire le plus complet à ce jour...	*http://thot.cursus.edu/rubrique.asp?no=12074*
Conferencing Software for the Web	*http://thinkofit.com/webconf/index.htm*
A Comparative Analysis of Web-Based Testing and Evaluation Systems	*http://renoir.csc.ncsu.edu/MRA/Reports/WebBasedTesting.html*

Comparison of Online Course Delivery
    Software Products
        http://www.marshall.edu/it/cit/webct/
        compare/index.htm

Comparison Survey. Building a web-based
    education system
        http://webclass.cqu.edu.au/Tools/
        Comparisons/Survey/

Desarrollo de un sistema telemático para la impartición
    de acciones para la formación continua a los
    profesionales de las empresas del sector del
    Transporte de Mercancías por Carretera en Andalucía
        http://www.telematicotransportes-ftcm.org/
        contenidos/contenidos.html

Online educational delivery applications
        http://www.c2t2.ca/landonline/index.html

Features/Tools and Tech Info. Comparison
    Table for all Applications
        http://www.ctt.bc.ca/landonline/
        choices.html#tabletop

Webcourse
        http://www.utexas.edu/cc/cit/facweb/webco.html

Herramientas para el diseño de cursos a través de la WWW http://prometeo.cica.es/teleformacion/herramientas/

Tools for Developing Interactive Academic
    Web Courses
        http://www.umanitoba.ca/ip/tools/
        courseware/evalmain.html

Putting Your Course Online. A Comparison
    of Courseware Options
        http://www.library.okstate.edu/dept/dls/
        prestamo/nom/titlepage.htm

Online Courseware - Instructor Tools Comparison
        http://www.library.okstate.edu/dept/dls/
        prestamo/nom/table8.htm

Web Based Instruction Sites
        http://www.umr.edu/~rhall/research/
        weblearning/weblearninglinks.html

Integrated Web-based Course Delivery Tools
        http://www.cfl.mq.edu.au/cfl/resource/revcom.html

Integrated Web-based Class Management Authoring Tools/ http://www.udel.edu/janet/webclass-eval.html

FOROS SOBRE TELEFORMACIÓN

DEOS LIST (En inglés)
        http://lists.psu.edu/archives/deos-l.html

WEBCT LISTSERV (En inglés)
        http://help.webct.com/userlst.html

CUESDISTAN. Foro de Cátedra UNESCO de la UNED
        http://www.uned.es/catedraunesco-ead/cuedis.htm

Edutec-L
        http://www.rediris.es/list/info/edutec-l.html

Edudist:
        http://www.rediris.es/list/info/edudist.html

Educación a Distancia
        http://www.egroups.com/group/
        educacionadistancia2000

Diseven
        http://www.rediris.es/list/info/diseven.html

Grumetes
        http://www.rediris.es/list/info/grumetes.html

Web-es:
        http://www.rediris.es/list/info/web-es.html

Telefor-FTI
        http://www.fti.es/listas/telefor/teleformacion.htm

INFORMES SOBRE TELEFORMACIÓN Y "E-LEARNING"

Informe sobre el Estado de la Tele-educación
    en España, AUI. Univ. Carlos III
        http://www.aui.es/biblio/libros/
        mi_2001/ponencia16.zip

The E-Learning Action Plan. Designing
    tomorrow education. Commission of the
    European Communities, 2001.
        http://europa.eu.int/eur-lex/en/
        com/cnc/2001/com2001_0172en01.pdf

E-learning & Knowledge Technology – Technology & The Internet are Changing the Way We Learn Sun Trust Equitable Securities
http://www.masie.com/reports/e-learn0.pdf

E-learning - The Engine of the Knowledge Economy. Morgan Keegan & Co Inc, July 6 2000
http://outland.masie.com:8080/reports/elearning0700nate2.pdf

INFO XXI. La sociedad de la Inform@ción para todos. Iniciativa del Gobierno para el desarrollo de la sociedad de la información
http://www.sgc.mfom.es/info_XXI/Presentacion/infoxxi.pdf

European Experts Network for Educational Technology. How learning is changing: information and communications technology across Europe.
http://www.eenet.org/news/documentation/report.pdf

Informe de la Comisión al Consejo y al Parlamento Europeo (2000): Concebir la educación del futuro. Promover la innovación con las nuevas tecnologías.
http://prometeo.cica.es/teleformacion/parasaber/concebir.pdf

Infonomía (2000). Servicios de Colaboración Online. Reuniones virtuales, gestión online de proyectos e intranets documentales
http://www.infonomia.com/informes/informe2.asp

Fortune (2000). E-learning strategies for executive education and corporate training revolutionizing corporate training and strategy. A Revolution Is Under Way - A Revolution in the Way People Learn.
http://www.fortune.com/fortune/sections/onlinelearn/onlinelearn.htm

Massy, J. (2000). How Digital Learning Differs in Europe. ASTD.Learning Circuits. March.
http://www.learningcircuits.com/mar2000/massy.html

McCrea, F., Gay K. and Bacon, R. (2000) Riding the Big Waves: A White Paper on the B2B e*Learning Industry.
http://www.tweisel.com/client/public/white/mccrea.pdf

Universidad Politécnica de Madrid. Gabinete de TeleEducación. "Informe sobre Tele-Educación en la formación de Postgrado".
http://www.gate.upm.es/informeg.htm

Urdan, T. and Weggen, C. (2000). Corporate e-learning: Exploring a New Frontier. WR.Hambrecht+Co.
http://www.wrhambrecht.com/research/coverage/elearning/ir/ir_explore.html

WBT (2000). Improving the Top Line Using e-Learning
http://www.wbtsystems.com/products/whitepaper2.htm

DIRECCIONES DE INTERÉS SOBRE TELEFORMACIÓN

Cátedra UNESCO de Educación a Distancia
http://www.uned.es/catedraunesco-ead/

Teleformación
http://www.teleformacion.edu

Proyecto Prometeo
http://prometeo.cica.es/teleformacion

Difundiendo la Educación a Distancia
http://www.edudistan.com/

Educadis
http://www.educadis.com.ar/

Distance Education Clearinghouse
http://www.uwex.edu/disted/

Resources for Distance Education
http://webster.commnet.edu/HP/pages/darling/distance.htm

Web-Based Training Information Center	*http://www.filename.com/wbt/index.html*
Web-Based Learning Resources Library	*http://www.outreach.utk.edu/weblearning/*
Distance Learning Resource Network	*http://www.wested.org/tie/dlrn/*
Distance Education Resources	*http://cuda.teleeducation.nb.ca/distanceed/*
Distance-Educator	*http://www.distance-educator.com/*
Virtual Library for Distance Education	*http://www.cisnet.com/%7Ecattales/Deducation.html*
International Centre for Distance Learning	*http://www-icdl.open.ac.uk/*
Distance Learning on the Net	*http://www.hoyle.com/distance.htm*
Société de Téléformation Interactive	*http://www.stefi.qc.ca/*
La Téléformation	*http://www.geoscopie.com/creation/*
	COMMUNICATION/comfortele.html
Networking and Telecommunications in Education	*http://www.syllabus.com/syllabusmart/Apr00_bg.html*
Centre National d'enseignement a distance	*http://www.cned.fr/index4.htm*

REVISTAS ELECTRÓNICAS SOBRE TECNOLOGÍA Y EDUCACIÓN

Australian Educational Computing (Australia)	*http://www.scu.edu.au/schools/*
	gcm/ar/ari/arihome.html
Australian Journal of Educational Technology (Australia)	*http://cleo.murdoch.edu.au/ajet/ajet.html*
Compute~Ed: An Electronic Journal of Learning and Teaching	*http://computed.coe.wayne.edu/*
with and about Technology (USA)	
Educational Technology and Society (USA)	*http://ifets.ieee.org/periodical/*
Education-line (UK)	*http://www.leeds.ac.uk/educol/*
EduCom Review (USA)	*http://www.educause.edu/*
Interactive Educational Multimedia (España)	*http://www.ub.es/multimedia/iem/*
Interactive Multimedia Electronic Journal	*http://imej.wfu.edu/*
of Computer-Enhanced Learning (USA)	
International Education Electronic Journal (Australia)	*http://www.canberra.edu.au/uc/educ/crie/*
	ieej_home.html
International Education Journal (Australia)	*http://iej.cjb.net/*
International Journal of Educational Technology (USA)	*http://www.outreach.uiuc.edu/ijet/*
International Review of Research in Open and Distance	*http://www.irrodl.org/*
Learning (Canada)	
IT Journal On-line, Instructional Technology	*http://etext.virginia.edu/journals/itjournal/*
Program, University of Virginia (USA)	
Journal of Asynchronous Learning Networks (USA)	*http://www.aln.org/alnweb/journal/jaln.htm*
Journal of Interactive Media in Education (UK)	*http://www-jime.open.ac.uk/*
Journal of Scholarship of Teaching and Learning (USA)	*http://www.iusb.edu/~josotl/*
Learning Technology Network.	*http://node.on.ca*
Networks: An Online Journal for Teacher Research (Canada)	*http://www.oise.utoronto.ca/~ctd/networks/*
Revista Electrónica de Tecnología Educativa	*http://www.uib.es/depart/gte/revelec1.html*
Revista Iberoamericana de Educación:	*http://www.oei.es/revista.htm*
The Technology Source (USA)	*http://horizon.unc.edu/ts/*